W0229356

rororo Sport
herausgegeben von Bernd Gottwald

Der Sport ist heute fester Bestandteil unserer Freizeitgesellschaft. Als Medienereignis zieht er Millionen Menschen in seinen Bann, als Wettkampfsport fasziniert er den engagierten Aktiven, als Gesundheits- und Fitness-Sport sorgt er für individuellen Ausgleich und Wohlbefinden, als Freizeitsport fördert er Geselligkeit und Kommunikation.

Die *rororo-Sportbücher* beschäftigen sich mit Themen aus allen Sportbereichen. Sie stellen Sportarten vor, geben praktische Tips zu Material und Ausrüstung, bieten Anleitungen zum Lernen und Lehren, zeigen fertige Trainingsprogramme und laden ein zur Beschäftigung mit sportwissenschaftlichen Disziplinen.

Erkennen · Helfen · Vorbeugen

HANS-UWE HINRICHS

SPORT VERLETZUNGEN

Zeichnungen und graphische Bearbeitung
Helga Frank und Hanne von Feh
(nach Entwürfen des Autors)

Fotos Hans-Uwe Hinrichs

Rowohlt

Der Verfasser bedankt sich bei Herrn Akad. Dir. Dr. med. A. Bonnekoh
– Deutsche Sporthochschule Köln – für zahlreiche in vielen Jahren gemeinsamer Arbeit vermittelte Erfahrungen aus Theorie und Praxis.

Originalausgabe

Layout Angelika Weinert
Umschlaggestaltung Peter Wippermann / Jürgen Kaffer
(Foto: Horst Lichte)
Veröffentlicht im Rowohlt Taschenbuch Verlag GmbH,
Reinbek bei Hamburg, November 1986
Copyright © 1986 by Rowohlt Taschenbuch Verlag GmbH,
Reinbek bei Hamburg
Einige Abbildungen mit freundlicher Genehmigung
des Bundesinstituts für Sportwissenschaft aus dem
Studienbrief des Fernstudienlehrgangs – Sportverletzungen –
der Deutschen Trainerakademie Köln 1981
Satz Times (Linotron 202)
Gesamtherstellung Clausen & Bosse, Leck
Printed in Germany
1680-ISBN 3 499 18604 7

9.–11. Tausend Februar 1989

Inhalt

Einführung

Sportverletzung – ein umfassender Begriff

Unvermeidbar ist mit dem Sport auch das Auftreten von Verletzungen verbunden. Zwangsläufig zeigt sich mit steigender Zahl der Sporttreibenden auch eine zunehmende Tendenz der Zahl der Sportverletzungen im Hinblick auf die Gesamtzahl aller Verletzungen, wobei zur Zeit der Anteil zwischen 10 und 15 % liegt. Um das Auftreten von Sportverletzungen richtig zu beurteilen und eventuell Vorurteile abzubauen, ist es notwendig, Unfallstatistiken richtig zu lesen und zu erkennen, nach welch unterschiedlichen Aspekten entsprechende Unfallzahlen ermittelt werden. Die statistische Untersuchung ergibt wesentliche Hinweise für eine Verminderung des Verletzungsrisikos. Sie wird zeigen, daß z. B. sportartspezifische Auslese, ausreichende Vorbereitung sowie das Wissen um Unfallursachen und deren Vermeidung das Risiko vermindern können, und andererseits die Gefahr einer bleibenden Schädigung verringert wird.

Um den gesamten Komplex der Sportverletzungen zu beurteilen, ist es notwendig, den Begriff zu definieren und einzugrenzen. «Verletzung» ist eine umfassende Bezeichnung für alle Vorgänge, die die Unversehrtheit eines Gewebes oder Organteils zerstören bzw. beschädigen, sei es im Sinne eines akuten Geschehens, z. B. einer Prellung, einer Zerreißung oder eines Bruchs, oder im Sinne einer anhaltenden Schädigung, z. B. einer Entzündung oder einer Aufbraucherscheinung (Degeneration).

Auf den Sport bezogen bedeutet dies, daß eine *Sportverletzung* vorliegt, wenn eine Schädigung, welcher Art auch immer, die uneingeschränkte Sportfähigkeit beeinträchtigt. Die Schädigung kann unterschiedlicher Na-

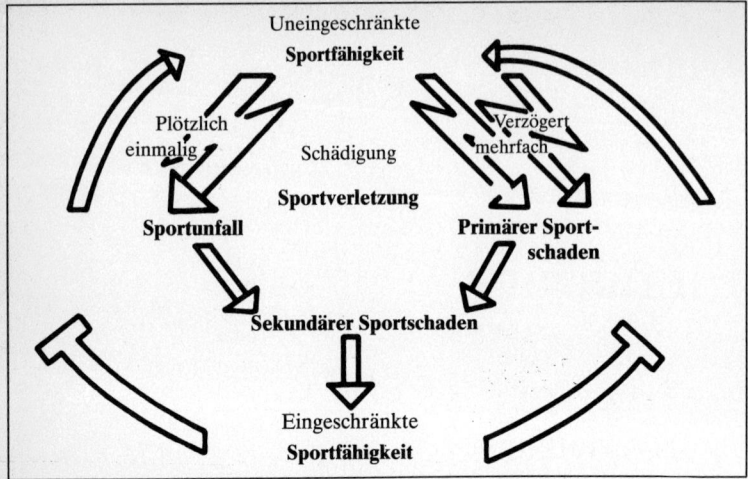

Abb. 1: Definition der Sportverletzungen

tur sein. Handelt es sich um ein plötzlich eintretendes, einmaliges Geschehen (Makrotrauma), so spricht man von einem *Sportunfall.* Ist das Schädigungsgeschehen jedoch verzögert (anhaltende Überlastung) oder tritt es
mehrfach und geringgradig auf (Mikrotrauma), so liegt ein *primärer Sportschaden* vor, wie z. B. beim Tennisarm. Bei verletzungsgerechtem Verhalten, ordnungsgemäßer Erster Hilfe und ausreichender richtiger ärztlicher
Behandlung kann der Sportunfall und primäre Sportschaden ausgeheilt
werden und uneingeschränkte Sportfähigkeit wiederhergestellt werden.
Treten jedoch in der Behandlung und im Verhalten beim Vorliegen einer
Sportverletzung Versäumnisse auf, oder ist aber die Schädigung zu ein-
schneidend, so ist die Sportverletzung als *sekundärer Sportschaden* zu bezeichnen und führt schließlich zu einer eingeschränkten Sportfähigkeit.
Der sekundäre Sportschaden ist somit die verbleibende Folge eines entsprechend schweren Sportunfalls oder eines primären Sportschadens und
dokumentiert sich in Form von bleibenden Gewebs- oder Organzerstörun-
gen oder in Form von Aufbrauchschäden, z. B. dem Gelenkverschleiß (Arthrose) (Abb. 1).

Der Sportunfall

Das Schädigungsgeschehen, das zum primären Sportschaden führt, ist gekennzeichnet durch ein Mißverhältnis zwischen Belastung und Belastbarkeit. Dieses Mißverhältnis kann bei wiederholten extremen Belastungen für einen leistungsfähigen Bewegungsapparat entstehen oder bei normalen Belastungen für einen durch Vorschädigung oder Entwicklungsstörungen in seiner Belastbarkeit verminderten Bewegungsapparat.

Demgegenüber ist der Sportunfall gekennzeichnet als ein Ereignis, das durch plötzliche, von außen einwirkende Gewalt die Gesundheit gefährdet und zu körperlichen und seelischen Schäden führen kann. Die Energie der Gewalteinwirkung wird mit der Formel $E = \frac{1}{2}\,mv^2$ berechnet und ist somit abhängig von der beschleunigten Masse und der Geschwindigkeit. Hierbei handelt es sich nicht ausschließlich um beschleunigte Massen (Balltreffer, Tritt, Schlag), sondern auch um Bremswirkungen, wie dies wiederholt beim Umknicken mit dem Sprunggelenk geschieht, wenn der Körper in seiner Beschleunigung durch den feststehenden Fuß abgebremst wird. Man muß sich dabei vergegenwärtigen, daß die Belastbarkeit des menschlichen Gewebes erheblich ist, z. B. beträgt die Rißfestigkeit der Muskulatur $6-12\,\mathrm{kg/cm^2}$, die der Achillessehne bis $900\,\mathrm{kg}$. So wird deutlich, daß die Schädigung, die zum Sportunfall führt, erheblich sein muß.

Unfallursachen

Die Unfallursachen sind mannigfaltig. Sie variieren je nach den spezifischen Bewegungsabläufen einer Sportart, nach dem Terrain, auf dem sie betrieben wird, der Anzahl der gleichzeitig als Mitspieler oder Gegner agierenden Sportler und nach der unterschiedlichen Gestaltung des Sportgeräts. So werden Unfallursachen in einem Mannschaftssport wie Hockey mit schädigenden Möglichkeiten durch Gegner, Mitspieler, Sportgerät und Boden anders aussehen als z. B. beim Schwimmen. Übereinstimmend wird in allen statistischen Untersuchungen der Unfallursachen jedoch immer wieder auf das Selbstverschulden in über 50 % der Fälle hingewiesen. Hierbei werden als Einzelfaktoren Ungeschick durch Koordinationsmangel und eingeschränktes Bewegungsgefühl, ungenügender Trainingsaufbau, Ermüdung, Einfluß von Medikamenten und Alkohol, mangelnde Erholung nach Sportverletzungen oder Erkrankungen genannt. Erst an zweiter Stelle (ca. 30 %) wird der Einfluß des Mitakteurs oder Gegners in Folge von Körperberührung oder Berührung des Sportgeräts angeführt. Schließlich spielt zu etwa 20 % die Bodenbeschaffenheit eine Rolle. Es ist hierbei an die starke

Bremswirkung von Kunststoff- und Hallenböden sowie an Unebenheiten auf Sportplätzen und Laufbahnen und auch an die Reibungseigenschaften (Verbrennungen) von Kunstrasen zu denken. Mangelhafte technische Ausrüstung schlägt bei der Ursachennennung nur zu ca. 5 % zu Buche.

Unfallhäufigkeit

Die statistische Untersuchung der Unfallhäufigkeit gestaltet sich je nach Untersuchungskontingent und Untersuchungsbereich unterschiedlich. So ist die Gesamtzahl aller erlittenen Sportunfallverletzungen nur schätzbar, da sie weder von Versicherungen noch bei der ärztlichen Behandlung in ihrer Gesamtzahl registriert werden. Die Zahl aller jährlichen Sportunfälle wird auf ca. eine Million geschätzt, wobei sich etwa nur 250 000 Verletzte in ärztliche Behandlung begeben. Bei den Landessportverbänden gingen dagegen 1985 nur 125 000 Schadensmeldungen ein. Untersucht man die organisierten aktiven Sportler anhand der eingegangenen Schadensmeldungen, so ergibt sich im Durchschnitt eine Unfallhäufigkeit von rund 2,3 %. Invaliditätsfälle wurden bei der gleichen Untersuchungsart zu 0,02 % und Todesfälle zu 0,002 % registriert. Um diese Daten einprägsamer darzustellen, sind folgende Zahlen (GROH 1975) anzuführen: Es ereignen sich jährlich bei 40 000 Sportlern 1 Todesfall, 10 Invaliditätsfälle, 1000 Sportunfälle.

Bei der Untersuchung der Unfallhäufigkeit in Schulen stößt man auf eine Größe von ca. 4 %. Dies liegt nicht unbedingt an einem höheren Unfallrisiko des Schulsports, sondern wahrscheinlich an der enger gefaßten Unfallmeldepflicht.

Eine über drei Semester reichende Untersuchung eines Studienjahrgangs während der praktischen Ausbildung an der Deutschen Sporthochschule ergab eine Häufung der Unfälle in 40,4 % und gibt damit zum Ausdruck, daß das Unfallrisiko in einer Umgebung, in der der praktische Sportbetrieb einen wesentlichen Teil des Tages einnimmt, erheblich ansteigt (Tab. 1).

Werden demgegenüber aktive Sportler nach allen erlittenen Unfällen einschließlich der nicht behandelten und gemeldeten befragt, so zeigen sich noch höhere Prozentsätze. So ergab z. B. eine Befragung bei Surfern im Jahr 1981 eine Unfallhäufigkeit von 62,8 %.

Die in Tab. 2, Seite 16, wiedergegebene prozentuale Verteilung der einzelnen Sportarten bei den Sportverletzungen läßt fast einheitlich erkennen, daß der Fußballsport deutlich am häufigsten genannt wird. Jedoch auch hier ist der nicht einheitliche Untersuchungsbereich zu berücksichtigen. So rangiert die Sportart Volleyball an der Deutschen Sporthochschule bereits an zweiter Stelle und zeigt sich dagegen bei anderen Untersuchern weitaus geringer vertreten.

Untersuchungsbereich und Autor	Anzahl der Sportler	Unfälle		Invaliditätsfälle			Todesfälle		
		absolut	Anteil der Gesamtzahl	absolut	Anteil der Gesamtzahl	Anteil Unfälle	absolut	Anteil der Gesamtzahl	Anteil Unfälle
Versicherte aktive Sportler Saarland (Groh 1958–1960)	80 154	5 301	6,6 %	29	0,04 %	0,55 %	4	0,004 %	0,08 %
Versicherte aktive Sportler, Württemberg (Heiß 1952–1959)	380 000	5 500	1,5 %						
Versicherte Sportler (Rom, La Cava 1959)	363 353	4 392	1,2 %						
Landessportverband Saarland 1968–1976 (Junk, Hess)	1 728 447	23 545	1,4 %	145	0,01 %	0,61 %	37	0,002 %	0,16 %
Landessportverbände BRD – 1981	17 500 000	1 Million (geschätzt) 117 000 gemeldet	5,7 % / 0,7 %	1859	0,01 %	1,59 %	62	0,001 %	0,05 %
Allgemeinbildende Schulen BRD – 1981	9 200 000	371 000	4,0 %						
Zagreb – Volks- und Mittelschule 1977	26 753	1430	5,3 %						
Deutsche Sporthochschule 1982/83, Studierende eines Studienjahrgangs	423	171	40,4 %						

Tab. 1: Häufigkeit der Sportunfallverletzungen

Untersuchungsbereiche und Autor

Sportart	Dt. Reich 1929	Saarland (Groh) 1960	DDR 1962	Saarland (Junk) 1976	Schulen (Zagreb) 1977	Allianz Versicherung 1979	NRW (Menge) 1980	Heidelb. (Steinbrück) 1981	Schulen BRD 1981	DSHS Köln 1983
Badminton				0,42						1,7
Basketball				0,91	12,1		2,3	5,5	10,5	11,7
Boxen		3,03		0,40		0,1				
Fußball	28,7	10,34	63,3	67,98	26,2	49,0	44,8	36,1	9,4	16,3
Gymnatik/Aerobic								0,8		5,6
Handball	11,2	3,20	6,3	8,50	16,6		13,8	7,1	8,6	9,2
Hockey				0,25				0,4	1,3	1,8
Kampfsport	1,6	6,40	2,6	5,59		1,4		2,5		6,6
Leichtathletik	11,6	1,33	3,5	1,84	13,9	5,8	1,9	7,0	8,6	13,3
Radfahren				0,39				0,4		0,2
Reiten				1,71		5,0	4,2	2,1		0,1
Rudern/Kanu				0,10		0,8		1,1		0,4
Segeln/Surfen						0,8				0,3
Schwimmen	1,2		1,0	0,55	0,1		1,1	1,6		1,2
Rollschuh/Schlittschuh				0,22		2,9		1,3		
Skisport	2,0	0,96	5,1	0,73		15,0	1,8	9,1		3,8
Tennis				0,43			11,4	3,9		1,0
Turnen	24,8	0,68	6,1	5,84	13,2		11,4	5,9		10,8
Volleyball				1,42	1,2		6,1	5,6	8,6	16,2

Tab. 2: Prozentuale Häufigkeit der Sportverletzungen bei einzelnen Sportarten

Unfallgefährdung Sportart	Verletzungsfaktor = Sportverletzte pro organisierte Sportler (Univ. Heidelberg)	Unfallquote = Unfälle, bezogen auf 100 Sportler (Saarland)	(NRW)
Badminton		1,09	
Basketball	6,1	3,25	4,0
Boxen		1,75	
Fußball	1,3	3,93	1,9
Handball	1,5	2,76	2,9
Hockey		2,71	2,1
Kampfsport		2,30	
Leichtathletik	1,4		
Radsport		1,28	2,9
Reiten	0,6		
Rugby	6,3		3,6
Rollschuh	7,0		
Skilauf	2,5		
Tennis	0,4		
Volleyball	2,0	1,85	4,2

Tab. 3: Prozentuale Häufigkeit von Sportverletzungen

Erst die Beziehung der beteiligten Sportart zur Anzahl der Sporttreibenden ergibt einen Hinweis auf das Unfallrisiko einer Sportart. Hierbei wird in der Literatur der *Verletzungsfaktor* (Sportverletzte in Prozent bezogen auf 100 organisierte Sportler) von der *Unfallquote* (Unfälle bezogen auf 100 organisierte Sportler) unterschieden (Tab. 3). Erstaunlicherweise erscheint bei der Untersuchung des Verletzungsfaktors der Rollschuhlauf und der Basketballsport an erster Stelle, bei der Untersuchung der Unfallquote der Fußballsport an erster Stelle, gefolgt vom Basketballsport.
Aufschlußreich sind auch die Untersuchungen über die Kosten, die durch Sportunfälle entstehen. Nach Schätzungen sind die Kosten für Erkrankungen, die maßgeblich durch Bewegungsmangel mitbedingt werden, um ein Vielfaches höher. Jüngere Untersuchungen geben ein Verhältnis von 1 Milliarde DM zu 60 Milliarden DM an (Deutsches Ärzteblatt 43/1984).

Arten von Unfallverletzungen

Jede Sportart hat ihr eigenes Muster der am häufigsten verletzten Körperregion und der Art der typischen Verletzungen (Diagnose). Dies hat zu der weitverbreiteten Bezeichnung «Spezifische Sportverletzung» oder aber «typische Fußballverletzung» geführt. Da jedoch z. B. bei einer

Verstauchungsverletzung des oberen Sprunggelenks ohne besondere Hinweise nicht unterschieden werden kann, ob diese beim Fußball, während eines Verkehrsunfalls oder im Haushalt aufgetreten ist und sie überdies hinsichtlich der krankhaften Veränderungen völlig identisch ist, sollte korrekterweise von «häufig beim Fußballsport etc. auftretenden Verletzungen» gesprochen werden.

Bei der *Unfalldiagnose* ergeben sich hinsichtlich der betriebenen Sportart und auch des Untersuchungsbereichs erhebliche Unterschiede. Unbestritten dürfte jedoch sein, daß die Gruppe der Verstauchungen und Prellungen den Großteil aller Verletzungen ausmacht. Von Sportart zu Sportart ergeben sich unterschiedliche Prioritäten der betroffenen Gelenke. So tritt z. B. im Handballsport die Kniegelenksverstauchung relativ häufig auf und beim Hockey die Verletzung des oberen Sprunggelenks. Erst im weiteren folgen Knochenbrüche und Gelenkverrenkungen und schließlich Verletzungen von Sehnen, Bändern und Muskeln. Wie unterschiedlich diese Diagnosen in verschiedenen Untersuchungsbereichen, z. B. im Breitensport und Schulsport, ausfallen, zeigt Tab. 4.

Beim Auftreten von *Invaliditätsfällen* und *Todesfällen* ist wiederum eine auf Sportarten bezogene Häufigkeit zu erkennen. Handelt es sich auch in der überwiegenden Zahl aller Sportunfälle um sogenannte leichte und mittelschwere Verletzungen (über 80 %), so dürfen in statistischen Untersuchungen schwere Unfälle nicht unterschlagen werden. Das zu den schweren Unfällen zählende Schädel-Hirn-Trauma tritt gehäuft im Reitsport auf.

Tab. 4: Art der Sportverletzungen in Prozent.
Durchschnittsberechnung nach unterschiedlichen Quellen

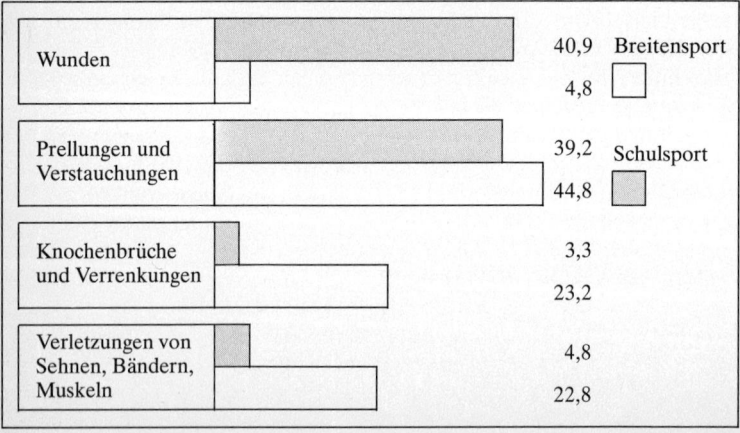

Wunden	40,9	Breitensport
	4,8	
Prellungen und Verstauchungen	39,2	Schulsport
	44,8	
Knochenbrüche und Verrenkungen	3,3	
	23,2	
Verletzungen von Sehnen, Bändern, Muskeln	4,8	
	22,8	

Dies weist einerseits auf die Gefährlichkeit dieses Sports hin und andererseits auf die Notwendigkeit besonderer Vorsichtsmaßnahmen, wie z. B. das Tragen der schützenden Reitkappe. Tab. 5 zeigt anhand zweier Untersuchungen die Sportarten auf, bei denen das Schädel-Hirn-Trauma (SHT) besonders häufig auftritt.

	Univ. Münster 1981	Saarland 1968–76
Reiten	40,9	11,6
Schwimmen	9,1	8,5
Fußball	6,8	5,0
Turnen	6,8	3,2
Wintersport	6,8	0,6
Schwerathl.	6,8	11,2
Ballspiele	4,3	11,3
Leichtathl.	2,3	3,6

Tab. 5: Schädel-Hirn-Trauma (SHT) bei Sportarten in Prozent

Eine Untersuchung der gemeldeten Sportunfälle des Saarlands, die Invalidität zur Folge hatten, zeigte folgende Reihenfolge der betroffenen Sportarten: Fußball, Boxen, Basketball, Kampfsport, Radsport, Fliegen, Handball und Reiten.

Die Untersuchung der während des Sporttreibens aufgetretenen Todesfälle weist mit Nachdruck auf die Notwendigkeit bestimmter Vorsichtsmaßnahmen und gezielter ärztlicher Untersuchungen besonders der älteren, über dreißigjährigen Sporttreibenden hin. Die oben bereits angeführte Untersuchung aus dem Saarland ergab, daß in der Reihenfolge bei den Sportarten Fliegen, Tauchen/Schwimmen, Kegeln, Reiten, Fußball und Handball Todesfälle auftraten. Es zeigte sich, daß etwa 65 % der Fälle nicht traumatisch bedingt waren, sondern als Ursache organpathologische Veränderungen aufwiesen (z. B. Herzinfarkt). Auch ist das Auftreten von Todesfällen als Folge einer durchgemachten schweren Infektion oder einer noch bestehenden Infektion bekannt. Schließlich muß auf das Vorliegen von Hirntumoren hingewiesen werden.

In etwa 20 % der Fälle trat der Tod bei rein traumatischer Schädigung auf. Hierbei sind mechanische Einwirkungen auf den kreislaufregulierenden Knoten der Halsschlagader (Carotissinus), auf das Herz selbst (Commotio cordis) sowie auf das Sonnengeflecht (Solar plexus) zu nennen, die insbesondere beim Boxsport auftreten können. Weiterhin ist die direkte traumatische Einwirkung auf den Kopf mit nachfolgender Hirnblutung als Todesursache möglich.

Todesfälle können ebenfalls auftreten, ohne daß Organerkrankungen vorliegen und ohne daß es zu traumatischen Einwirkungen kommt. Hierzu gehören alle Schockformen, deren Ursachen verschiedenartig sind. So kennt man den akuten Zuckermangelzustand nach Erschöpfung, den Hitzschlag bei Wärmestauung, das Kreislaufversagen als Reflex beim Eintauchen in kaltes Wasser, das Kreislaufversagen bei hohem Druckanstieg im Brustraum (Tauchen, falsche Technik im Kraftsport). Der sogenannte Fliehkraftfrühkollaps beim extremen Kurvenflug im Flugsport kann zu

einem Schock mit Todesfolge führen. In Verbindung mit dem Tauchsport
sind Sauerstoff-Vergiftung, Stickstoff-Vergiftung und die sogenannte Cais-
son-Krankheit (Stickstoff-Embolie) zu nennen.

Die Aufzählung dieser Todesursachen weist eindringlich auf das Einhalten
bestimmter und oft wiederholter Vorsichtsmaßnahmen hin, z. B. an die
langsame Einstellung auf kalte Wassertemperaturen, auf das unbedingte
Einhalten der Auftauchzeiten im Tauchsport, auf den Körper- und Kopf-
schutz bei gefährlichen Sportarten wie Reiten und Boxen und auf eine richtige Atemtechnik bei Kraftbelastungen. Für den älteren Sporttreibenden
ergibt sich besondere Vorsicht bei Kraft- und Schnelligkeitsbelastungen sowie bei Ausdauerbelastungen im Sauerstoffmangelzustand und bei exzessi-
ven Ausdauerbelastungen. Schließlich ist darauf hinzuweisen, daß das
Sporttreiben während einer Infektion, dazu gehört auch eine «harmlose»
Erkältungserkrankung, gefährlich ist. Desgleichen ist ein ausreichender
Erholungszeitraum nach einer derartigen Erkrankung bis zur Wiederaufnahme des Trainings notwendig. Mit aller Dringlichkeit ist schließlich auf
die Notwendigkeit ärztlicher Untersuchungen zum Ausschluß von Organerkrankungen hinzuweisen.

Sportverletzungen

Grundsätze der Ersten Hilfe bei Sportunfällen

Die Erste Hilfe bei Unfällen im allgemeinen bedeutet nicht nur eine ethische Verpflichtung, sondern jeder ist nach dem § 330 c Strafgesetzbuch (StGB) gesetzlich dazu verpflichtet: «Wer bei Unglücksfällen oder gemeiner Gefahr oder Not nicht Hilfe leistet, obwohl sie erforderlich und ihm den Umständen nach zuzumuten, insbesondere ohne erhebliche eigene Gefahr und ohne Verletzung anderer wichtiger Aufgaben möglich ist, wird mit Gefängnis bis zu einem Jahr oder mit Geldstrafe bestraft.»

Das Erkennen der Situation, die Beurteilung der Unfallursache, das Vertrautsein mit der Anatomie und das Wissen der möglichen Verletzungskomplikationen sind Grundlagen einer regelgerecht geleisteten Ersten Hilfe.

Grundsätze

▷ Erste Hilfe bedeutet eine vorläufige Maßnahme zur Abwendung einer Gefahr, sie stellt keine Behandlung dar.

▷ Erste Hilfe ist auf die anzunehmende höchste Schädigung auszurichten. Beispiel: bei einer schweren Trittverletzung gegen das Schienbein ist nicht ‹nur› an eine Prellung zu denken, sondern zunächst an die höchste Schädigung, den Knochenbruch.

▷ Erste Hilfe darf niemals schädigen.

▷ Ruhe und Besonnenheit sind für den Verletzten eine große Hilfe.

Hektik und Unsicherheit führen zu einer weiteren Bedrohung und Verängstigung mit der Gefahr einer Schocksituation.

▷ Zur Ersten Hilfe ist jedermann berechtigt. Eine zweckmäßige Erste Hilfe ist am besten durch einen ausgebildeten Helfer auszuführen, der das Vertrauen des Verletzten genießt. Auf den Betreuer, den Trainer und den Lehrer kommen hier außerordentlich wichtige Funktionen zu. Zu jeder weiteren Art der Behandlung ist nur der Arzt berechtigt.

▷ Erst beobachten, dann handeln! Der Behandlungsspielraum bei schweren Verletzungen mit Beeinträchtigung der Atmung und des Kreislaufs kann außerordentlich gering sein. Wenn die Sauerstoffzufuhr zum Gehirn für drei Minuten unterbrochen ist, dann ist eine Wiederbelebung auch ohne bleibende Schäden in den meisten Fällen möglich. Beim Überschreiten dieser Zeit verbleiben mit Wahrscheinlichkeit auch bei erfolgreicher Wiederbelebung irreversible Schäden, und nach fünf Minuten wird eine Wiederbelebung durch Eintritt des biologischen Tods erfolglos sein.

Da Unsicherheit eines Laienhelfers und Aufregung in der Konfrontation mit einem Unfallereignis verständlich sind, soll versucht werden, dem Betreuer, dem Lehrer und Trainer ein ‹Gerüst› aufzubauen, in das er in jeder Situation die erforderlichen Maßnahmen einreihen kann. Dieses ‹Gerüst› wird im folgenden dargestellt und erläutert; der Besuch eines Erste-Hilfe-Lehrgangs ist überdies empfehlenswert.

Der Helfer gewinnt Ruhe und Sicherheit durch drei gedankliche Hilfen, die die wichtigsten Maßnahmen charakterisieren:

AHA: Beobachten (Eselsbrücke: aha!)

ABC: Handeln bei Beeinträchtigung der Vitalfunktion (Eselsbrücke: abc)

DRK: Handeln, wenn keine Beeinträchtigung der Vitalfunktionen vorliegt. (Eselsbrücke: *D*eutsches *R*otes *K*reuz)

AHA-Beobachtung (vgl. S. 23–28)

A = Atmung: Bestehen Atembewegungen des Brustkorbs? Sind Bewegungen der Atemluft spürbar? Sind Atemgeräusche hörbar?

H = Herztätigkeit: Ist ein Puls tastbar (Halsschlagaderpuls)? Ist der Verletzte blaß, fahl, hat er blaue Lippen? Ist er bewußtlos?

A = Ansprechbarkeit: Ist der Verletzte ansprechbar?

ABC-Hilfe (bei Atem- und/oder Herzstillstand) (vgl. S. 28–32)

A = Atemwege freimachen und freihalten.

B = Beatmen: Sollte die spontane Atmung ausbleiben, so ist die Atemspende dringend und sofort notwendig.

C = Zirkulation durch *Compression* des Herzens (äußere Herzmassage): Bei gleichzeitigem Herzstillstand ist unverzüglich mit der äußeren Herzmassage durch Compression zu beginnen, wobei jedoch ausdrücklich darauf hingewiesen werden muß, daß die Herzmassage nur von einer darin geübten Person durchgeführt werden darf.

DRK-Prinzip (vgl. S. 47ff)
Unfallverletzungen sind nach dem DRK-Prinzip (*D*ruck, *R*uhigstellung/ Hochlagerung, *K*ühlung) zu behandeln.

Unfälle mit Störungen der vitalen Funktionen

Wie bereits bei den Todesfällen im Sport aufgezeigt, kann es bei vielen Sportarten zu Unfällen mit Störungen der vitalen Funktionen Atmung und Kreislauf sowie mit Beeinträchtigung der Gehirnfunktion kommen. Bei großen Sportveranstaltungen und Wettkämpfen werden in den meisten Fällen ausgebildete Helfer einer Erste-Hilfe-Organisation oder Ärzte eingesetzt. Im Training und Unterricht sowie bei Sportarten, die ohne Publikum betrieben werden (Bergsteigen, Skisport, Radfahren oder Geländereiten), muß der Sportler, sei er Sportkamerad oder Lehrer/Trainer, helfend eingreifen können.

Störungen der Atmung

Nach dem Grundsatz «*Zuerst Beobachten*» ist zunächst die Atmung zu beurteilen. Es ist festzustellen, ob ein Atemstillstand oder eine Störung der Atmung vorliegt.
Zeichen des Atemstillstands sind:
● fehlende fühlbare und sichtbare Bewegungen des Brustkorbs,
● fehlende hörbare Atemgeräusche,
● fehlende Atemströme aus Nase und Mund (Fühlen mit der empfindlichen Bindehaut des über Mund oder Nase gehaltenen geöffneten Auges),
● zunehmende Blauverfärbung der Lippen und Finger,
● Eintreten von Bewußtlosigkeit.
Eine kaum erkennbare Atmung ist in der Praxis mit einem Atemstillstand gleichzusetzen.

Die *Ursachen* der Atemstörungen können vielfältig sein:

● *Verlegung der Atemwege*
  durch Zurückfallen des Zungengrundes bei Bewußtlosigkeit oder
  durch Blut oder Erbrochenes oder durch Fremdkörper wie z. B. Zahnprothese oder Erde.

● *Anatmung (Aspiration)*
  von Erbrochenem, Blut oder Fremdkörpern beim Bewußtlosen bei noch
  bestehender Atemfunktion.

● *Brustkorbverletzungen*
  Bei erheblichen Gewalteinwirkungen insbesondere mit Eröffnung des
  Brustkorbs und Anfüllen des Brustraums mit Luft (Pneumothorax) oder
  Blut (Hämatothorax) kann es zum Einfallen der Lungen kommen. Eine
  Atmung mit Aufnahme von Sauerstoff ist nicht mehr möglich.

● *Sauerstoffmangel bei Vergiftung*
  durch Verdrängen des Sauerstoffs durch andere Gase, z. B. bei CO_2-
  Vergiftung (Tauchsport).

● *Schädelverletzung*
  Bei Gewalteinwirkung auf Schädel und Gehirn kann das Atemzentrum
  geschädigt werden.

● *Schwellung des Rachenraums*
  Durch Schwellung des Rachenraums z. B. nach Insektenstichen in der
  Mundhöhle (Wespen, Bienen) kann der Eingang zur Luftröhre verlegt
  werden.

● *Verschlucken*
  Beim Verschlucken von Gegenständen oder Speisebrocken können
  diese in der Speiseröhre verbleiben und die Luftröhre von hinten
  zudrücken.

● *Unterkühlung*
  bei Erfrieren, Ertrinken.

Störungen der Herztätigkeit

Die weitere Beobachtung gilt der Herztätigkeit und den Kreislaufver-
hältnissen. Folgende Zeichen sind Hinweise für den Herzstillstand:

● Pulslosigkeit (Halsschlagader: zwei Querfinger neben dem Kehlkopf.
  Beinschlagader: in der Leistenbeuge. Armschlagader: an der Beugeseite
  des Handgelenks daumenwärts, 5–10 Sekunden Puls suchen),

● weite Pupillen,

● blau-blasses Aussehen, blaue Lippen, blaue Finger,

● fehlende Atmung (der Atemstillstand tritt meist etwas früher als der
  Herzstillstand auf),

● Bewußtlosigkeit.

Störungen der Gehirnfunktion

Schließlich ist die Funktionsfähigkeit des Gehirns zu beobachten, am einfachsten durch die $\boxed{\text{Ansprechbarkeit}}$. Jede Gewalteinwirkung auf den Kopf kann zu Verletzungen des Gehirns und zu einer Beeinträchtigung seiner Funktionen führen (Schädel-Hirn-Verletzung). Gemeinsames Zeichen von ausgeprägten Schädel-Hirn-Verletzungen ist die Bewußtlosigkeit, deren Tiefe und Dauer abhängig von dem Grad der Gewalteinwirkung ist. Die Gefahr der Bewußtlosigkeit besteht im Atemstillstand einerseits durch das Zurückfallen des Zungengrundes und andererseits durch das Anatmen von Erbrochenem oder von Blut.

Man unterscheidet zwei Formen der Schädel-Hirn-Verletzungen: *Gehirnerschütterung* (Commotio cerebri) – ohne knöcherne Schädelverletzung und *Gehirn- und Gehirnnervenverletzung* (Contusio und Compressio cerebri) – mit Schädeldach- oder Schädelbasisbruch.

Gehirnerschütterung
Ursache der Gehirnerschütterung ist eine Gehirnschwellung nach einer Gewalteinwirkung auf den Schädel (Aufschlagen des Kopfes beim Stürzen, Schlag auf den Kopf). Die Schwellung kann zunächst im Bereich der Gewalteinwirkung liegen, darauf jedoch an der der Gewalteinwirkung gegenüberliegenden Seite des Schädels. Hierbei kommt es zum sogenannten *Contre-coup-Effekt:* Nach dem Abbremsen einer starken Schädelbeschleunigung durch Stoß oder Aufprall bewegt sich die Gehirnmasse zuerst

Abb. 2: Contre-coup-Effekt
1 Trägheitsbeschleunigung ⎫
2 Rückstoß-Contre-coup ⎬ Prellung und Sog

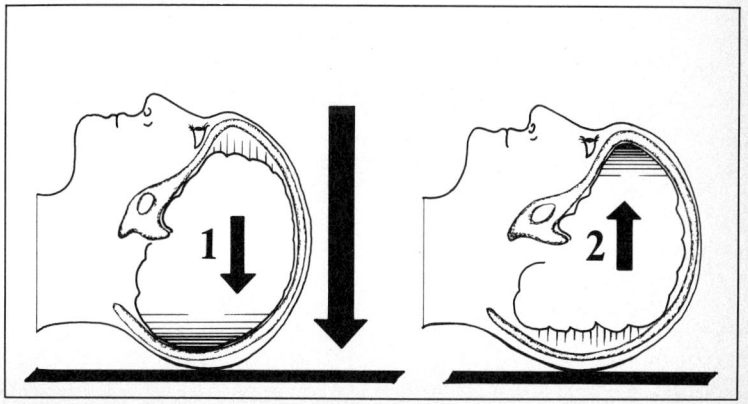

nach dem Trägheitsprinzip weiter, um anschließend durch Rückstoß (Contre-coup) von der Seite der Gewalteinwirkung auf die gegenüberliegende Seite zu prallen. Es entsteht also einerseits ein Unterdruck mit der Gefahr der Zerreißung von Hirnhaut und Gehirngefäßen, andererseits ein Überdruck mit nachfolgender Gehirnschwellung.

Für eine Gehirnerschütterung sprechen sowohl unsichere wie auch sichere Zeichen, vor allem:

● Benommenheit bis Bewußtlosigkeit,
● Übelkeit bis Erbrechen,
● rückwirkende Erinnerungslücken (retrograde Amnesie),
● Kopfschmerzen und Schwindel.

Da sich die Schwellung des Gehirns nicht plötzlich einstellt, zeigt sich eine Gehirnerschütterung nicht immer mit den ausgeprägten Symptomen Bewußtlosigkeit, Erbrechen oder Erinnerungslücke. So können sich die Symptome erst Minuten nach dem Unfall einstellen. Da jedoch auch durch die direkte Gewalteinwirkung auf den Schädel und damit auf das Gehirn Blutungen auftreten können, ist es möglich, daß nach einer kurzen Bewußtlosigkeit der Verletzte sich zunächst wohl fühlt (sog. Freies Intervall) und erst nach Minuten oder Stunden erneute Bewußtlosigkeit eintritt. Diese Art der Schädel-Hirn-Verletzung wird als *komplizierte* Gehirnerschütterung (Commotio cerebri complicata) bezeichnet.

Der Sportler selbst steht seinen Krankheitserscheinungen nach einer Schädel-Hirn-Verletzung meist unkritisch gegenüber. Es ist daher für den Trainer, Lehrer und Betreuer eine Verpflichtung, auf jede kleinste Verhaltensveränderung des Sportlers zu achten. Wenn z. B. ein Fußballspieler nach einem Kopfstoß leicht taumelt, seine Bewegungen nicht mehr koordiniert sind, er über Übelkeit klagt oder wenn ein Boxer nach einem Kopftreffer in seinen Bewegungen unsicher wird und nicht bekannte Bewegungsmechanismen zeigt, so muß in jedem Fall an eine Gehirnerschütterung gedacht werden und der Sportler aus dem Wettkampf herausgenommen, das Training abgebrochen und ein Arzt aufgesucht werden. Der Verletzte muß in einem solchen Fall unbedingt beobachtet werden.

Für ein Jahr nach einer erlittenen Gehirnerschütterung soll direkte Sonneneinstrahlung auf den Kopf wegen der Gefahr einer Hirnhautreizung vermieden werden (Tragen einer Kopfbedeckung).

Gehirn- und Gehirnnervenverletzung
Jede Gewalteinwirkung auf den Schädel kann eine knöcherne Verletzung des Schädeldachs oder der Schädelbasis nach sich ziehen. Bei allen Bruchformen kann eine Gehirn- und Gehirnnervenschädigung durch drei Mechanismen eintreten:

– direkte Verletzung durch den Knochenbruch im Sinne eines Eindrucks

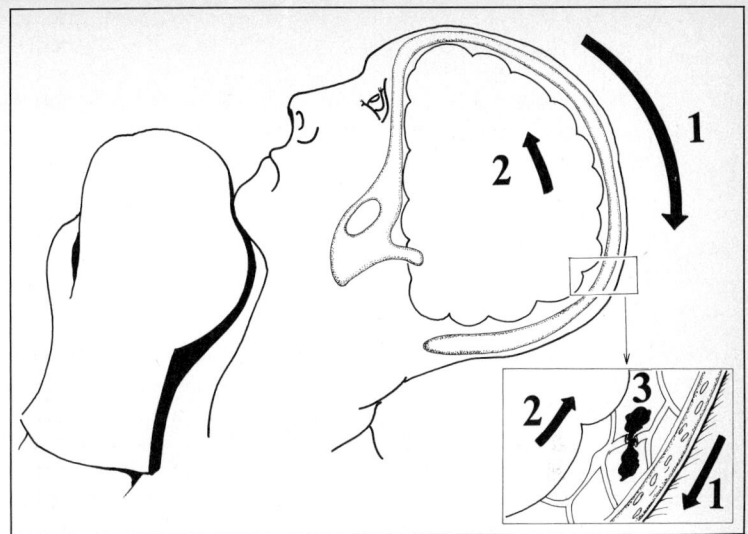

Abb. 3: Rotationseffekt
1 Rotationsbeschleunigung
2 Trägheitsbeschleunigung
3 Zerreißungsblutung

(Impression des Gehirns) oder einer Schnittverletzung des Gehirns durch Knochenbruchkanten,

- Beschleunigungsverletzung; nach dem bereits beschriebenen Contrecoup-Effekt können Hirnprellungen (Contusio cerebri), Hirnquetschungen (Compressio cerebri) und Zerreißungen von Gefäßen der Hirnhäute auftreten,
- Rotationsverletzung mit den gleichen Folgen, z. B. nach einem Kinnhaken (Abb. 3).

Äußere Zeichen eines *Schädelbasisbruchs* sind Blut- oder Flüssigkeitsaustritt (Gehirnwasser = Liquor) aus Mund, Nase und Gehörgängen, Fernblutergüsse (Brillen- oder Monokelhämatom). Durch die bei der Schädelfraktur direkt auftretende Blutung oder die Gehirngefäßzerreißungsblutung kommt es zu einem zunehmenden Druckanstieg im Gehirn, dem sogenannten *Hirndruck* mit folgenden Zeichen:
● auffallend langsamer Puls (auch sog. Druckpuls),
● Auftreten von Lähmungen, Ausfall von Sehen, Hören, Riechen oder Sprechen, Gefühlsstörungen, Atemstillstand,

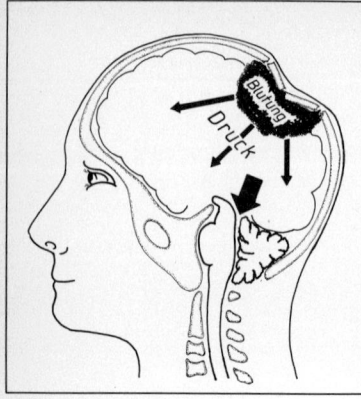

Abb. 4: Hirndruck

● Erweiterung einer Pupille, die sich auf Lichteinfall nicht verkleinert (Pupillenstarre) (Abb. 4).

Erst nach diesen Beobachtungen (Atmung, Herztätigkeit, Gehirnfunktion) und bei normalen oder wieder normalen vitalen Funktionen darf sich der Helfer um weitere vorliegende Verletzungen durch Aufsuchen von Orten großer Schmerzhaftigkeit, durch Betasten oder Bewegungsprüfungen kümmern, erst dann darf eine Wundversorgung vorgenommen werden. Einzige Ausnahme ist die sofortige Stillung einer großen Blutung, da diese durch den eintretenden Blutverlust zu einer akuten Lebensgefahr werden kann.

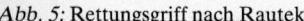

Abb. 5: Rettungsgriff nach Rautek

Erste Hilfe bei Störungen der vitalen Funktionen

Sind Störungen der Atmung und der Herztätigkeit festgestellt worden, so ist die Wiederbelebung nach dem Schema ABC die vordringlichste Maßnahme. Die Wiederbelebung ist grundsätzlich am Unfallort, sei es auf dem Spielfeld oder in der Sporthalle, durchzuführen. Liegt jedoch der Unfallort in einem Gefahrenbereich, wie dies sehr oft bei Verkehrsunfällen der Fall ist, so muß der Verletzte mit dem *Rettungsgriff nach Rautek* geborgen werden: Ein Unterarm des Verletzten wird vor dessen Leib gelegt, mit beiden Händen durch die Achselhöhlen gefahren und der Unterarm mit den Fingern von oben umfaßt. Durch Aufrichten aus gebeugter Kniestellung kann der

Verletzte auf die Oberschenkel des Helfers gezogen werden und durch Rückwärtsgehen transportiert werden (Abb. 5).

Es wurde bereits erläutert, daß die Luftröhre des Verletzten, insbesondere des Bewußtlosen, durch Zurücksinken des Zungengrundes verlegt werden kann oder aber Fremdkörper im Rachenraum die Luftwege verschließen können. Daher ist die erste aktive Handlung:

Atemwege freimachen und freihalten!

Durch Überstrecken des Kopfs nach hinten und Bewegen des Unterkiefers nach unten und nach vorn gelingt es, den Zungengrund zu heben und die Luftröhre zu öffnen. Bei dem notwendigen Kieferwinkelgriff wird der Unterkiefer auf beiden Seiten mit den umfassenden vier Fingern und dem auf der Kinnspitze liegenden Daumen nach unten und nach vorn gedrückt (Abb. 6 und 7).

Abb. 6: 1 Verlegter Atemweg – 2 Freier Atemweg nach Überstrecken des Kopfs

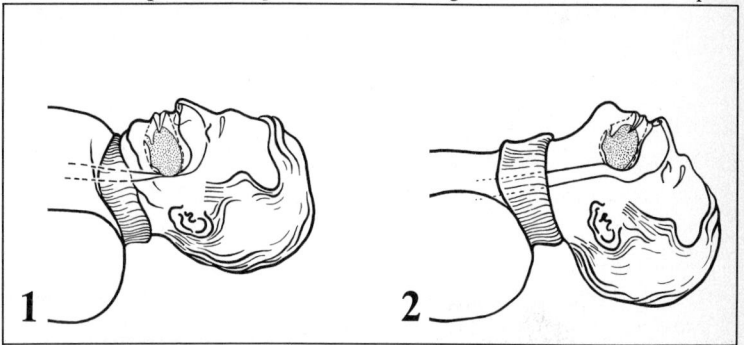

Abb. 7: Kieferwinkelgriff

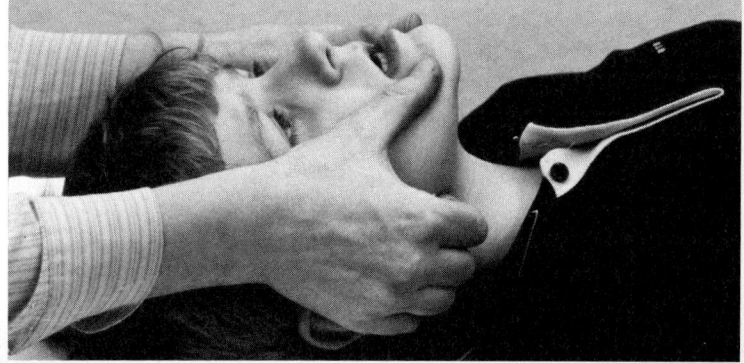

Fremdkörper, die sich im Mund- und Rachenraum (Blut, Wasser, Erbrochenes, Zahnprothese, Gras, Erdreich, Schnee) befinden, sollen sofort
nach Seitenlagerung des Kopfs mit dem Finger ausgewischt werden. Hierbei ist der Mund des Verletzten durch Daumendruck zwischen den Zahn-
reihen oder mit einem geeigneten Gegenstand (Holzkeil, Gummikeil)
offenzuhalten, um einen Bißreflex zu vermeiden. Behinderungen des
Brustkorbs von außen, z. B. bei einengender Sportkleidung, sind sofort zu
beseitigen. Tritt die Atmung allein durch diese Maßnahme wieder regelmäßig ein, so ist der Verletzte im Fall einer Bewußtlosigkeit in *stabiler Seitenlagerung* bei weiterhin überstrecktem Kopf zu beobachten. Die Durchführung der Lagerung nach Rautek oder der sogenannten Nato-Lagerung ist
ein wesentlicher Bestandteil der Ersten Hilfe und kann nicht oft genug wiederholt werden. Das einmalige Erlernen in einem Erste-Hilfe-Kursus
reicht für die mit der Betreuung von Sportlern beauftragten Personen nicht
aus (Abb. 8 und 9).
Sollten jedoch die Maßnahmen Atemwege freimachen und freihalten zu
keiner spontanen Atmung führen, so ist das B = Beatmen dringend notwendig. Die Atemspende stellt eine innere Druckbeatmung dar und ist wirkungsvoller als die früher bekannten äußeren Zug- und Druckmethoden.
Die Beatmung ist als *Mund-zu-Nase*-Beatmung durchzuführen, wobei der
Kopf des Verletzten nach hinten zu überstrecken und der Unterkiefer nach
vorn zu bewegen und gegen den Oberkiefer zu drücken ist (Abb. 10).

Abb. 8: Stabile Seitenlagerung nach Rautek

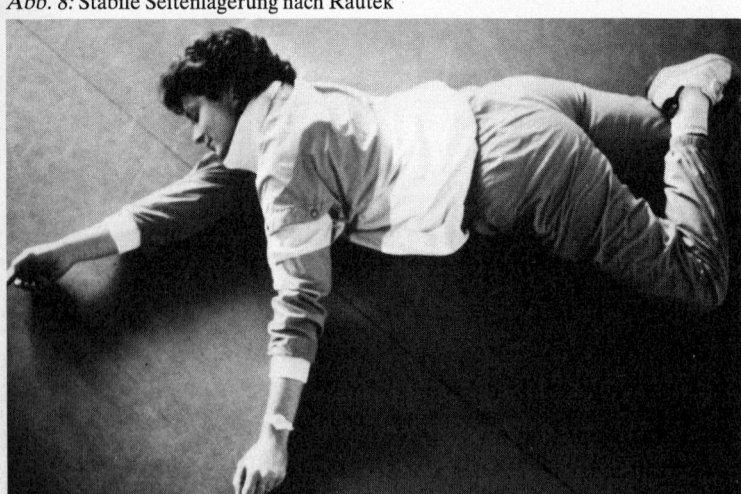

Abb. 9: Stabile Seitenlagerung (Nato-Lagerung)

Die Atemluft des Helfenden ist über die Nase des Verletzten einzublasen, wobei mit zwei kräftigen Atemstößen begonnen wird, um danach zu beobachten, ob eine spontane Atmung wieder einsetzt, widrigenfalls muß die Beatmung fortgesetzt werden. Nur in Ausnahmefällen, wenn z. B. die Nase verletzt oder nicht durchgängig ist, wird eine *Mund-zu-Mund*-Beatmung durchgeführt. Die Frequenz der Atemspende soll bei 15mal in der Minute liegen, bei kleinen Kindern soll sie auf 30mal in der Minute erhöht werden.

Da das Beatmen auf Dauer zu einer hohen körperlichen Anstrengung führt, darf der Helfer etwa nach einer Minute eine kurze Pause einlegen, in der er den Kopf heben und tief durchatmen soll. Beide Beatmungen stellen nicht den typischen Infektionsweg für den AIDS-Erreger dar. Dennoch kann man sich mit Beatmungsmasken und Beatmungsfolien schützen.

Abb. 10: Mund-zu-Nase-Beatmung

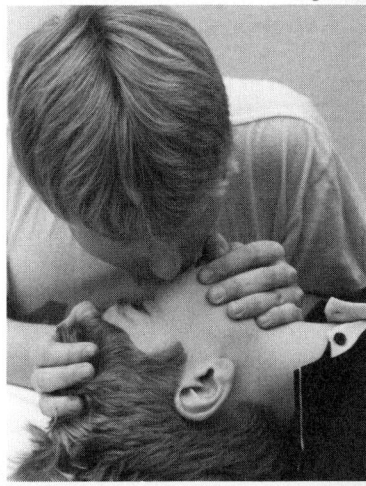

Bei gleichzeitig bestehendem Herzstillstand sollte die Blutzirkulation nach

Circulation oder Compression

der äußeren Herzmassage durchgeführt werden. Die Herzmassage sollte jedoch nur von dem Geübten und entsprechend Ausgebildeten durchgeführt werden. Von Laienhand praktiziert, ist sie oft entweder wirkungslos, oder aber sie

kann zu Verletzungen des Brustraums führen. Sie wird daher an dieser
Stelle nicht erläutert.

Für den Kundigen sei die praktische Ausführung der Herz-Lungen-Wie-
derbelebung mit gleichzeitiger Beatmung in kurzer Form in Erinnerung
gerufen:

Durchführung für einen Helfer:
Initial 2 Atemspenden, dann 15 Herzcompressionen und 2 Atemspenden
im Wechsel.

Durchführung für zwei Helfer:
Initial 2 Atemspenden, dann 5 Herzcompressionen und 1 Atemspende im
Wechsel.

Die oft noch gelehrte Praxis des Faustschlags auf das untere Brustbein-
Drittel als Wiederbelebungsmaßnahme sollte nach jüngster Lehrmeinung
nicht mehr allgemeiner Bestandteil der Ersten Hilfe sein (LINDNER).

Die Wiederbelebungsversuche sind so lange durchzuführen, bis die Le-
bensfunktionen spontan wieder einsetzen und weiterhin andauern, bis ein
Arzt oder Rettungswagen zur Stelle ist oder bis sichere Todeszeichen aufgetreten sind.

Die *sicheren Todeszeichen* sind:

● Totenflecke treten nach körperlicher Belastung früher auf als nach Ruhe
  und finden sich in unterschiedlicher Größe und von bläulicher Farbe im
  Bereich der unten liegenden Partien des Verletzten, so z. B. im Rücken-
  und Gesäßbereich beim Liegenden.

● Totenstarre tritt nach körperlicher Belastung früh ein.

Totenblässe, Erschlaffung der Extremitäten, Zurücksinken der Augäpfel
und Pupillenstarre sowie Herz- und Atemstillstand sind *unsichere Todeszeichen.*

Der Schock

Eine sehr häufige und lebensgefährliche Komplikation bei vielen Verletzungen ist der Schock, früher Kollaps genannt. Hierbei sind folgende *Anzeichen* zu erkennen:

● Kalt-feuchte Haut, Blässe, bläuliche (cyanotische) Verfärbungen der
  Nase, Lippen und Finger- sowie Zehennägel,

● Pulsbeschleunigung über 100 Schläge/Minute, schwach tastbarer Puls,

● schlecht erkennbare Venen,

● Unruhe, Angst, Verwirrtheit, Benommenheit, Durst.

Beim Schock kommt es durch eine globale Blutverteilungs- und -umlauf-
störung zu einem Sauerstoffmangel insbesondere der lebenswichtigen Or-

gane. Allen Schockformen gemeinsam ist eine nach dem Schädigungsereignis einsetzende Selbstschutzreaktion, bei der zunächst der Kreislauf zentralisiert wird, so daß nur Gehirn, Herz und Lunge ausreichend durchblutet werden. Diese Kreislaufsituation wird *Spannungskollaps* genannt. Andere Organe wie Leber, Niere und Darm werden dabei jedoch so gering durchblutet, daß die sich anhäufenden Schadstoffe nicht mehr entgiftet und ausgeschieden werden können. Die darauf eintretende Zellvergiftung wirkt sich auf die Kreislaufregulationszentren derart aus, daß nun alle Gefäße weitgestellt werden und das verfügbare Blut in die Peripherie, die Haut, die Gliedmaßenmuskulatur und in den Bauchraum absackt. Diese Kreislaufsituation wird *Entspannungskollaps* genannt (Abb. 11).

Die *Ursachen* des Schocks sind vielfältig.
● Blutverlust nach innen und außen (*Blutungsschock*),
● Blutplasmaverlust bei Verbrennungen von über 15 % der Körperoberfläche (*Verbrennungsschock*),
● Salz- und Wasserverluste bei starkem Durchfall und Erbrechen (*Dehydrationsschock*) und bei starkem Schwitzen (*Hitzeschock*),
● Verletzung von Kreislaufregulationszentren (*Vasomotorenschock*) bei Gewalteinwirkung, z. B. auf den Regulationsknoten der Halsschlagader

Abb. 11: Kreislaufschock
1 Spannungskollaps: Blut zentral   2 Entspannungskollaps: Blut peripher

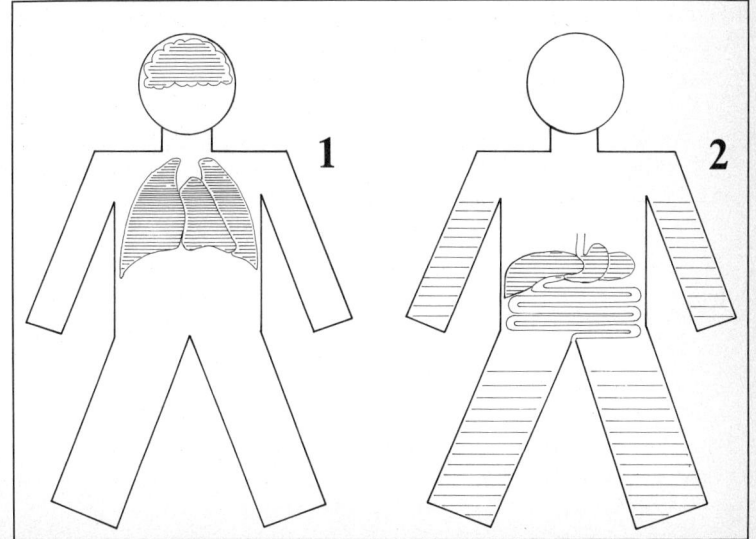

(Carotissinus), das Herz (Commotio cordis) oder das Sonnengeflecht (Solar plexus),

● bei plötzlichem Druckanstieg im Brustraum (Drucksteigerung beim Tauchen) oder plötzlichem Unterdruck (Fliehkraft beim Fliegen) (*orthostatischer Schock*),

● Herzversagen, z. B. bei Herzinfarkt (*cardiogener Schock*),

● Vergiftungen, bei denen der Sauerstoff durch Gase (Kohlendioxyd und Stickstoff beim Tauchen) oder durch chemische Reaktionen verdrängt wird (*Vergiftungsschock, toxischer Schock*),

● Überempfindlichkeitsreaktionen gegen Fremdeiweiße in Medikamenten und Transfusionen, Impfungen oder Insektenstiche (*allergischer Schock*),

● Stromverletzungen (*neurogener Schock*),

● hohe seelische und körperliche Belastungen wie Angst, Erregung sowie schwere Schmerzzustände (*psychischer, vasovagaler Schock*).

Erste Hilfe beim Schock

Grundsatz: Gebt dem Herzen Blut und dem Blut Sauerstoff!

Das bedeutet im einzelnen:
● Flachlagerung, nötigenfalls Tieflagerung des Kopfs (Abb. 12),
● Anheben von Beinen und Armen über das Herzniveau (Abb. 13), nötigenfalls Auspressen von Blut aus Beinen und Armen durch zirkuläre

Abb. 12: Schocklagerung

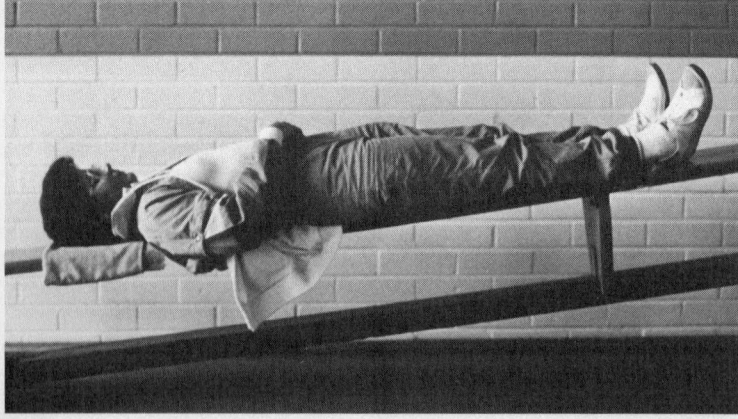

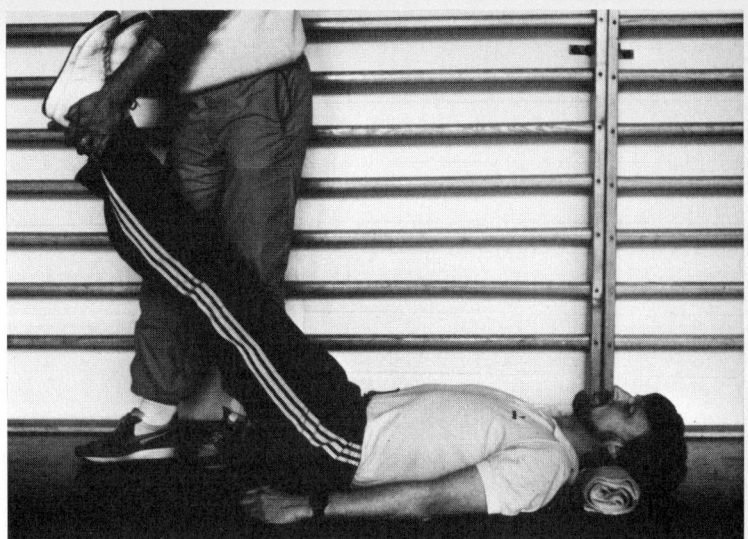

Abb. 13: Schocklagerung: Autotransfusion

Kompressionsverbände herzwärts (Autotransfusion), wodurch bis zu ein Liter Flüssigkeit zur Verfügung gestellt werden kann.

Das Hochlagern der Beine darf bei folgenden vermuteten Verletzungen nicht erfolgen: Beckenbruch, Knochenbruch im Bereich der Beine, Schädelverletzungen sowie Verletzungen des Brust- und Bauchraums.

● Schutz vor Unterkühlung oder Überwärmung je nach klimatischen Bedingungen,

● Beseitigung der auslösenden Ursachen,

● Beseitigung der psychischen Reize (Zuspruch und Beruhigung des Verletzten) sowie der Schmerzreize (schmerzfreie Lagerung, Kühlen eines vorhandenen Verletzungsbereichs),

● keine Verabreichung von Speisen und Medikamenten, insbesondere von blutdrucksteigernden Präparaten. Diese führen zu einer allgemeinen Gefäßverengung und damit zu einer weiteren Beeinträchtigung des Kreislaufs,

● bei *voll ausgeprägtem Schockbild* keine Gabe von Flüssigkeit. Durch den Verlust von Körperflüssigkeit (Blutung, Verbrennung, Erbrechen, Schwitzen) tritt gleichzeitig ein Salzverlust in der Umgebung der Gewebszellen ein (extrazellulärer Raum). Infolgedessen kommt es zu einem Konzentrationsanstieg von Natrium in den Körperzellen, die bei Gabe einer nicht salzhaltigen Flüssigkeit aufgrund des Konzentrationsgefälles an-

schwellen würden. Diese Schwellung tritt ebenfalls in Nervenzellen auf,
so daß Krampfzustände die Folge sind. Die Gabe von kochsalzfreien
Flüssigkeiten würde somit zu einer Vergiftung (Wasserintoxikation) führen. Da am Unfallort Salzlösungen in richtiger Konzentration nicht vorliegen (3 g/l beim Verbrennungsschock, 9 g/l beim Hitzeschock), sollte
grundsätzlich auf die Gabe von Flüssigkeit verzichtet werden. Bei zu
hohem Salzgehalt einer Flüssigkeit würde diese wie ein Brechmittel wirken und zu weiteren Komplikationen führen.

Ist dagegen das *Schockbild nicht vollständig* ausgeprägt und ist der Verletzte bei Bewußtsein, kann leicht gesalzenes kühles Wasser in kleinen
Schlucken gegeben werden.

Die optimale Flüssigkeitszufuhr erfolgt durch Infusionslösungen, die in
mobilen oder stationären Unfallstationen vorhanden sind.

Schockähnliche Zustände

Ohnmacht

Mit *Ohnmacht* wird ein Zustand einer vorübergehenden Verteilungsstö-
rung des Bluts mit Minderdurchblutung des Gehirns und verminderter Sauerstoffversorgung (Hypoxämie) bezeichnet. Ursache sind geringgradige
psychische Reize wie z. B. das Sehen von Blut oder aber auch das schwer-
kraftabhängige Versacken des Bluts aus dem Kopf nach unten beim plötzlichen Aufstehen.

 Erste Hilfe:

Flachlagerung, eventuell Beine anheben. Atemreizstoffe wie Japanisches
Heilpflanzenöl wirken sich günstig aus. Beim Ausbleiben der Regulations-
mechanismen kann sich selbstverständlich ein ausgeprägtes Schockbild
entwickeln.

Hitzschlag

Beim *Hitzschlag* werden die Temperaturregulationsmechanismen durch
eine Wärmestauung im Körper geschädigt. Bei schwüler, warmer Luft und
gleichzeitiger körperlicher Belastung führt vermindertes Schwitzen zu
einer unzureichenden Wärmeabgabe. Folgen sind Gehirnreizung, Bewußtlosigkeit, Krämpfe und Fieber. Der Sportler wirkt zunächst gereizt, später
desorientiert, er ist unkoordiniert, geht oder läuft schwankend und blickt
starr. Der Puls ist beschleunigt, die Haut ist trocken.

 Erste Hilfe:

Langsamer Wärmeentzug durch Lagerung in kühler Umgebung, Benet-
zung der Haut mit Wasser, zufächeln von kühlender Luft. Liegt keine Be-

wußtseinstrübung vor, so kann eine Temperatursenkung auch durch kleine Schlucke kalten Wassers herbeigeführt werden.

Hitzekollaps

Der *Hitzekollaps* ist ein Krankheitsbild mit Kreislaufversagen, hervorgerufen durch eine übermäßige Erweiterung der Gefäße in der Haut mit dem Ziel der Wärmeabgabe über die Peripherie in heißer Umgebung und bei gleichzeitiger körperlicher Belastung. Dem Körper wird durch das wärmeregulierende Schwitzen kochsalzhaltige Flüssigkeit entzogen, und zwar aus dem extrazellulären Raum (Dehydration). Untersuchungen haben ergeben, daß der Verlust von 1,5 Liter Wasser erst zum Durst führt, jedoch noch keine merklichen Veränderungen mit sich bringt. Der Verlust von 4 Litern (ungefähr 6 % des Körpergewichts) führt zu Schwäche, Reizbarkeit, Aggressionen, Kopfschmerzen und Muskelkrämpfen. Ein Marathonläufer verliert je nach Außentemperatur zwischen 2 und 4 Litern Flüssigkeit über das Schwitzen. Bei Verlusten über 5 Liter nehmen körperliche und geistige Leistungsfähigkeit ab. Hierbei wird dem Blut Wasser entzogen, es ‹dickt ein›, oder die Viskosität nimmt zu, eine weitere Wärmeabgabe durch den Schweiß ist nur noch in geringem Grad möglich. Die Körperkerntemperatur steigt, und bei 40 °C versagt die Thermoregulation, so daß das Schwitzen aufhört. Erfolgt keine Behandlung, so steigt die Temperatur weiter. Bei 41,5 °C tritt Bewußtlosigkeit und bei 43,5 °C der Tod ein.

 Erste Hilfe:
Bei nicht getrübtem Bewußtsein Gabe von kochsalzhaltiger Flüssigkeit (9 g/Liter, das entspricht 3 Teelöffeln) in kleinen Schlucken. Ansonsten ebenfalls langsamer Wärmeentzug durch Lagerung in kühler Umgebung. Bei Bewußtseinstrübung ist umgehend eine Infusionsbehandlung (durch den Arzt) einzuleiten.

Hitzschlag und Hitzekollaps sind durch vorbeugende Maßnahmen, z. B. durch regelmäßiges Trinken elektrolythaltiger Flüssigkeit während der Belastung vermeidbar.

Blutungen

Die Beachtung des Blutkreislaufs und die damit verbundene Sauerstoffversorgung der Gewebe, vor allem des Gehirns, zieht sich wie ein roter Faden durch die gesamte Verletzungslehre. Der bei Blutungen auftretende Blutverlust führt ebenso wie der Atem- und Herzstillstand über die Schockform zu lebensbedrohlichen Zuständen. Wie wichtig die erforderliche Blutstillung in der Ersten Hilfe ist, geht aus folgenden Zahlen hervor: Der Verlust von 1,5–2 Litern Blut bedeutet Lebensgefahr für den Erwachsenen. Ein derartiger Verlust kann nicht nur bei offenen Verletzungen, sondern auch bei geschlossenen, z. B. einem Oberschenkelbruch, auftreten.

Die Blutungen sind entsprechend ihren Erscheinungsbildern zu unterteilen in *geringe oder tropfende* Blutungen, in *mäßige oder rinnende* Blutungen, in *starke oder fließende* und in *sehr starke oder spritzende, sprudelnde* Blutungen. Es handelt sich hierbei um sickernde *Kapillarblutungen,* um fließende *Venenblutungen* und um spritzende *Arterienblutungen.*

Erste Hilfe bei Blutungen

(Eine kurze Blutung aus einer Wunde stellt einen Reinigungsprozeß dar.)

● Hochlagerung verringert eine Blutung;
● kleine Blutungen stehen meist durch schnelle Gerinnung von allein, so daß ein Wundschnellverband (Pflasterverband) für die Erste Hilfe genügt;
● die Blutstillung mit blutstillenden Mitteln (sog. Hämostyptika Watte, Puder, Stift) ist nur bei kleinen Verletzungen erlaubt und sollte ausschließlich von kundiger Hand durchgeführt werden;
● bei geringen bis mäßigen Blutungen aus oberflächlichen Wunden wird ein steriler Wundverband (verschlossenes Verbandpäckchen, steriler Mull, sterile Metallinelage) angelegt und die verletzte Körperpartie hochgelagert;
● größere arterielle und venöse Blutungen sind durch einen *dreischichtigen* Wundverband zu versorgen (Abb. 14).
  (1) Sterile Abdeckung,
  (2) elastisches Material: Watte, Schwamm, Schaumstoff, z. B. Komprex® oder eine dicke Textillage,
  (3) druckausübende, breite Binde wie Idealbinde.
      Sollte dieser Verband durchbluten, so ist ein zweiter Verband darüber zu legen (saugfähige Polsterschicht, weitere Druckbinde), in keinem Fall ist der erste Verband zu lösen, da hierbei erneut eine Blutung auftreten kann.

- Der Druckverband darf nicht so fest sein, daß er zu einer Drosselung des arteriellen Durchstroms oder venösen Rückstroms führt.

- Führt die in jedem Fall zuerst vorzunehmende Blutstillung am *Ort der Not* entweder durch direkten Druck- oder dreischichtigen Wundverband nicht zum Erfolg, so ist eine Blutstillung am *Ort der Wahl* durchzuführen. Hierbei ist durch manuellen Druck die zuführende Schlagader zwischen Verletzung und Herz abzudrücken. Dieses Abdrücken hat nur überbrückenden Charakter und ist nur begrenzt durchzuführen. Es geschieht am geeignetsten im Bereich der Oberarmschlagader und der Oberschenkelschlagader in der Leistenbeuge (Abb. 15).

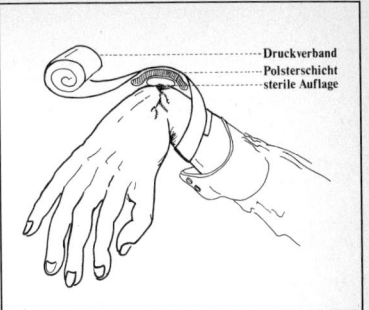

Abb. 14: Dreischichtiger Wundverband

Abb. 15: Blutstillung am Ort der Wahl

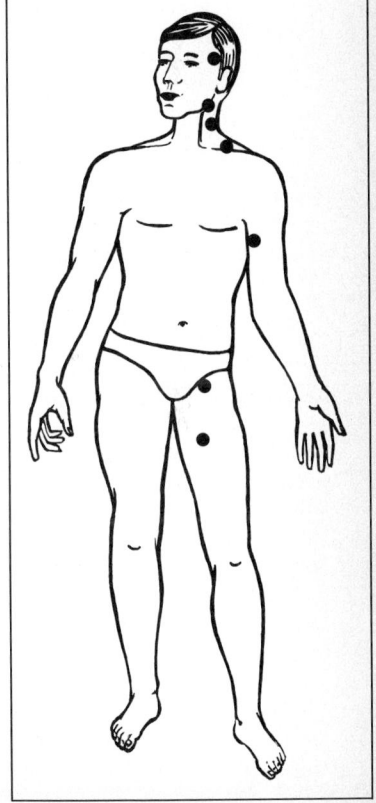

Hinweis: Das bekannte Abbinden von Schlagadern sollte nie vorgenommen werden, da Gefahren für eine weitere Verletzung, z. B. einer Nervenverletzung und einer Vergiftung der abgebundenen Gliedmaße, bestehen. Nur bei Abriß oder Teilabriß von Gliedmaßen ist diese Maßnahme erlaubt. Im Bereich des Halses dürfen keine Druckverbände angelegt werden.

Sonderformen von Blutungen

● *Nasenbluten*
  Erste Hilfe: Sitzende Stellung, Kopf nach vorn geneigt (nicht zurückle-
  gen). Hört das Nasenbluten durch spontane Blutstillung (Bildung von
  Blutgerinseln) nicht auf, so kann der Flügel des blutenden Nasenlochs
  gegen die Nasenscheidewand gedrückt werden. Feucht-kalte Umschläge
  im Nacken sind nützlich. Das Verlegen des blutenden Nasenlochs z. B.
  mit Watte (Tamponade) ist durch den Laienhelfer nicht erlaubt. Das
  Aufziehen von kaltem Wasser oder ähnlichem ist nicht anzuraten.
  Bei sehr starken Blutungen aus der Nase oder auch aus dem Mund ist der
  Verletzte bäuchlings zu lagern, die Stirn auf die verschränkten Arme zu
  legen, daß aus geöffnetem Mund oder der Nase die Blutung abfließen
  kann und eine Abatmung (Aspiration) des Bluts vermieden wird.

● *Bluterguß* (Hämatom)
  Bei geschlossenen, stumpfen Verletzungen ist eine innergewebliche Blutung durchaus möglich. Die Erste Hilfe besteht zunächst in der Kombination von Kühlung, Druckverband, schmerzfreier und bewegungsar-
  mer Hochlagerung.

● *Nagelhämatom*
  Bei vielen Verletzungen der Füße und der Hände tritt komplizierend ein
  Finger- oder Zehennagelhämatom auf. Auch hierbei ist der Druckverband hilfreich. Das Entlasten des Hämatoms durch Anbohren der Nägel
  stellt keine Erste Hilfe-Maßnahme dar.

Entzündungen

Die Entzündung ist eine Gewebsreaktion auf verschiedenste Reize, z. B.
thermische, chemische, elektrische, und auch auf Bakteriengifte. Sie tritt
jedoch auch nach mechanischen Reizen gleichgültig welcher Art auf und ist
damit mit dem Begriff Verletzung eng verbunden; sie stellt die erste kom-
plizierende Reaktion des geschädigten Gewebes mit Veränderung der örtlichen Durchblutungsverhältnisse dar.
Die mechanische Gewalt führt zu einer Schädigung von Zellverbänden im
Verletzungsbereich, die daraufhin mit der Freisetzung von Entzündungsstoffen (Mediatoren) reagieren. Durch die Mediatoren wird eine Schädigung der Gefäßwände hervorgerufen, es kommt zur Erweiterung des
Gefäßhohlraums und damit zu verlangsamtem Blutstrom und zu einer gesteigerten Gefäßwanddurchlässigkeit für Blutzellen und Blutflüssigkeit.

Das Ausschwitzen (Exsudation) von Flüssigkeit und die Einlagerung von Blutzellen in das umgebende Gewebe (Infiltration) führt zu dem Ausdruck des *exsudativ-infiltrativen* Stadiums der Entzündung. Nach der Art des Exsudats unterscheidet man *seröse* (Wundwasser), *fibrinöse* (geronnenes Exsudat, «Schorf»), *eitrige* (zerfallende weiße Blutkörperchen) und *hämorrhagische* (blutige) Entzündungen. Wird die Entzündung von Erregern (Bakterien, Viren, Pilze und tierische Parasiten, z. B. Würmer) hervorgerufen, so spricht man von einer *Infektion* (vgl. S. 42–47).

Die drei wichtigsten Erscheinungsformen des exsudativen Entzündungsstadiums sind:
- *Schwellung* (Tumor): durch Exsudation und Infiltration (Einwandern von Blutzellen) hervorgerufen.
- *Schmerz* (Dolor): Druck des Exsudats auf die Nervenendigungen.
- *Gestörte Funktion* (Functio laesa).

Weitere Entzündungszeichen sind:
- *Wärme* (Calor): hervorgerufen durch gesteigerten Stoffwechsel.
- *Rötung* (Rubor): hervorgerufen durch den verzögerten Abfluß der roten Blutkörperchen bei weitgestellten Gefäßen.

Wird die Entzündung durch Sofortmaßnahmen oder spätere Behandlungsmaßnahmen nicht gestoppt, kommt es zu einer weiteren um sich greifenden Zellschädigung durch Stoffwechselprodukte und auflösende Stoffe (lösende Enzyme) und damit zu einer Ausbreitung der Entzündung, das *alterative* Stadium.

Das Abheilen der Entzündung erfolgt durch Bindegewebszellen, die in das Entzündungsgebiet einströmen und sowohl Entzündungsstoffe als auch Entzündungszellen ‹auffressen› (Phagocytose). Tritt eine Neubildung von Gewebe (Produktion = Proliferation) ein, so spricht man vom *produktiven* Stadium, das bei einer spezifischen Entzündung wie z. B. beim Rheumatismus ein eigenes gewebespezifisches (histologisches) Aussehen hat.

Die Maßnahmen der Ersten Hilfe bei allen akuten Verletzungen (Eselsbrücke: DRK, vgl. S. 47 ff) sind gegen die Erscheinungsformen des *exsudativen* Stadiums der Entzündung gerichtet:
▷ *K = Kühlen:* beseitigt den Schmerz und die Weitstellung der Gefäße,
▷ *D = Druck:* verhindert die Schwellung,
▷ *R = Ruhigstellen und Hochlagern:* verhindert einen weiteren Schmerz und läßt das Blut und die Entzündungsstoffe aus dem Verletzungsgebiet zum Körperinneren ‹abfließen›.

Infektionen

Haut und Schleimhäute des Menschen sowie die Gebrauchsgegenstände, bezogen auf den Sport Geräte, Matten, Hallenböden und Sportplätze sind von einer Vielzahl von Mikroorganismen besiedelt. Solche Mikroorganismen sind z. B. Bakterien, einzellige Kleinstlebewesen mit selbständiger Lebensfähigkeit, oder auch Pilze, die beim Eindringen in den Körper, z. B. in eine Wunde, zu krankhaften Veränderungen führen können, die als *Infektionen* bezeichnet werden. Diese Infektionen treten ohne Gesetzmäßigkeit und nicht an bestimmte Organe gebunden auf, während *Infektionskrankheiten* durch einen gesetzmäßigen Verlauf (Krankheitsbeginn nach Ansteckung, Fieberverlauf, Dauer der Erkrankung, befallenes Organ) gekennzeichnet sind.

Abhängig von der Abwehrlage (Resistenz) des Körpers und der Infektionsstärke (Virulenz) der Erreger ist die Infektion stärker oder schwächer ausgeprägt. Die Infektion wird vom Körper durch eine Schutzfunktion, die *Entzündung*, bekämpft, wobei nach einer Gefäßweitstellung Abwehrzellen (weiße Blutkörperchen) an den Infektionsherd gelangen und dort Keime bzw. deren Gifte vernichten. Durch die Gefäßweitstellung und die Gefäßwandschädigung, mit dem damit verbundenen Flüssigkeits- und Zellaustritt, treten die typischen *Entzündungszeichen* wie Rötung, Schwellung, Wärme, Schmerz und gestörte Funktion auf, die als Hinweis für eine zu erfolgende ärztliche Behandlung nach einer Verletzung anzusehen sind. Kann der Körper keine Schranke gegen die Erreger aufbauen, so breiten sich diese weiter aus. Dies geschieht einmal vom Ort der Entzündung entlang anatomischer Leitbahnen wie Gefäße, Nerven, Sehnen- und Muskelscheiden oder entlang der natürlichen Abwehrbahnen der Lymphgefäße bis hin zu den Lymphknoten. Diese sich ausbreitenden Infektionen werden durch einen roten Strich auf der Haut sichtbar, im Volksmund als *Blutvergiftung* bezeichnet. Im weiteren Verlauf können komplizierend die Erreger oder deren Gifte in Körperhohlräume, z. B. Gelenke, eindringen oder die letzte Abwehrschranke der Lymphknoten durchbrechen und in die Blutbahn gelangen. Es handelt sich dann um eine wirkliche Blutvergiftung, die *Sepsis*, deren sicheres Zeichen auftretender *Schüttelfrost* ist.

Erste Hilfe bei Blutvergiftung:
▷ Wundversorgung,
▷ Ruhigstellung des Infektionsherds,
▷ sofortiges Sportverbot,
▷ Ableitung der Infektionswärme durch Kühlung und Feuchtigkeit,
▷ Schmerzbeseitigung (Schockgefahr!),

▷ baldige ärztliche Behandlung,
▷ bei gestörter Nachtruhe und Schüttelfrost sofortige ärztliche Behandlung.

Nach *Verletzungen der Haut* können bakterielle Infektionen, toxische Infektionen und Virus-Infektionen hervorgerufen werden.

Bakterielle Infektionen

Zu den *Eitererregern,* die nur bei Luftzufuhr (aerobe Bakterien) existieren können, zählen Stäbchenbakterien (Staphylokokken) und Kugelbakterien (Streptokokken). Sie sind in der Lage, weiße Blutkörperchen zu zerstören, deren Zerfallsprodukt der Eiter ist. Führen solche Bakterien zu Entzündungen der Haarbalgdrüsen, spricht man von *Furunkel,* während ein *Karbunkel* eine Anhäufung von Furunkeln darstellt. Diese Infektionen sind besonders gefährlich, wenn sie im Gesicht auftreten, da ihr ‹Abwehrweg› über ein Hohlraumsystem im Gehirn erfolgt. An Furunkeln im Gesicht darf deshalb nie manipuliert werden.
Bei Ausbreitung der Eitererreger im Unterhautzellgewebe entstehen Zellgewebsentzündungen (Phlegmone), die im Bereich der Hohlhand und der Fußsohle als Panaritium bezeichnet werden und hier zu verheerenden Zerstörungen führen können. Typische Hautinfektionen sind:
● *Abszeß:* eine durch Bindegewebe (Abwehrschranke) abgegrenzte Eiterung,
● *Empyem:* die Eiterung eines Körperhohlraums (Gelenk),
● *Erysipel* eine mit begrenzter Rötung, hohem Fieber und Schüttelfrost einhergehende Hautinfektion.
Hautinfektionen sind für viele Sportarten typisch:
Infizierte Hornschwielen – Langstreckenlauf, Gehen, Rudern, Turnen.
Furunkel / Karbunkel – Ringen, Judo, Radsport;
Infizierte Schürfwunden – Langlauf, Radfahren, Ballspiele;
Infizierte Verbrennungswunden – Kunstrasen, Tartanbahn, Radrennbahn, Rodelbahnen, Seilverbrennungen beim Bergsteigen.

Fäulniserreger, zu denen ebenfalls Streptokokken und auch Darmbakterien (Coli) gehören, gehen bei der Infektion mit Absonderung von Fäulnisstoffen und einer schweren Allgemeinerkrankung einher.
Neben den bisher genannten aeroben Bakterien gibt es auch anaerobe, die nur unter Luftabschluß leben können. Zu diesen Bakterien gehören das Gasbrandbakterium und Wundstarrkrampfbakterium (Tetanus). Bakterien, die in der Lage sind, Formen zu bilden, die in einem lebensabträglichen Milieu überleben können, werden auch *Bazillen* genannt.

Dies trifft für Gasbrand- und Wundstarrkrampferreger zu.

Der *Gasbrand* ist eine außerordentlich gefährliche Infektion, die bei ausgedehnten Weichteilquetschungen und verschmutzten Wunden auftreten kann. Der Bazillus kommt in Staub und Erdreich vor, so daß die Erkrankung auch bei Sportarten auftreten kann, die im Freien betrieben werden (Radsport, Motorradsport, Reiten).

Die Krankheit zeigt sich durch eine gespannte Haut, unter der ein Geräusch wahrzunehmen ist, das dem Knistern von Gasperlen gleicht (Hautemphysem). Die Behandlung erfolgt mit guten Aussichten durch eine Überdruckbehandlung (Druckkammer) in speziellen Kliniken.

An lokalen bakteriellen Infektionen ist eine Manipulation zu vermeiden (Aufdrücken, Aufstechen), da die Gefahr der Ausbreitung besteht. Desinfektion der Umgebung, Seifenlaugenbäder, feuchte Umschläge und Verbände mit antibiotischen Salben sind oft eine gute Hilfe. Bei Ausbreitung der Infektion ist ärztliche Hilfe notwendig.

Pilzinfektionen

Pilzinfektionen breiten sich im Sport ständig aus und treten vor allem bei Schwimmern und Läufern in den Zwischenzehenräumen und bei Läufern und Radrennfahrern in der Leistengegend auf. Sie sind besonders gefährlich, wenn sie superinfiziert, d. h. zusätzlich bakteriell infiziert werden.

Prophylaxe einer derartigen Infektion ist eine ausreichende Hygiene hinsichtlich Bekleidung und Körperpflege, wobei das tägliche Seifenbad mit Vernichtung des natürlichen und abwehrenden Fettfilms nicht unbedingt zu befürworten ist. Andererseits ist die Pilzinfektion auch eine Frage der Abwehrlage des Körpers, d. h., sie tritt bei schlechter Abwehrlage oder Erkrankung leichter auf. Ebenso wie bei lokalen bakteriellen Infektionen soll keine Manipulation der Infektion vorgenommen werden.

Das tägliche Aussprühen der Sportschuhe mit Sagrotan®-Spray und Incidin®-Spray stellt eine vorbeugende Maßnahme dar.

Infektionskrankheiten

Neben den eitrigen Wundentzündungen nehmen die Infektionskrankheiten Wundstarrkrampf (Tetanus) und Tollwut eine besondere Stellung im Sport ein.

Wundstarrkrampf
Der *Wundstarrkrampf* zählt zu den toxischen Infektionen, die durch Gift (Toxin des Tetanusbazillus) hervorgerufen wird. Trotz der heute verfügba-

ren modernen Intensivtherapie besteht bei der Erkrankung eine hohe
Sterblichkeit von 50–80 %. Durch eine ausreichende Impfung (Immunisierung) läßt sich der Wundstarrkrampf absolut vermeiden.

Die Infektion tritt ein, wenn der Tetanus-Bazillus durch die verletzte Oberhaut gelangt und unter Luftabschluß infektionsfähig (virulent) wird. Die
Tetanus-Bazillen sind in der gesamten Umgebung des Menschen nachweisbar (ubiquitär). Bevorzugt werden sie im Darm von Pferden und Rindern
gefunden, wodurch sie als Dung auf Wiesen und Rasenplätze gelangen
können. Jedoch auch auf der menschlichen Haut und in der Bekleidung
sind sie nachweisbar und gelangen so auf Hallenböden oder Turn- bzw.
Judomatten.

Die von den Tetanus-Bazillen gebildeten Sporen können als Dauerformen
jahrzehntelang überleben und in lebensfähiger Umgebung wieder anstek-
kungsfähig werden. Die Bazillen bilden Toxine (Gifte), die für das Nervensystem gefährlich werden, indem sie an den motorischen Endplatten eine
Übererregbarkeit im Sinne einer Dauerkontraktion (Tetanus) hervorrufen, die bei Befall der Atemmuskeln lebensgefährlich wird.

Die Inkubationszeit, das ist die Zeit zwischen Eintritt der Infektion und
Auftreten der ersten Krankheitserscheinungen, beträgt durchschnittlich
zwischen 4 und 16 Tagen, wobei die Prognose bei kurzer Inkubationszeit
schlechter ist.

Das *Erscheinungsbild* der Krankheit macht sich in Form von Abgeschla-
genheit und Kopfschmerzen (grippeähnlich) bemerkbar, wonach zunehmend eine Verspannung der Kiefermuskulatur bis hin zur Kieferklemme
auftritt. Der weitere Verlauf der Krankheit ist gekennzeichnet durch
Krämpfe der Gesichtsmuskulatur (sadistischer Gesichtsausdruck), der
Nackenmuskulatur, der Bauchmuskulatur und schließlich der Extremitä-
ten- und Atemmuskulatur. Die Erkrankung geht mit starken Schmerzen
bei vollem Bewußtsein einher.

Impfung – Immunisierung

Der Körper ist in der Lage, gegen Erkrankungen hervorrufende Stoffe,
z. B. Toxine oder Bakterieneiweiße (Antigene), Abwehrkörper (Antikörper) zu bilden. Das sind Körpereiweiße, die in der Lage sind, das Antigen
in einer sog. Antigen-Antikörper-Reaktion zu binden oder unschädlich zu
machen.

Um diesen natürlichen Vorgang im Fall einer Infektion zu beschleunigen
und zu unterstützen gibt es zwei Möglichkeiten: Bei der *passiven* Impfung
werden dem Körper «fertige» Antikörper injiziert, die aus dem Serum aktiv immunisierter Tiere stammen, bei der Tetanusschutzimpfung das Teta-
gam®. Bei der *aktiven* Impfung wird der Körper angeregt, selbst Antikörper zu bilden. Hierzu werden ihm z. B. abgeschwächte Erreger injiziert, die
keine Erkrankung hervorrufen können, wie dies z. B. bei der Pocken-

schutzimpfung geschieht. Bei der Choleraimpfung oder der Grippeimpfung werden dagegen abgetötete Erreger geimpft und bei der Tetanusimpfung giftähnliche Stoffe, sog. Toxoide, das Tetanol®.

In der Praxis erfolgt eine vollständige aktive Impfung durch zwei Injektionen von 0,5 cm^3 Tetanol im Abstand von zwei Wochen und eine dritte Injektion nach neun bis zwölf Monaten. Ein Impfschutz besteht danach für neun bis zwölf Jahre, sollte aber nach Ablauf von fünf Jahren mit einer einmaligen Injektion aufgefrischt werden. Tritt eine frische Wundverletzung innerhalb von zwei Jahren nach erfolgter Impfung oder Auffrischung auf, so ist eine erneute Injektion nicht erforderlich, tritt die Verletzung nach Ablauf von zwei Jahren auf, muß eine Auffrischung erfolgen. Besteht kein ausreichender Impfschutz, so ist eine gleichzeitige passive Immunisierung mit Tetagam® notwendig (sog. Simultan-Impfung).

An dieser Stelle muß betont werden, daß es zu den Pflichten eines jeden Sportpädagogen gehört, auf der Impfung der Kinder zu bestehen und die Eltern entsprechend zu informieren. In der DDR werden zum regelmäßigen organisierten Sporttreiben nur Kinder zugelassen, die einen aktuellen Impfschutz nachweisen können. Die Impfung darf nur durch den Arzt erfolgen.

Tollwut

Die *Tollwut* ist eine Infektionserkrankung, die über Bißverletzungen mit dem Speichel eines tollwutinfizierten Tieres übertragen wird. Erreger ist ein Virus, ein Kleinstlebewesen, das im Gegensatz zu den Bakterien keinen eigenen Stoffwechsel hat, sondern nur als Zellschmarotzer in einer lebendigen Zelle überleben kann.

Wie der Wundstarrkrampf, so ist auch die Tollwut unbehandelt oder nicht rechtzeitig behandelt eine lebensgefährliche Erkrankung. Nur durch Impfung ist man in der Lage, der Krankheit Herr zu werden. Auch in der Bekämpfung der Tollwut ist eine passive und aktive oder kombinierte (Simultan-)Impfung möglich.

Die Inkubation dauert durchschnittlich zwischen einem und drei Monaten; je näher eine infizierte Wunde am Kopf gelegen ist, desto früher treten die *Krankheitserscheinungen* auf: Starker Wundschmerz, Kopfschmerzen, Schlaflosigkeit, Appetitlosigkeit. Es folgt ein bis zu drei Tagen dauerndes Erregungsstadium mit Schluck- und Atemkrämpfen, mit gesteigerter Reizbarkeit bis zu Wutanfällen mit Kratzen und Beißen. Im weiteren kommt es über eine Ablehnung von Flüssigkeit zu einem Temperaturanstieg über 40 °C und zu einer zum Tod führenden Atemlähmung.

Die Tollwut kann über seuchenartig infizierte freilebende Tiere durch Biß auf alle Warmblüter, auch auf Haustiere übertragen werden. Jedes Tier ist tollwutverdächtig, wenn es ein ungewohntes Verhalten wie z. B. Streunen, abnorme Zutraulichkeit, plötzliche Bösartigkeit und Bißfreudigkeit zeigt.

Ein verendetes Tier bleibt ansteckend. Vorsichtsmaßnahme ist der Schutz oder die Abwehr eines solchen Tieres, ohne daß es zu einer Körperberührung, insbesondere Speichelberührung kommt.

Die Impfung wird notwendig
– beim Biß eines Wildtieres,
– beim Biß eines tollwütigen Haustieres,
– beim unmotivierten Biß eines Tieres, das flüchtig ist,
– bei Kontakt einer Wunde oder der Schleimhaut eines Menschen mit dem Speichel eines verdächtigen Tieres.

Allgemeine Maßnahmen der Ersten Hilfe bei Sportverletzungen

Unfallverletzungen werden nach dem DRK-Prinzip behandelt (*D*ruck, *R*uhigstellen, *K*ühlen), wobei auch an die Desinfektion offener Verletzungen gedacht werden muß.

Desinfektion / Keimfreiheit

Da bei allen offenen Wunden, Verbrennungen, Erfrierungen und Fremdkörperverletzungen Infektionsgefahr besteht, stellt die Desinfektion und keimfreie Versorgung dieser Verletzungen eine wichtige Maßnahme der Ersten Hilfe dar. Es eignen sich zu diesem Zweck: Merfen®, Wunddesinfektionsspray® (Beiersdorf) und Hansamed®-Wund-Reinigungstücher.

Das keimfreie Verbinden erfolgt am günstigsten mit: Hansapur®-steril oder Curapur®-steril, ST-Kompressen oder sterilen Verbandpäckchen.

Kühlen

Beim Kühlvorgang handelt es sich um eine Kälteanwendung *oberhalb* des Gefrierpunkts. Die Kälteanwendung führt zur Engstellung der Blutgefäße und damit zur Blutstillung und Entzündungshemmung und zur Herabsetzung der Empfindlichkeit der Nervenendigungen und damit zur Schmerzlinderung. Eine Kälteanwendung unterhalb des Gefrierpunkts in Form der Eisanwendung oder Vereisung führt als Reaktion zu einer gesteigerten Durchblutung durch Blutgefäßerweiterung und würde damit die Entzündung fördern (reaktive Hyperämie, vgl. auch S. 225).

Für die praktische Durchführung des Kühlens im Sportbereich empfehlen
sich folgende Maßnahmen und Mittel:

- *Chloräthyl* gehört nur in die Hand des Erfahrenen. Bei falscher Anwen-
dung kann es zu Hauterfrierungen (unterhalb des Gefrierpunkts) mit
Zellzerstörung kommen. Der Kontakt mit einer offenen Wunde führt zu
Schmerzen und allergischen Reaktionen und damit zur Schockgefahr.
Ein ungefährliches Vorgehen bei geschlossenen Verletzungen besteht
darin, Chloräthyl auf ein Tuch in der Hand des Helfers zu sprühen und
dieses dann sofort auf den Verletzungsbereich großflächig zu pressen.
Offene Verletzungen sind zuvor steril abzudecken.
- Im Handel finden sich weitere sog. *Kühlsprays* (Wero, Rödler, Sixtus),
bei denen es zu keiner örtlichen Vereisung kommt. Offene Wunden sollten in jedem Fall auch hier abgedeckt werden.
- Verdünnter *Isopropylalkohol* führt durch Verdunstung eine Kühlung
herbei. Auf diesem Prinzip sind Sprühlösungen wie z. B. Lindofluid®
aufgebaut, die gleichzeitig noch ätherische, entzündungshemmende Öle
und Essenzen enthalten.
- Die *Eisanwendung* ist eine weitere viel geübte Anwendungsform, insbesondere bei geschlossenen Verletzungen. Hierbei zeigt sich die sog. Eisschmelze am günstigsten, da örtliche Erfrierungen nicht vorkommen
(Eiswürfel in Wasser, z. B. in weithalsigen Thermosflaschen oder in
einem Wassereimer). Die Anwendung erfolgt am geeignetsten mit
einem in die Eisschmelze getauchten Schwamm oder mit einem Tuch, in
das die Eiswürfel gewickelt werden. Zwischen dem Körper und dem an-
gewandten Eis muß ein Flüssigkeitsfilm erhalten bleiben.
- Im Handel gibt es weiterhin sog. *Kaltpackungen* oder «cold packs».
Hierbei ist zu unterscheiden zwischen Packungen, die erst durch mechanische Vermengung zweier zunächst getrennter Chemikalien zu einer
Kältereaktion führen und nur einmal zu benutzen sind, und den Cryogel-
Packungen, die wiederholt im Gefrierfach eingefroren werden können.
Sie sind verformbar und lassen sich für längere Zeit in einer Camping-
tasche zwischen Kühl-Aggregaten kalt halten. Offene Verletzungen sind
vor der Anwendung steril abzudecken. Die Packungen eignen sich besonders gut zur Anwendung bei einem dreischichtigen Wundverband
(vgl. S. 39).

Da die durch Kühlung verursachte Gefäßverengung nur etwa für 12 Minuten besteht, empfiehlt sich ein intervallmäßiges Vorgehen, wobei etwa alle
15 Minuten die intensive Kälteanwendung unterbrochen und nach wenigen
Minuten wieder fortgesetzt werden soll. Der Druckverband darf dagegen
nicht gelöst werden. Kälteschmerz ist unbedingt zu vermeiden, er ist ein
Hinweis auf einen Gefäßspasmus (krampfartige Engstellung), unter dem
eine örtliche Erfrierung eintreten kann. Bei entsprechendem Schweregrad

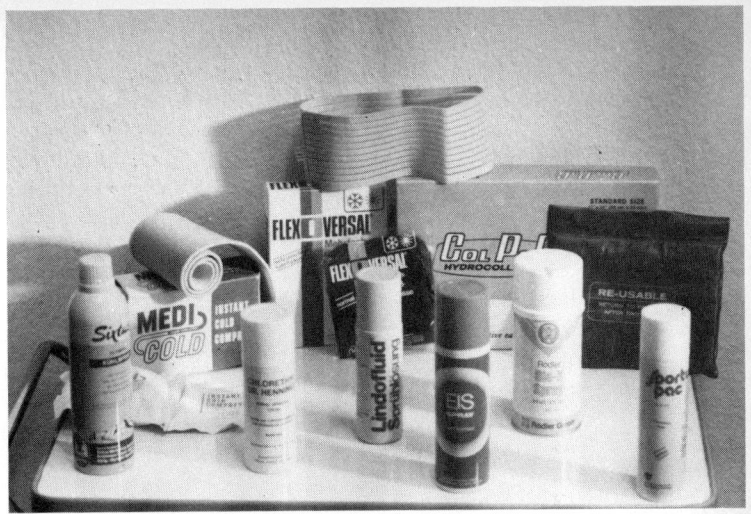

Abb. 16: Kühlmittel und Kompressionsbandagen

der Verletzung führen die kühlenden Maßnahmen nach 1 ½ bis 2 Stunden zur bleibenden Blutstillung und werden abgelöst durch feucht-kalte Kompressen bei gleichzeitigen entzündungshemmenden Salbenpackungen. Bei leichten Verletzungsgraden ohne Gewebszerstörungen genügen meist schon kurzfristige, wenige Minuten dauernde Kühlvorgänge bei gleichzeitiger Druckanwendung um eine nachfolgende Entzündung mit Schwellung zu vermeiden. Die weitere sportliche Belastung ist dann erstaunlich schnell wieder gegeben.

In der Praxis haben sich mittlerweile zahlreiche stark biologisch ausgerichtete Substanzen mit kühlender und entzündungshemmender Wirkung bewährt (Rödler, Sixtus). Sie enthalten ätherische Öle verschiedener Nadelhölzer, Pflanzenextrakte (Pfefferminz, Arnica, Melisse) sowie Kampfer und Menthol. Im Stadium der frischen Verletzung eignen sich nur Mittel ohne übererwärmenden Effekt, der durch Pfefferextrakte oder durch Nikotinsäurederivate hervorgerufen wird. Von den Sportlern wird neben der kühlenden Wirkung immer wieder der erfrischende Charakter der Präparate gerühmt. Ihr Einsatz ist bei leichten Verletzungen ohne Funktionsstörungen wie Prellungen, leichte Muskel- und Sehnenzerrungen sowie Gelenkverstauchungen gerechtfertigt. Fitness-Öle mit wärmenden Substanzen gehören dagegen nicht zur Ersten Hilfe, sondern sind Hilfsmittel der Physiotherapie.

Druck

Auch die Ausübung von Druck im Verletzungsbereich ist gegen die Ent-
zündungserscheinung der Schwellung gerichtet. Jeder Druckverband ist
breitflächig zu unterpolstern. Als Materialien bieten sich hierbei Watte und
Schaumgummi (Komprex®) an. Im Notfall können auch faltenlos zusam-
mengelegte Textilien benutzt werden. Die Druckverbände sind mit möglichst breiten, nicht faltenwerfenden Binden durchzuführen. Hierzu eignen
sich Idealbinden und nicht klebende Dauerbinden, die zirkulär anzulegen
sind. Im Handel gibt es darüber hinaus breitflächige, gummierte Stretch-
binden, die mit Hilfe eines Klettenverschlusses schnell und problemlos anzulegen sind.

Ruhigstellen und Hochlagern

Je nach Ausmaß der Verletzung ist der betroffene Bereich ruhigzustellen,
gegebenenfalls nur zu schonen. Die Ruhigstellung verhindert einerseits
den Schmerz, andererseits eine Ausweitung der Verletzung. So kann es
z. B. beim weiteren Belasten einer Rißverletzung der Muskulatur zu einer
Vergrößerung der Muskelwunde und damit zu einer weiteren Blutung und
verzögerten Heilung kommen. Das Hochlagern des verletzten Bereichs soll
eine weitere Schwellung verhindern. Wird z. B. ein verstauchtes Sprunggelenk nicht hochgelagert, so schwillt es im Sitzen oder Stehen durch den
hydrostatischen Druck des Bluts erheblich an.
Spezielle Verletzungen wie z. B. Sehnen- und Muskelrisse oder Knochenbrüche verlangen nach einer besonderen Form der Ruhigstellung. Ebenso
ist bei dem Verdacht einer inneren Verletzung im Bauch- und Beckenraum
oder im Brustkorb und im Schädel eine Ruhigstellung mit spezieller Lagerung herbeizuführen (vgl. S. 133ff).

Verbandtechnik

Wesentlicher Bestandteil einer erfolgreichen Ersten Hilfe besteht im richtigen Anlegen der *Erste-Hilfe-Verbände*. Derartige Verbände mit Binden
oder Tüchern stellen einen wertvollen und schnell durchzuführenden Not-
behelf dar, um Wunden zu versorgen, kühlende Maßnahmen zu fixieren
oder Kompression zu erwirken. Gegenüber den halbfesten Verbänden
(Zinkleim, Klebebinden) und den festen Verbänden (Gips, Kunststoff-
schiene) stellen sie Wechselverbände dar, die zur weiteren ärztlichen Versorgung und Diagnostik jederzeit und ohne Umstände entfernt werden
können. Besonders geeignet sind Idealbinden von 4, 6, 8 und 10 cm Breite.

Prinzipien der Erste-Hilfe-Verbände:
▷ Sie müssen schnell anzulegen sein,
▷ sie dürfen nicht so fest angelegt werden, daß Blutstauungen auftreten, und nicht so locker, daß sie verrutschen,
▷ sie müssen kontinuierlich sein, dürfen daher nicht klaffen,
▷ sie sind in Richtung auf das Herz zu wickeln.

Es wird zwischen *Kreisgängen, Schraubengängen* und *Umschlaggängen* (Abb. 18) unterschieden, wobei die einzelnen Gänge sich zur Hälfte überdecken und dadurch ein Rutschen vermieden wird.

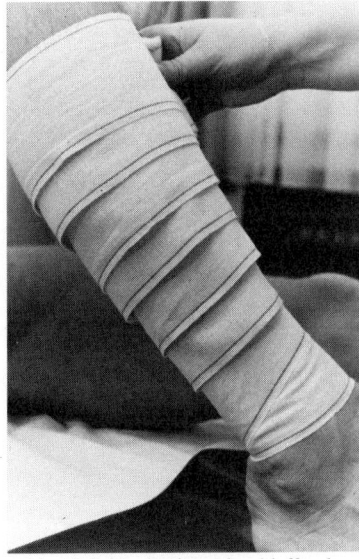

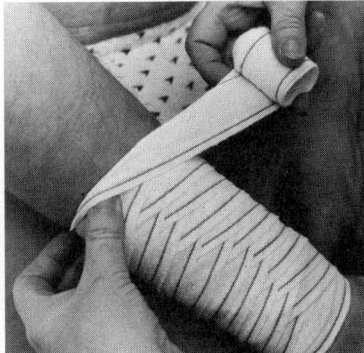

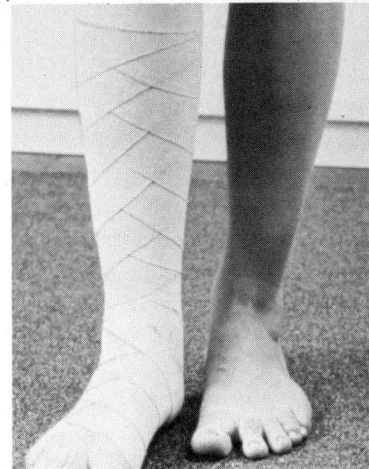

Abb. 17: Schlecht sitzender, klaffender Verband

Abb. 18: Umschlaggang (Kornährenverband – Foto oben rechts) (unelastische Binden), Kreuzgang (elastische Binden – Foto rechts)

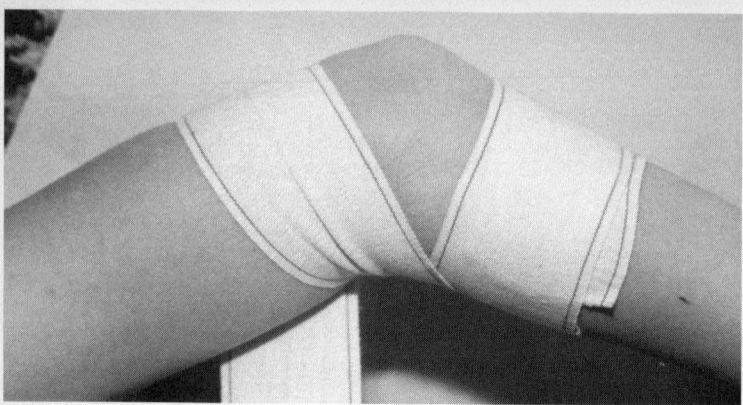

Abb. 19: Kreuzgang

Bei Verbänden, die ein Gelenk zu überbrücken haben, wird der *Kreuzgang* oder der *Achtergang* angewandt, wobei der Schnittpunkt an der Beugeseite des Gelenks liegt. Das gleiche Prinzip verfolgt der *Fächergang,* der in Form des Schildkrötenverbands am Ellbogen- und Kniegelenk durchgeführt wird.

Mit dem Dreieckstuch kann man mit viel Phantasie zahlreiche Verbände sinnvoll durchführen, wie in Abb. 20 gezeigt wird.

Es muß an dieser Stelle mit Nachdruck betont werden, daß das Anlegen

Abb. 20: Dreieckiges Tuch (*Quelle:* Friedrich von Esmarch 1893)

von Verbänden nicht durch Wort und Bild, sondern nur durch Praxis und Wiederholung erlernt werden kann. Der Besuch eines Verbandkurses ist für jeden Lehrer, Trainer und Übungsleiter dringend zu empfehlen.

Gegenüber den Erste-Hilfe-Verbänden haben die *Stützverbände* oder *funktionellen Verbände* (auch «Tapen» genannt) die Aufgabe, die anatomischen Gegebenheiten des Bewegungsapparats zu unterstützen und damit dem Sportler die Belastungsfähigkeit zu erhalten oder Verletzungen vorzubeugen. Sie werden angewandt zur Vermeidung von Belastungsbeschwerden bei Sportschäden, z. B. bei Knochenhautentzündung an Schienbein (Periostitis), zur Kompensierung von anatomischen Fehlstellungen oder Minderentwicklungen (Spreizfuß, angeborene Bänderschwäche), zur Stabilisierung von Gelenken nach Bandverletzungen und zur Vermeidung von Gelenkverstauchungen.

Gegenüber den zirkulär und kurzfristig angelegten Erste-Hilfe-Verbänden folgen die funktionellen Verbände in erster Linie dem anatomischen Bandverlauf eines Gelenks, sie sind mit wenigen Ausnahmen ungepolstert anzulegen und müssen für eine Belastungszeit von mindestens zwei Stunden nicht verrutschend fixiert bleiben.

Jeder funktionelle Verband besteht aus vier Elementen:

– *Ankerstreifen* sollen den Halt für die tragenden und wesentlichen *Zügelstreifen* darstellen,

– *Fixierstreifen* wiederum befestigen die Zügel auf den Ankerstreifen,

– *Schließstreifen* hüllen nicht nur den Verband ein, sondern geben auch den Zügeln untereinander Halt (Abb. 21).

Abb. 21: Prinzip eines funktionellen Tape-Verbands
A Ankerstreifen   Z Zügelstreifen   F Fixierstreifen

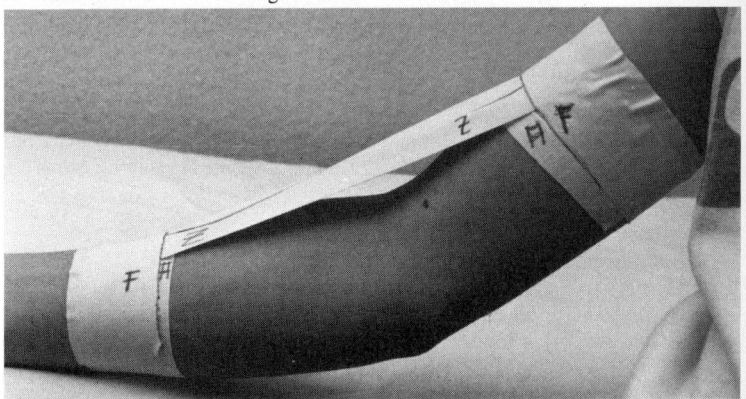

Die funktionellen Verbände sind mit *unelastischem* Pflastermaterial (Leuko-Tape) herzustellen. Die Haut sollte unter dem Tape möglichst enthaart sein, damit die Streifen eine gute Haftung haben und das Entfernen des Verbands möglichst wenig schmerzhaft ist. Bei besonderer Pflasterempfindlichkeit der Haut kann der Verband auch derart gestaltet werden, daß nur die Ankerstreifen auf der Haut liegen, die Zügelstreifen jedoch über einer weichen Mullbinde oder dünnen Schaumfolie angelegt werden (Transelast®, Haftelast® oder Folie von Johnson und Johnson). Für die Umpolsterung bieten sich Cellona®-Polster, Komprex-Binde® und Schaumgummi sowie Artifoam® an. Zur Vermeidung von Stauungserscheinungen und Schwellungen sollten keine zirkulären, sondern nur offene Pflastergänge angewandt werden.

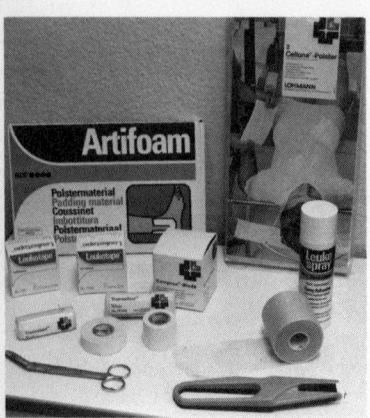

Abb. 22: Material für funktionelle Verbände

Abb. 23: Polstermaterial für funktionelle Verbände

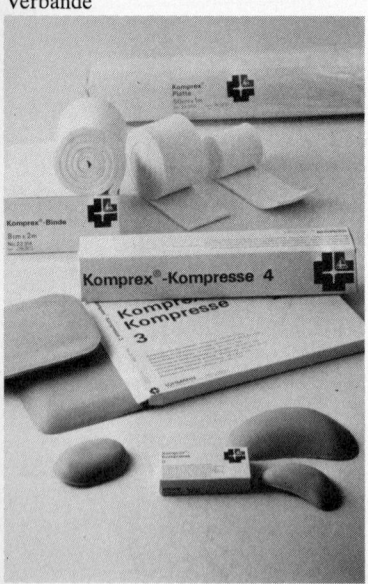

Auch hier gilt, daß erst ständige Übung unter anfänglicher Anleitung zu wirkungsvollen Verbänden führt. Funktionelle Verbände lassen sich ebenfalls mit *elastischen* Pflasterbinden durchführen. Aufgrund der unterschiedlich ausgerichteten Elastizität der Materialien ist sowohl die Technik der Erste-Hilfe-Verbände als auch die Technik der Taping-Verbände anzuwenden. Gleichermaßen vereinen sie auch die Vorzüge dieser Techniken. Sie sind schnell anlegbar, wirken komprimierend, sind rutschfest und können für unterschiedliche Dauer belassen werden.

Sie finden Anwendung als
– komprimierende Erste-Hilfe-Verbände, wenn die Verletzung eine weitere Belastung zuläßt,
– Stütz- und funktionelle Verbände

während der Belastungsphase,
– therapeutische Verbände in der
  Rehabilitationsphase nach Verletzungen.

Längselastische Pflasterbinden
(Porelast®, Acrylastic®, Elasto-
plast®) bieten sich für aufsteigende
zirkuläre Verbände an den Extremitäten an (Abb. 24).

Mit *querelastischen* Pflasterbinden
(Porodress®) lassen sich in analoger
Weise Taping-Verbände herstellen
(Abb. 25).

Quer- und längselastische Pflaster-
binden (Panelast®) eignen sich für
Verbandtechniken an Gelenken, da
sie dem Bewegungsspiel in allen
Richtungen nachgeben können
(Abb. 26).

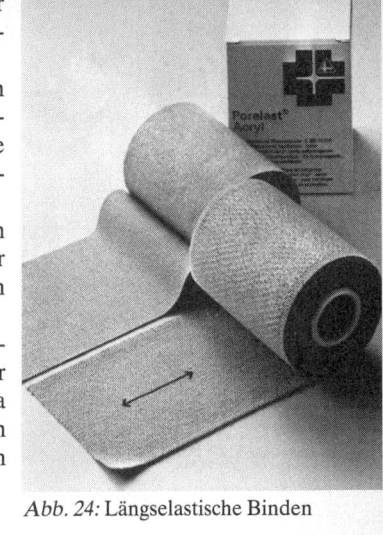

Abb. 24: Längselastische Binden

Abb. 26: Quer- und
längselastische Binden

Abb. 25: Querelastische Binden

Der Erste-Hilfe-Kasten

Um Verletzungen versorgen zu können, muß darauf geachtet werden, daß in den Sporthallen und in der Nähe von Sportplätzen ausreichendes Erste-Hilfe-Material zur Verfügung steht. Jeder Betreuer und Lehrer sollte außerdem eine Erste-Hilfe-Tasche bei Training und Wettkampf mit sich führen, wenn entsprechendes Personal nicht vorgesehen ist.

Die Erste-Hilfe-Ausrüstung muß folgenden Aufgaben gerecht werden:
- Versorgung von offenen und geschlossenen Wunden,
- Versorgung von Verstauchungen, Verrenkungen und Brüchen,
- Schockbekämpfung mit Behandlung der lebensbedrohlichen Zustände.

Der Inhalt des *Erste-Hilfe-Kastens*

Verbandmaterial
- Mullbinden (je 2 Stück mit 4, 6, 8 und 10 cm Breite),
- Idealbinden (je 2 Stück mit 6, 8 und 10 cm Breite),
- 2 Dreiecktücher,
- 2 sterile Verbandpäckchen,
- 5 sterile Verbandplatten,
- Polsterwatte oder Schaumgummistreifen von 10 cm Breite,
- Heftpflaster oder Tape-Band,
- Wundpflaster verschiedener Größe, auch mit Metalline-Beschichtung,
- TG-Schlauchbinden oder Elastofix-Verbände in verschiedenen Größen von je 1 m Länge.

Geräte
- Verbandschere (Knopfschere),
- spitze Schere oder Messer,
- Splitterpinzette,
- anatomische Pinzette,
- Sicherheitsnadeln,
- Gummi- oder Holzkeil (Kiefersperre bei «ABC» zur Vermeidung des Bißreflexes),
- aufblasbare Luftkissenschienen (Arm und Bein – Kinder- und Erwachsenengröße), nur bei einem stationären Erste-Hilfe-Schrank.
- aluminiumbeschichtete Kunststoffolie (Rettungswärmedecke),
- Taschenlampe.
- Kühlmaterial.

Medikamente
- Merfen orange oder Wunddesinfektionsmittel,
- Japanisches Heilpflanzenöl: atmungsanregend und auch schmerzlindernd (einige Tropfen auf 1 Glas Wasser),
- kühlend-belebendes Sportfluid,
- Massage-Öl.

(Die Gabe von Medikamenten, insbesondere Schmerzmitteln ist in Fällen der Ersten Hilfe eine ärztliche Aufgabe und kann bei falschem Vorgehen zu weiteren Schädigungen führen.)

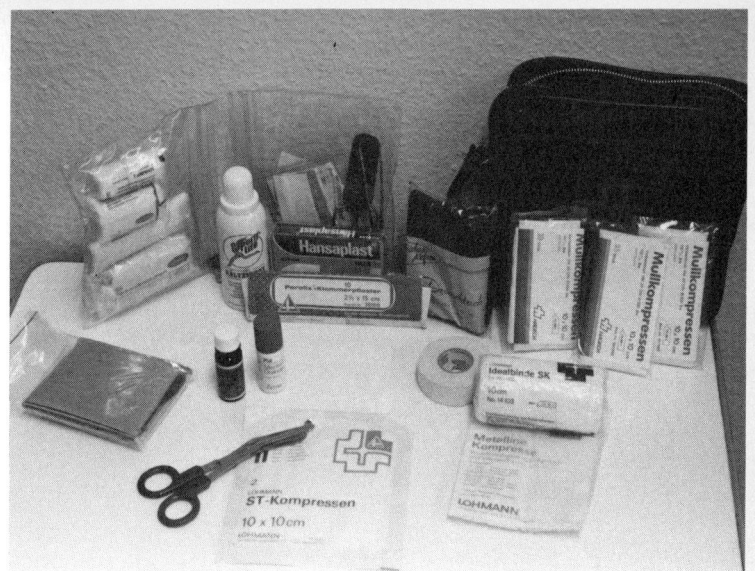

Abb. 27: Erste-Hilfe-Tasche

Die Ausrüstung einer *Erste-Hilfe-Tasche* kann nicht gleichermaßen um-
fangreich sein, sie sollte jedoch auch Mullbinden, Idealbinden und ein
Dreiecktuch enthalten. Auf das sterile Verbandpäckchen und die sterilen
Verbandplatten kann nicht verzichtet werden. Das Wundpflaster kann vorbereitet und geschnitten mitgeführt werden. Tape-Band und breitflächige
Klebefolien (Fixo-Mull®) sowie Elastofix®-Netzverbände sind für den
sportlichen Betrieb außerordentlich günstig.
In der Erste-Hilfe-Tasche sollte auf eine Verbandschere und eine Splitterpinzette sowie Sicherheitsnadeln als Gerätschaft nicht verzichtet werden.
Der medikamentöse Anteil der Erste-Hilfe-Tasche ähnelt der Ausrüstung
des Erste-Hilfe-Kastens oder -Schranks, jedoch sollten hier auch sportspe-
zifische Spezialpräparate wie Fitness-Öle oder Massage-Öle zur aktuellen
Pflege der Sportler (Zwischenmassagen) mitgeführt werden.

Spezielle Sportverletzungen und Erste Hilfe

Hautverletzungen

Die *mechanische* und *thermische* Schädigung der Haut kann bei allen Sportarten vorkommen. Die Hautverletzung ist für den Sportler nicht nur wegen der Einschränkung der Sportfähigkeit und der eventuellen später behindernden Narbenbildung gefährdend, sondern wegen der allgemeinen Komplikationen wie Infektionen oder Mitverletzung von Gewebsstrukturen und Organen, die unter der Haut liegen, sowie der durch Schmerz und Blutung hervorgerufenen Schockgefahr, von besonderer Bedeutung.

Auch mit einer Hautverletzung kann ein Wettkampf fortgesetzt oder das Training weiter durchgeführt werden. Bei kleinen Wunden bedeutet die Entscheidung darüber keine Schwierigkeit, bei großflächigen und tiefen Verletzungen sollte nach Möglichkeit die Entscheidung durch einen Arzt getroffen werden. Hier ist zweifelsohne dem Betreuer oder dem Sportler selbst ein breiter Ermessensspielraum gesetzt. Die möglichen Komplikationen eines Schocks, einer Infektion oder einer Ausweitung der Verletzung unter Belastung sollte man sich immer vor Augen halten und sehr exakt auf das Befinden des Verletzten achten.

Um die Auswirkungen von Hautverletzungen und ihre Tragweite zu erfassen, bedarf es eines Blicks auf den anatomischen Aufbau der Haut (Abb. 28). In der *Unterhaut* (Subcutis) finden sich vor allem die Hautgefäße, die Haarwurzeln sowie die Schweißdrüsen und das Unterhautfettgewebe. Aufgrund der guten Durchblutung ist das Unterhautgewebe sehr anfällig für Infektionen durch Eindringen von Bakterien durch Hautverletzungen. Die über der Unterhaut liegende *Lederhaut* (Corium) enthält die Haarbalgdrüsen, die Muskulatur zum Aufrichten der Haare, Nervenendigungen und

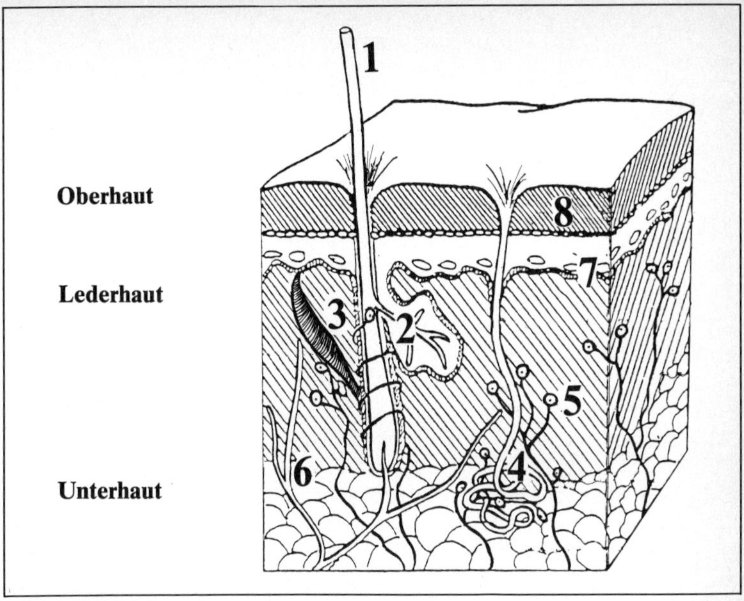

Abb. 28: Anatomie der Haut

1 Haar	5 Nervenendigungen
2 Haarbalgdrüse	6 Gefäßsystem
3 Haarmuskel	7 Faserschicht
4 Schweißdrüse	8 Hornschicht

kleinste Blutbahnverzweigungen. Sie zeichnet sich durch eine erhebliche Stabilität und ein ausgedehntes Netz kollagener und elastischer Fasern aus. Ausschlaggebend für das Schicksal einer Wunde ist die Mitbeteiligung der Lederhaut, die einen Schutz gegen tiefe Verletzungen und gegen das Eindringen von Infektionserregern darstellt. Die über der Lederhaut liegende *Oberhaut* (Epidermis) stellt den äußeren Schutz des Körpers gegen die Umwelt dar. Sie besteht aus verschiedenen Zellen, die einem ständigen Teilungsvorgang unterliegen und für die Erneuerung der nach außen abgrenzenden Hornschicht sorgt.

Erste Hilfe:

Da sich aus dem Aussehen einer Wunde nicht unbedingt schließen läßt, inwieweit die Lederhaut verletzt ist, ist bei der Ersten Hilfe immer von ihrer Verletzung auszugehen und einer Infektionsgefahr zu begegnen.
Die Erste Hilfe kann sich bei allen Hautverletzungen wiederum am DRK-Prinzip Druck, Ruhigstellung/Hochlagerung, Kühlen orientieren. Ein wei-

teres Prinzip ist zusätzlich und mit großer Achtsamkeit zu berücksichtigen: *Keimfrei* abdecken bzw. verbinden, *weitere Verletzungen vermeiden*, z. B. durch Entfernen von Fremdkörpern und Vermeidung übertriebener, schädigender Wundreinigung.

Mechanische Verletzungen

Nach der Art der mechanischen Gewalteinwirkung unterscheidet man
- *geschlossene* Verletzungen, Prellungen und Quetschungen, die bei stumpfer Gewalt auftreten,
- *offene* Verletzungen, die bei scharfer Gewalteinwirkung entstehen, wobei die Haut oder die Schleimhäute in ihrer Kontinuität unterbrochen sind.

Mechanische Schädigungen unterscheidet man nach ihrem Aussehen. Bei *Schürfwunden* ist in jedem Fall die Oberhaut, nicht aber unbedingt die Lederhaut verletzt; bei der *Blasenbildung* ist die Lederhaut intakt, ebenso wie bei der *Hautablederung* (Décollement), die entstehen kann, wenn eine Gewalt tangential auf die Haut einwirkt, wie dies bei Sturzverletzungen und Hautzerrungen beim Ringen der Fall sein kann. *Schnittwunden* zeigen meist glatte und übersichtliche Verhältnisse und sind durch gute Heiltendenz gekennzeichnet, was man von *Riß-, Platz-* und *Quetschwunden* mit unregelmäßigen Rändern nicht behaupten kann. *Biß-, Stich-* und *Pfählungswunden* sind zusätzlich dadurch gefährdend einzuschätzen, daß bei nur geringer Oberhautverletzung tiefer liegende anatomische Strukturen erheblich schwerer geschädigt sein können. So kann es in der Tiefe der Verletzung zu Gefäß- und Nervenschädigungen kommen.

Von wesentlicher Bedeutung für die Heilungsprognose ist das Alter der Wunde. Eine Wunde gilt als *frisch*, wenn sie nicht älter als vier bis sechs Stunden ist, sie kann im übrigen in dieser Zeit chirurgisch versorgt werden. Besteht sie für längere Zeit, gilt sie als *alt* und muß offen verheilen.

Die Wundheilung läuft nach einer biologischen Gesetzmäßigkeit ab, wobei der Heilerfolg durch falsches Verbandmaterial und Infektion erheblich kompliziert und verzögert werden kann. In der ersten Phase der Wundheilung, der *Entzündungsphase* (Exsudation) wird innerhalb von vier Tagen beschädigtes Zellmaterial abgeräumt. Die darauf einsetzende Phase der *Neubildung* (Proliferation) von bindegewebiger Grundsubstanz und Zellen dauert gut zwei Wochen und wird überlappt von der *reparativen* Phase (Organisation), in der die Zellen und die Bindegewebsfasern reifen. Die Reißfestigkeit der Wunde, d. h. ihre erneute mechanische Beanspruchbarkeit, steigt mit dem Faserreichtum und erreicht ihre ehemalige Stärke nach etwa zwei Wochen. Diese Wundheilung kann durch Blutergüsse, Exsudatanhäufungen und lokale Durchblutungsstörungen sowie Infektionen gestört wer-

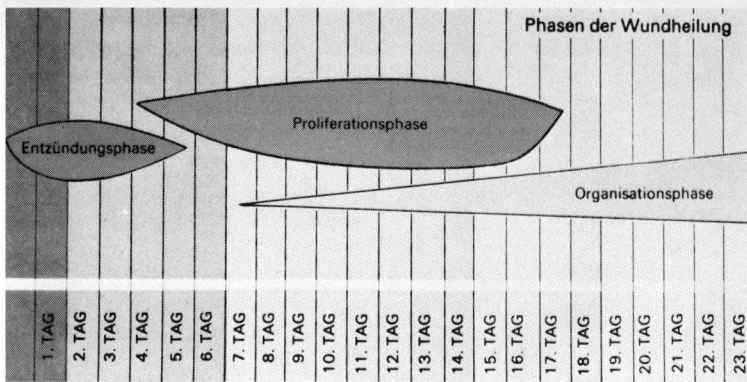

Abb. 29: Phasen der Wundheilung

den, ebenso wie durch die Behandlung mit Cortisonpräparaten, gerinnungshemmenden Mitteln und auch einigen Antibiotika. Der Wundheilungsverlauf erfolgt bei gut anliegenden Wundrändern schneller (primäre Wundheilung) als bei klaffenden Wunden (sekundäre Wundheilung) (Abb. 29).

Zunächst ist nach dem Grundsatz der Ersten Hilfe das Allgemeinbefinden des Verletzten (Schockgefahr?) zu beobachten (vgl. S. 22), erst dann ist die Wunde zu beurteilen.
Die Wunduntersuchung erfolgt *ohne Manipulation* (Gefahr einer Blutung oder weiterer Verletzung). Hierbei ist vor allem auch die *Ausdehnung* der Wunde abzuschätzen: Eröffnung von Körperhöhlen, Gelenken, Schleimbeuteln? Gefäßverletzung? Nervenverletzung? Sehnenverletzung? Muskelverletzung? Knochenverletzung? Schädeldach- und Gehirnverletzung? Vor dem Behandeln der Wunde ist nach dem Grundsatz der Ersten Hilfe die Behandlung allgemeiner Krankheitserscheinungen vorrangig (ABC, Schockbehandlung, Blutstillung).

Versorgung offener Wunden
- *Desinfektion:* Das Keimfreimachen (Desinfektion) ist mit geeigneten Wunddesinfektionssprays oder durch Benetzen mit Merfen orange® oder Merfen farblos® möglich. Verschmutzte Wunden können zusätzlich oberflächlich mit besonderen fusselfreien Reinigungstüchern (Hansamed®-Wund-Reinigungstüchern), die zuvor mit Desinfektionsmittel getränkt wurden, locker gereinigt werden.
- *Kleine, offene Wunden* (Schürfwunden, Schnittwunden) können mit

Wundschnell- oder Pflasterverbänden abgedeckt werden. Hierzu eignen
sich das wasserabstoßende und elastische Hansaplast®, das hautfreund-
liche Hansamed® und die steril verpackten Hansapur® Steril-Wund-
schnellverbände, sowie Curapur® Pflaster und Schnellverbände. Diese
Erzeugnisse gibt es in unterschiedlichen Größen, wobei die Wundauf-
lageflächen unterschiedlicher Natur sind und sich durch gute Saugfä-
higkeit und Hautverträglichkeit auszeichnen. Durch eine besondere
Metalline-Beschichtung wird überdies ein Verkleben mit der Wunde vermieden.

Wundnahtstreifen (Leukoclip porös®) sind steril verpackte Pflaster-
streifen, mit denen Wundränder einander genähert werden können
(Adaptation), bis die Wunde endgültig chirurgisch versorgt werden
kann (Abb. 30). Die beliebten *Sprühverbände* eignen sich für die Versorgung von Sportverletzungen nicht. Sie verkleben mit der Wunde, der
Sprühfilm verbleibt für viele Tage und läßt sich nicht entfernen. Überdies erzeugt er ein unangenehmes Spannungsgefühl über bewegten
Hautarealen. Bei frischen, nicht völlig keimfrei gesäuberten Wunden
darf er *nicht* angewandt werden.

● *Größere, offene Wunden* sind zu desinfizieren und keimfrei abzudek-
ken, wobei sich wiederum je nach Größe Curapur® und Hansapur®
Wundverbände oder ST-Kompressen® eignen. Bei der Verwendung
von fertigen, sterilen Verbandpäckchen ist jeweils zu überlegen, ob sie in
ihrer Größe ausreichend für das Abdecken des gesamten Wundbereichs
sind (Abb. 31).

Abb. 30: Klammerpflasterverbände

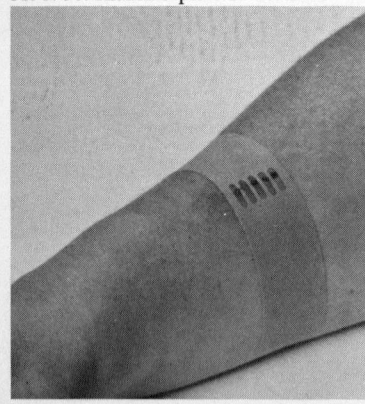
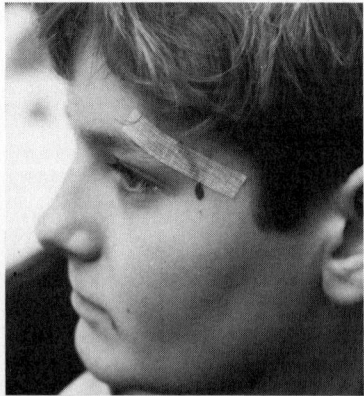

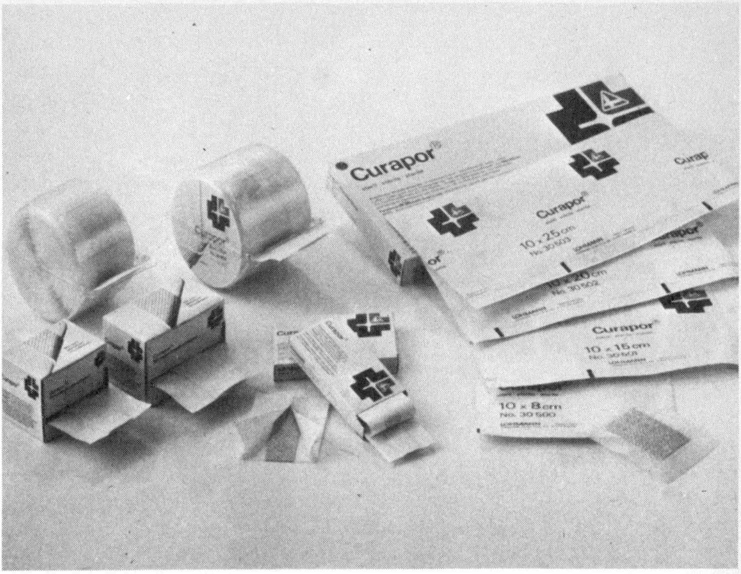

Abb. 31: Wundschnellverbände

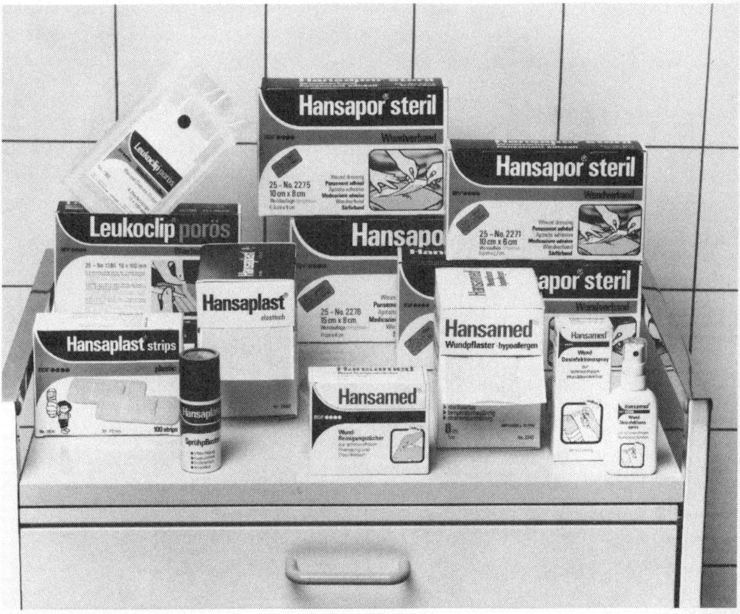

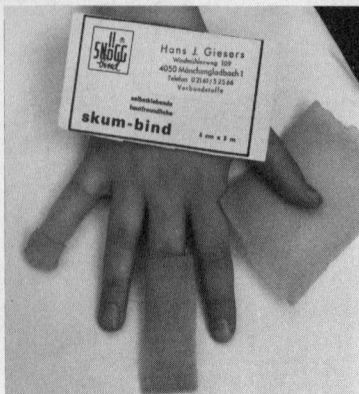

Abb. 32: skum-bind-Schnellverband

● *Offene Fingerverletzungen* lassen sich sehr gut mit einer Wundauflage (Snögg-skum-bind®) versorgen, die in sich selbstklebend ist, jedoch nicht an der Wunde, an Haut oder Haaren klebt. Sie ist antiseptisch imprägniert, luftdurchlässig und blutabsorbierend (Abb. 32).

In der täglichen Sportpraxis gestaltet sich die Wundversorgung anders als nach streng medizinischen Gesichtspunkten. Der Großteil der offenen Verletzungen liegt im Bereich freier, nicht von Textilien bedeckter Haut und wird so nach kurzer Blutung durch den Gerinnungsvorgang von Schorf bedeckt und geschützt sein. Ein Pflasterverband kann unter Bewegung durch Reibung den Wundbezirk erneut eröffnen und den Bereich reizen.

Großflächige Wunden sind dagegen unbedingt zu schützen, da unter der Bewegung der Schorf wiederholt aufreißt und so Infektionspforten entstehen. Wunden sind weiterhin gegen die Reibung von Textilien abzudecken.

Versorgung geschlossener Wunden
Sie werden nach dem Grundsatz «Kühlen und gepolsterten Druckverband anlegen» behandelt, wenn Funktionsstörungen vorhanden sind. Bei den geschlossenen Verletzungen, Prellungen und Quetschungen besteht die Gefahr, daß die unter der Haut liegenden Strukturen mitverletzt werden können, wie z. B. Sehnen und Muskulatur. Geschlossene Hautverletzungen lassen sich nach vorübergehender Kühlung optimal mit biologischen, entzündungshemmenden Mitteln (Rödler Sport-Gel® und Sportfluid®, Sixtus-Sportfluid® oder Spolera flüssig®) behandeln, wenn derartige Substanzen nicht übererwärmend wirken.

Bei der Behandlung von mechanischen Verletzungen sind verboten:
– Grobes *Säubern und Waschen* der Wunde mit Wasser, da hierdurch weitere Infektionsgefahr und durch eine Schmerzreaktion Schockgefahr besteht. Ebenfalls kein Anwenden von Jod (Schmerzreaktion und allergische Reaktion).
– Anwendung von *Pudern* (Reibung) oder *Salben* (Verhinderung der Selbstreinigung). Hierzu zählt auch das Abdecken mit beschichteten Git-

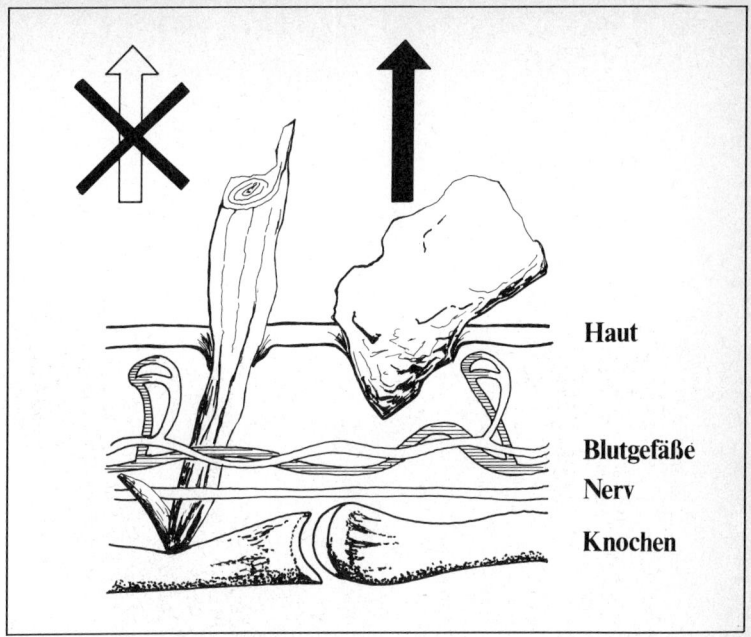

Abb. 33: Fremdkörperverletzung

terverbänden wie z. B. Sofra-Tüll® oder Nebacetin-Gaze®, die antientzündliche und antiinfektiöse Wirkung besitzen.
– *Entfernen von Fremdkörpern;* größere eingedrungene Fremdkörper sind zu belassen, da sie beim Entfernen zu weiteren Verletzungen führen können.
Kleinere Fremdkörper (kurze Splitter, Stacheln oder Steinchen) können mit einer geeigneten Pinzette entfernt werden (Abb. 33).

Fixierung von Wundverbänden
Wundverbände nach erster Wundversorgung werden wegen der mangelnden Haftung des Verbands auf schwitzender Haut immer wieder zu einem Problem. Darüber hinaus bergen sie durch das Verrutschen die Gefahr einer Wundreizung, erneuten Blutung und Infektion.

Zur Fixierung bieten sich folgende Erzeugnisse an:
– Fixomull®, Elastofix®, Curafix®,
– Netzverbände und Schlauchbinden, die in unterschiedlichen Größen er-

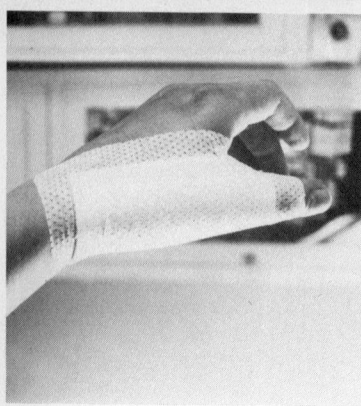

hältlich sind (Elastofix®-Netzver-
band, TG®-Schlauchbinden, Tri-
codur®-Schlauchbinde),
– Klebstoffe wie Leukospray® oder
  Mastix®,
– Fixieren mit Leukotape®,
– Pflasterbinden.

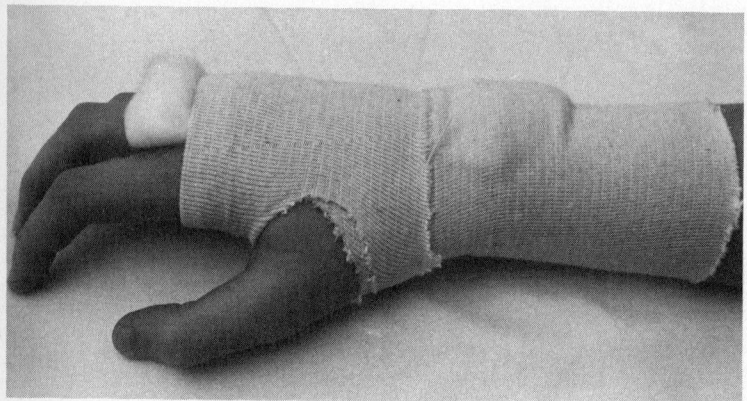

Abb. 34: Fixieren von Verbänden

Sonderformen

Hautblase
Durch Druck oder Reibung, z. B. in zu engem, aber auch in zu weitem
Schuhwerk, wird das Gefäßsystem geschädigt. Es kommt zum Austritt von
Blut oder Blutflüssigkeit (Serum) aus den Gefäßwänden, wodurch die
Oberhaut von Unterhaut und Lederhaut abgehoben wird. Zu unterschei-
den ist zwischen *Blut-* und *Wasserblasen.* Derartige Blasen treten gehäuft
im Bereich der Hand beim Wassersport, beim Turnen und im Bereich der
Füße beim Langlaufen und Skilaufen auf.
Das oft geübte sofortige Eröffnen der Blasen ist gefährlich, da hierdurch

die Infektionsgefahr gefördert wird. Die unversehrte Oberhaut stellt den besten Verband dar. Wird das weitere Sporttreiben durch den entstehenden Spannungsschmerz unmöglich, so ist ein möglichst *keimfreies* Eröffnen der Blase erlaubt. (Das Aufbeißen einer Blase ist eine gefährliche Unsitte.) Die nun locker über dem Blasengrund liegende Oberhaut sollte nach Möglichkeit nicht sofort abgetragen werden, sondern erst dann, wenn sich über der Lederhaut durch Zellteilung eine neue Oberhaut zu bilden beginnt. Eine eröffnete Blase ist nach Möglichkeit steril abzudecken.

Ist das Eröffnen der Blase vermeidbar und soll eine weitere Ausbreitung vermieden werden, so ist in zweierlei Weise vorzugehen:

– Die Blase ist mit einem ringförmigen Schaumstoffpolster zu umgeben, so daß der einwirkende Druck auf die Umgebung abgeleitet wird,

– ein Druckverband aus dachziegelförmigen Tapestreifen kann komprimierend über die Blase gelegt werden.

Eine infizierte Blase ist sofort zu eröffnen, eine Ausbreitung der Infektion ist durch entsprechende ärztliche Behandlung zu vermeiden.

Ein probates Mittel gegen Blasenbildungen ist das Einkremen mit der Vitamin E und F haltigen Hirschtalgcreme.

Grasschnittwunden

Die Gefahr einer Verletzung durch scharfes, schneidendes Gras beim Sturz, aber auch die Verletzung der Schleimhaut beim «Graskauen» liegt darin, daß Strahlenpilze in Wunden eintreten und eine Infektion mit bakterieller Superinfektion hervorrufen können. Derartige Verletzungen dürfen nicht geschlossen werden, feuchte, offene Verbände sind angebracht.

Insektenstiche

Insektenstiche können einerseits über den Stachel Infektionserreger übertragen, andererseits kann das bei dem Stich übertragene Gift erhebliche Überempfindlichkeitsreaktionen hervorrufen. Bei örtlich begrenzten Entzündungsreaktionen mit Juckreiz, Schwellung und Rötung besteht die Erste Hilfe im Entfernen des Stachels und einer anschließenden Kühlung. Bei starken Reaktionen mit ausgedehnten Schwellungen, zunehmender Haut- und Schleimhautrötung sowie Übelkeit und Benommenheit ist ärztliche Hilfe erforderlich. Es besteht die Gefahr einer zunehmenden Schwellung der Atemwege, in deren weiterer Folge es zu Atemstillstand kommen kann. Lokal kann zwischen Wunde und Herz eine dosierte Stauung angelegt werden, bei der der arterielle Puls noch spürbar bleiben muß, wie dies auch bei Schlangenbissen geschehen kann.

Bißwunden

Die Hundebißwunde zählt heute mit zu den häufigsten Unfallursachen beim Langlauftraining und der Freizeitsportbewegung. Alle Bißwunden sind erhöht infektionsgefährdet, da über die Zähne keimhaltiger Speichel in die Unterhaut gelangt. Die außen sichtbare Eintrittsöffnung des Zahns gibt keinen Aufschluß über tiefer liegende Gewebszerstörungen. Die Hundebißwunde ist besonders durch die Gefahr des Auftretens der Infektionskrankheiten Wundstarrkrampf (Tetanus) und Tollwut gekennzeichnet (vgl. S. 44 ff).

Bei der Ersten Hilfe darf eine Bißwunde nicht verschlossen werden, sie ist zu desinfizieren oder mit Seifenlösung zu reinigen und im weiteren mit feuchten, kühlenden offenen Verbänden abzudecken. Die ärztliche Behandlung ist unbedingt ratsam, da der Arzt auch die Entscheidung über zu erfolgende Schutzimpfungen gegen Tollwut oder Tetanus zu treffen hat.

Verbrennungen

Thermische Schädigungen der Haut können beim Sport durch *Sonneneinstrahlung* (UV-Licht: Sonnen- und Gletscherbrand) oder durch *Reibung* (Verbrennungen auf Kunststoffböden oder Kunstrasen) herbeigeführt werden. Zu den thermischen Hautverletzungen zählen auch die *Erfrierungen* durch Kälteeinwirkung. An dieser Stelle wird nur allgemein auf thermische Hautschädigungen eingegangen. Sonnenbrand/Gletscherbrand, Schneeblindheit, Sonnenstich und Erfrierungen werden auf den Seiten 143 f behandelt.

Je nach Aussehen der Hautschädigung werden drei Verbrennungsgrade unterschieden:
– 1. Grades: Hautrötung, geringe Schwellung, Spannungsschmerz,
– 2. Grades: Rötung und Blasenbildung,
– 3. Grades: Gewebstod mit Zerstörung der Haut und auch tiefer liegender Gewebeschichten.
Die Ausdehnung der Hautverbrennungen ist mit der sog. *Neunerregel* abzuschätzen (Abb. 35). Mit den Zahlenangaben wird die Verbrennungsausdehnung prozentual zur gesamten Körperoberfläche zum Ausdruck gebracht. Die für den Verlauf der Behandlung wichtigere Tiefenwirkung der Schädigung wird hierbei jedoch nicht berücksichtigt. Bei Verbrennungen 2. und 3. Grades ist beim Kind bei einer geschädigten Hautfläche ab 5–10 % und beim Erwachsenen ab 10–15 % eine sofortige Krankenhausbehandlung notwendig, da die Gefahr einer Verbrennungskrankheit besteht.
Die *Verbrennungskrankheit* stellt eine Schockform dar, die über den Verlust von Wasser sowie Eiweiß und Elektrolyten (Serum) eintritt. Außerdem kommt es zu einer Vergiftung (Intoxikation) durch verbrannte, veränderte Eiweiße, die in die Blutbahn übergehen. Jede Verbrennungswunde ist infektionsgefährdet.

Erste Hilfe:

Verbrennungen 1. und 2. Grades, geschlossene Blasen:

▷ Entfernung abdeckender Textilien, verklebte Textilteile umschneiden;

▷ Kühlen mit überlaufendem kaltem Wasser für 5–10 Minuten führt zu Schmerzlinderung und Gefäßverengung;

▷ anschließender keimfreier Verband mit Brandverbandpäckchen (Metalline®-Verbandpäckchen steril). Nicht geeignet ist die Anwendung von Brandsalben, Ölen oder Pudern;

▷ Brandblasen 2. Grades dürfen nicht eröffnet werden.

Verbrennungen 3. Grades, offene Blasen:

▷ Trockene, sterile Metalline-Verbände. Keine Manipulationen im Verbrennungsbereich, keine Anwendung von Salben etc.

Steht großflächiges keimfreies Verbandmaterial nicht zur Verfügung, so ist anderes sauberes Verbandmaterial zu benutzen, ansonsten ist der Verbrennungsbereich unbedeckt zu lassen. Sind keine Anzeichen eines Schocks zu erkennen und liegt keine Bewußtlosigkeit vor, so sind dem Verletzten ausreichende Flüssigkeitsmengen, nach Möglichkeit mit geringem Salzzusatz, in kleinen Schlukken zu geben (3 g/l).

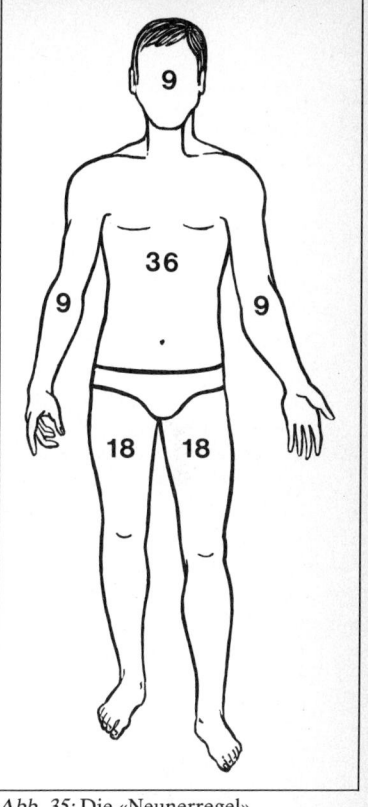

Abb. 35: Die «Neunerregel»

Bei großflächigen Verbrennungen (Verbrühungen, Feuer) ist die allgemeine Schockbehandlung bzw. -verhütung zu bedenken.

Muskelverletzungen

Die 40% der gesamten Körpermasse ausmachende Skelettmuskulatur (Abb. 36, Seite 72/73) muß im Sport verschiedenen Beanspruchungsformen gerecht werden. In den Extrembereichen werden kurzfristige Spitzenbelastungen und mehrere Stunden anhaltende Dauerbelastungen gefordert. Nach Ergebnissen wissenschaftlicher Forschung können diese möglichen Belastungen aufgrund eines sorgfältig geplanten und langjährigen Trainings und nach damit verbundenen Anpassungserscheinungen des Muskelgewebes erreicht werden.

Wird die dem Sportler momentan mögliche Belastungstoleranz überschritten, wozu nicht nur allein Trainingsversäumnisse beitragen, so kann es zu *endogenen* Muskelverletzungen kommen, die mechanisch gesehen eine Folge überschrittener Dehnbarkeit sind. Es treten auch *exogene* Muskelverletzungen auf, die durch von außen einwirkende Gewalt verursacht werden und zu Prellungen und Quetschungen führen. Da die Muskulatur ein sehr gut durchblutetes Gewebe ist und sich die Durchblutung unter aktiver Belastung gegenüber Ruhe um ein Vielfaches vermehren kann, stellt die Blutungsbereitschaft bei einer Verletzung ein Schlüsselproblem dar. Andererseits gestaltet sich die Heilung der Muskelverletzung bei großer Blutgefäßdichte (3000 Haargefäße = Kapillaren pro mm^2 Muskelquerschnitt) außerordentlich günstig.

Vor der in der Praxis oft zu beobachtenden, scheinbar selbstverständlichen Anwendung von *übererwärmenden Salben* und *Ölen* (Rubriment®, Kyttabalsam® u. a.) bei Muskelverletzungen muß gewarnt werden. Diese Mittel führen in erster Linie zu einer gesteigerten Hautdurchblutung insbesondere des Unterhautgewebes und der mehr oder weniger stark ausgeprägten Unterhautfettschicht. Die Mehrdurchblutung erfolgt über eine Gefäßweitstellung, über die gleichzeitig eine vermehrte Wärmeabgabe stattfindet, so daß das Wärmegefühl über Muskelpartien fast einem Selbstbetrug gleichkommt.

Die physiologischen Maßnahmen wie feuchte Umschläge, Bäder, Fangopackungen und Massagen sind bei *älteren* Verletzungen oder bei Hartspann und Muskelhärten (Myogelosen) wirkungsvoller. Bei *frischen* Verletzungen scheidet Wärme als Maßnahme völlig aus!

Die Leistungsfähigkeit der Muskulatur wird von unterschiedlichen trainierbaren Gegebenheiten beeinflußt:

- Neuro-muskuläre Reizübertragung, Abstimmung der Anspannung und Entspannung, Zusammenspiel der arbeitenden Muskelgruppe (Synergist) und der gegenspielenden Muskelgruppe (Antagonist); dies ist wesentlicher Bestandteil der Koordination.

- Verhältnis der Anzahl der langsamen aber ausdauernd arbeitenden Muskelfasern zu den schnell arbeitenden aber ermüdbaren Muskelfasern.
- Größe der Muskelfaser sowie der darin enthaltenen Organellen (Mitochondrien), in denen der energiebereitstellende Stoffwechsel geleistet wird.
- Größe des Gefäßquerschnitts in der Muskulatur.

Kommt es durch Alterungsvorgänge, nach Verletzungen oder bei Vernachlässigung von Training und vorbeugenden Maßnahmen zu einem einschneidenden Mißverhältnis der oben aufgeführten Parameter, so ist vor allem bei plötzlichen Muskelanspannungen, sei es bei der Beschleunigung oder in einem Bremsakt, Verletzungsgefahr gegeben.

Als *vorbeugende Maßnahmen* zur Vermeidung von Muskelverletzungen sind zu nennen:
- Ausreichendes Training mit sportartspezifischer Schulung der Kraft, Schnelligkeit, Ausdauer, Koordination;
- ausreichende sportbegleitende Maßnahmen wie Aufwärmen, Dehnen (Stretching), Massage, Cool Down;
- sportartgerechte Kleidung zur Aufrechterhaltung des Wärmehaushalts der Muskulatur;
- Vermeiden von Muskelaktivität bei ungenügender Wiederherstellung nach Verletzungen insbesondere nach Muskelverletzungen;
- Vermeiden ungewohnter und überfordernder psychischer Einflüsse.

Muskelprellung

Die Prellung der Muskulatur entsteht beim Sturz, bei Schlägen, bei Balltreffern oder beim Zusammentreffen mit anderen Spielern oder harten Widerständen (z. B. Torstangen). Entsprechend der Gewalteinwirkung und der Schadensgröße unterscheidet man Prellungen mit und ohne Gewebsdefekt.
Während die *Prellung ohne Gewebsdefekt* nur einen Schmerzcharakter von kurzer Dauer (Minuten) und geringe erkennbare Verletzungszeichen wie vorübergehende Rötung und Schwellung (Prellmarke) zeigt, ist die *Prellung mit Gewebsdefekt* durch das Auftreten eines Blutergusses (Hämatom) gekennzeichnet, der jedoch erst nach Stunden oder Tagen sichtbar werden kann. Die Gewebsdefekte reichen von Bindegewebsdefekten bis zu Muskelrissen, wie dies besonders bei einem Schlag auf einen angespannten Muskel auftreten kann. Auf einen Gewebsdefekt des Muskelgewebes weist auch die typische Balltrefferverletzung beim Hockeysport hin, bei der sich um einen weißen Prellhof (zentrale Schädigung) ein roter Ring (periphere Mehrdurchblutung = Hyperämie) zeigt.

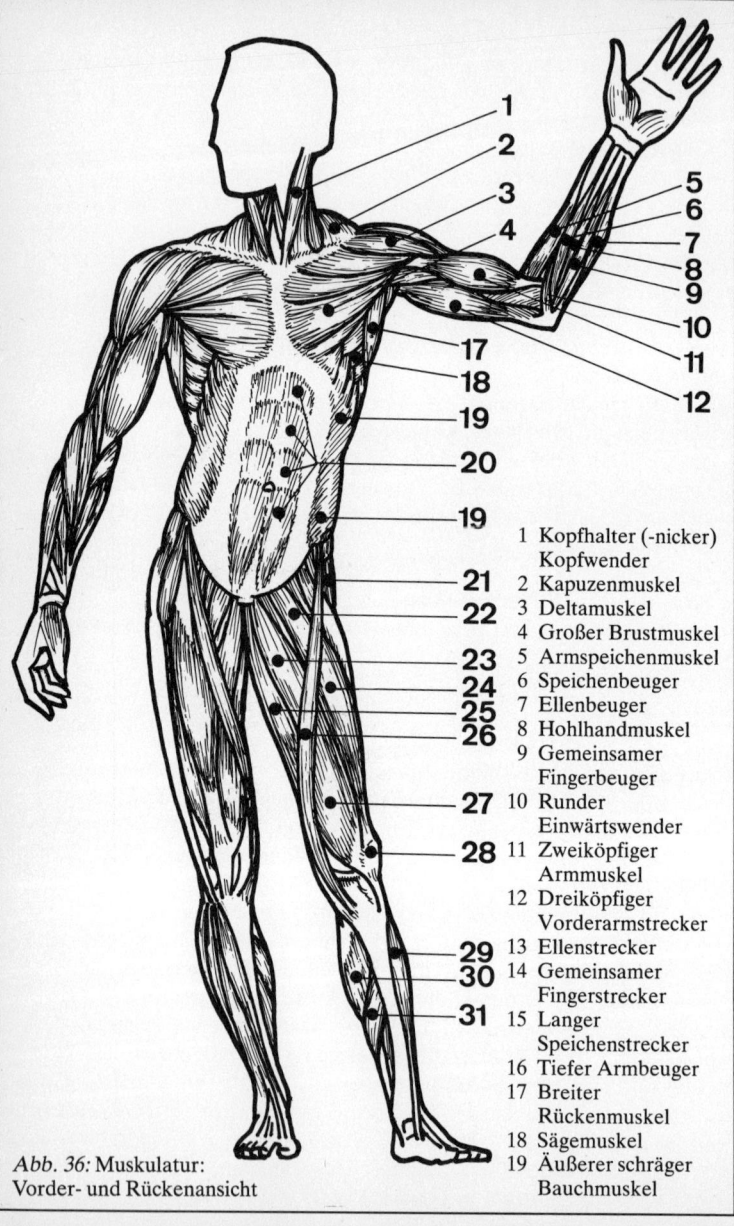

1 Kopfhalter (-nicker)
   Kopfwender
2 Kapuzenmuskel
3 Deltamuskel
4 Großer Brustmuskel
5 Armspeichenmuskel
6 Speichenbeuger
7 Ellenbeuger
8 Hohlhandmuskel
9 Gemeinsamer
   Fingerbeuger
10 Runder
   Einwärtswender
11 Zweiköpfiger
   Armmuskel
12 Dreiköpfiger
   Vorderarmstrecker
13 Ellenstrecker
14 Gemeinsamer
   Fingerstrecker
15 Langer
   Speichenstrecker
16 Tiefer Armbeuger
17 Breiter
   Rückenmuskel
18 Sägemuskel
19 Äußerer schräger
   Bauchmuskel

Abb. 36: Muskulatur:
Vorder- und Rückenansicht

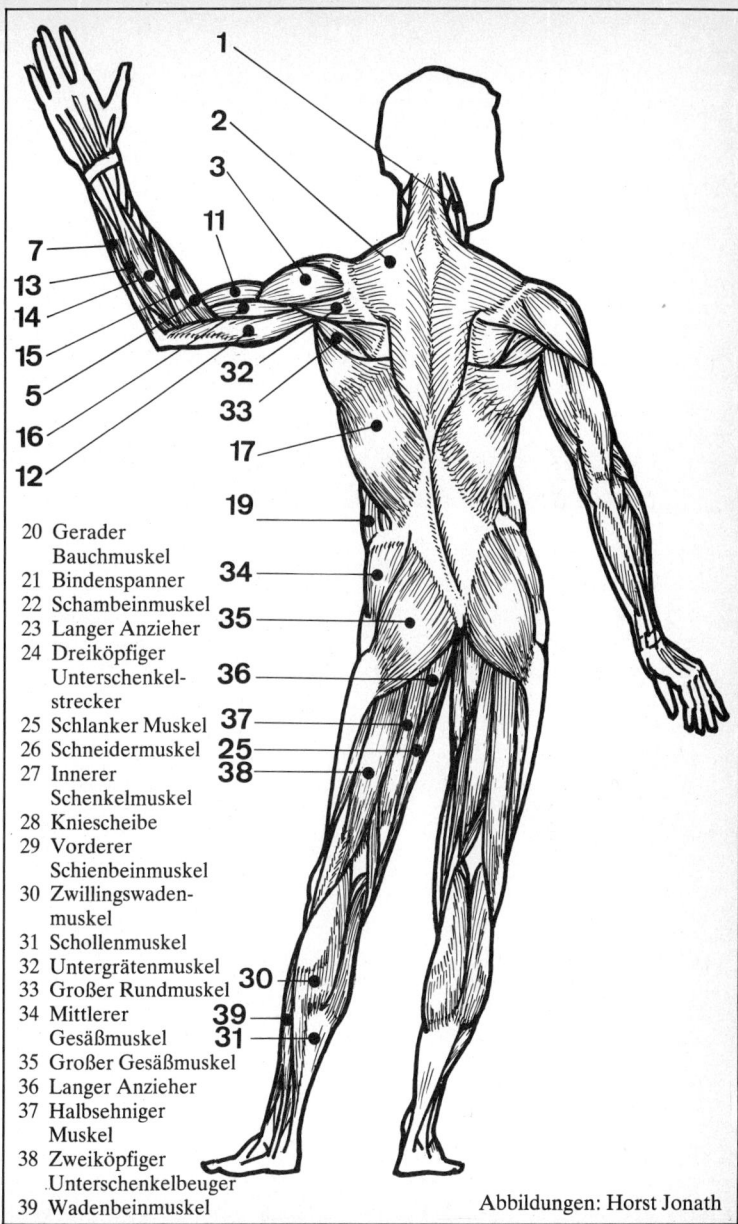

20 Gerader
   Bauchmuskel
21 Bindenspanner
22 Schambeinmuskel
23 Langer Anzieher
24 Dreiköpfiger
   Unterschenkel-
   strecker
25 Schlanker Muskel
26 Schneidermuskel
27 Innerer
   Schenkelmuskel
28 Kniescheibe
29 Vorderer
   Schienbeinmuskel
30 Zwillingswaden-
   muskel
31 Schollenmuskel
32 Untergrätenmuskel
33 Großer Rundmuskel
34 Mittlerer
   Gesäßmuskel
35 Großer Gesäßmuskel
36 Langer Anzieher
37 Halbsehniger
   Muskel
38 Zweiköpfiger
   Unterschenkelbeuger
39 Wadenbeinmuskel

Abbildungen: Horst Jonath

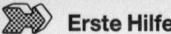 **Erste Hilfe:**

Bei allen Prellungen zunächst *kühlen*, was zu Blutstillung, Hemmung von
Flüssigkeitsaustritt (Exsudat) und Schmerzstillung führt. Schwindet der
Schmerz und die gestörte Funktionsfähigkeit innerhalb kurzer Zeit, ist eine
Prellung ohne Gewebsdefekt anzunehmen und ein weiteres Sporttreiben
möglich. Bleiben die Verletzungszeichen jedoch bestehen und zeigt sich
zusätzlich eine bläuliche Verfärbung (Hämatom), so ist das Kühlen für
½ bis 1 ½ Stunden fortzusetzen, ein *Druckverband* anzulegen und die Verletzung ruhig und hoch zu lagern. Nach dem Kühlen erfolgen feuchte
kalte, entzündungshemmende offene *Salbenpackungen*. Nach weiteren
24 Stunden ist die Anwendung von *überwärmenden Maßnahmen* zur Aufnahme von Blut oder Entzündungsstoffen in die Blutbahn (Resorption)
möglich. Wegen der Gefahr einer Verkalkung des Muskelblutergusses
(Myositis ossificans) ist im frischen Verletzungszustand eine *Massage nicht
erlaubt.*

Dehnungsverletzungen der Muskulatur

Muskelzerrungen, -faserrisse und -risse sind Dehnungsverletzungen der
Muskulatur. Ihnen gemeinsam ist eine Verlängerung (Elongation) des
Muskelgewebes in der Richtung der Faserverläufe. Hierbei kann es
einerseits zur Überdehnung des die Muskelfaser umgebenden Strumpfes
aus einem Gitterfasernetz oder der kollagenen Fasern am Muskelende
kommen, oder aber es folgen bei höherer Schädigungsenergie Risse einer
unterschiedlichen Anzahl von Muskelfasern, so daß zwischen Muskelzerrung – Muskelfaserriß – Muskelriß fließende Übergänge bestehen, wodurch sich auch die unterschiedlichen Heilungszeiten verschiedener Muskelverletzungen erklären.

Muskelzerrung

Bei der Muskelzerrung oder auch Muskelüberdehnung handelt es sich um
eine in Längsrichtung der Muskelfaser erfolgende Zugverletzung, bei der
ausschließlich das die Muskelfaser umgebende Gitterfasernetz gedehnt
wird, ohne daß die Muskelfaser selbst verletzt wird und blutet. Die Zerrung
tritt mit unterschiedlich heftigem Schmerz auf, die Dauer der Funktionsstörung kann je nach Ausmaß des betroffenen Fasernetzes bis zu sechs Tagen
andauern. Oft kündigt sie sich mit Koordinationsstörungen und Mißemp-
findungen wie Ziehen, Krallen und Rißangst an. Gehäuft treten derartige
Muskelzerrungen im Bereich der Muskulatur des Beins (Fußball, Hürdenlauf) sowie im Bereich der Beuge- und Streckmuskulatur des Oberschenkels (Ischiocrurale Muskulatur, Vierköpfiger Oberschenkelmuskel =
Quadriceps) und hier vor allem bei Lauf- und Sprungdisziplinen auf.

Erste Hilfe:

▷ Eine Muskelzerrung mit geringem Schmerz und ohne wesentliche Funktionsminderung wird in der Praxis durch *Eismassagen* und *Dehnen*, auch unter Anwendung biologischer *Sportöle* und *Fluide* deutlich gebessert.

▷ Da bei heftigen Schmerzen und starker Ausprägung der Funktionsstörung zwischen Zerrung und Faserriß oder Riß nicht exakt zu unterscheiden ist, richtet sich die Erste Hilfe nach dem Grundsatz der zunächst anzunehmenden höchstmöglichen Schädigung, also Rißverletzung. Die Erste Hilfe besteht im *Kühlen* für ein bis zwei Stunden bei *komprimierendem Verband* sowie in *Ruhigstellung*. Nach 24 Stunden *Wärmeanwendung* und allenfalls gehende Belastung mit Kompressionsverbänden. Gehen die Symptome nach vier bis sechs Tagen vorüber, so führen durchblutungsfördernde Maßnahmen wie *warme Bäder* und leichte *Lockerungsmassagen* zu einer beschleunigten Wiederbelastung. Dauert dagegen der Schmerz und die Funktionsminderung an und verbleiben lokale sichtbare und tastbare Veränderungen, so ist eine Rißverletzung anzunehmen und die Belastungspause auszudehnen.

Muskelfaserriß, Muskelriß

Bei den Rißverletzungen liegen Kontinuitätsunterbrechungen der Muskelfasern vor, wobei das Ausmaß der Verletzung durch die Anzahl der gerissenen Muskelfasern bestimmt wird. So unterscheidet man: Faserriß, Teilriß und Totalriß. Derartige Risse sind gekennzeichnet durch einen plötzlich auftretenden Schmerz, der von dem Verletzten als Peitschenhieb, Stockschlag oder Messerstich charakterisiert wird. Bei der Untersuchung zeigt sich bei ausgeprägter Rißverletzung eine *Dellenbildung* im Verletzungsbereich (Dehiszenz) oder ein abnorm *angeschwollener Muskelbauch* ober- oder unterhalb der Verletzung. Zusätzlich kann nach Stunden bis Tagen eine *Blauverfärbung* unterhalb der Verletzung auftreten, z. B. bei einem Riß der Beugemuskulatur des Oberschenkels in der Kniekehle oder sogar im Unterschenkelbereich. Die infolge der Rißverletzung auftretende *Blutung* kann innerhalb eines Muskels (intramuskulär) oder außerhalb des betroffenen Muskels zwischen anderen Muskelschläuchen (intermuskulär) liegen, wenn gleichzeitig die Muskelhaut gerissen ist. Richtige Diagnose und möglichst rasche Beseitigung der Blutung entscheiden über den Erfolg der Behandlung. Neben der klinischen Untersuchung haben in den letzten Jahren zunehmend teilweise aufwendige Untersuchungsverfahren in der Diagnostik der Muskelverletzungen Platz gefunden (Ultraschall, Infrarot-Untersuchung, Xeroradiographie, Röntgenschichtuntersuchung und röntgenologische Querschnittsuntersuchungen wie Computertomographie und Resonanzspintomographie). Je nach Ausmaß der Verletzungen werden konservative und auch operative Behandlungswege eingeschlagen.

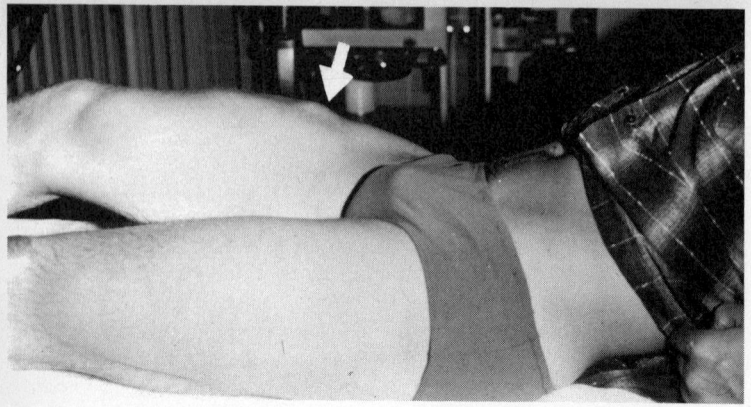

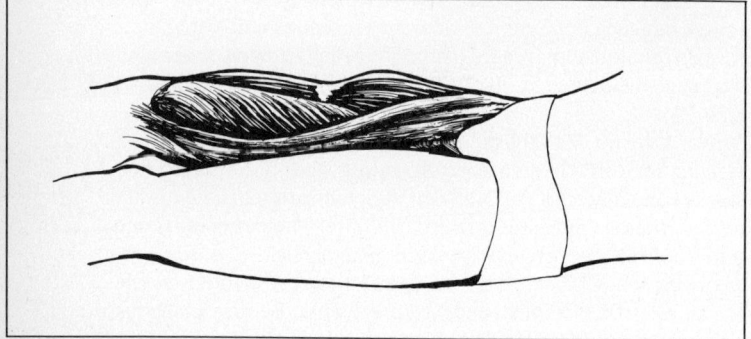

Abb. 37: Muskelriß (gerader vorderer Oberschenkelmuskel)

 Erste Hilfe:

Sofortiges *Kühlen* für ein bis zwei Stunden, *Druckverband*, spätere äußere Fixierung durch *Klebeverband* und bei Ausschluß eines selten vorkommenden Muskelteil- oder Totalrisses nach 24 bis 48 Stunden Einsetzen von *durchblutungsfördernden Maßnahmen* zur beschleunigten Bluterguß-resorption.

Die volle Belastbarkeit nach einem ausgeprägten Muskelfaserriß ist bei entsprechender rehabilitativer Nachbehandlung nach 5–6 Wochen gegeben. Auch erst nach dieser Zeit darf eine durchgreifende Massagebehandlung durchgeführt werden; wird diese zu einem früheren Zeitpunkt eingeleitet, so droht die gefürchtete Komplikation der Muskelverkalkung (Myositis ossificans).

Muskelverkalkung

Die Muskelverkalkung tritt nicht nur als Folge einer forcierten Massagebe-handlung nach Verletzungen, sondern auch im Bereich verbliebener so-wohl intramuskulärer als auch intermuskulärer Blutungen (Hämatome) (vgl. S. 75) auf, die weder durch Resorption noch durch gezielte Behand-lung beseitigt werden konnten. Muskelverkalkungen müssen nicht unbe-dingt mit Funktionsstörungen und Schmerzen verbunden sein und werden häufig erst viele Wochen nach der eigentlichen Verletzung entdeckt. Zwei-felsohne ist die Muskelverkalkung individuell disponiert, sie würde sonst viel häufiger beobachtet werden.

Verschiedene Ursachen sind zu nennen:

- Verbliebenes Muskelhämatom,
- mehrfach sich wiederholende Mikroverletzungen, z. B. auch bei Dauer-druckbelastung der Adduktorenmuskulatur bei Reitern, die zum sog. Reiterknochen führt,
- Fortführen des Trainings und der Belastung nach Muskelverletzungen,
- zu frühe Belastung nach Gelenkverletzungen, wobei die Verkal-kungen im gelenknahen Bereich der Muskulatur auftreten kön-nen.

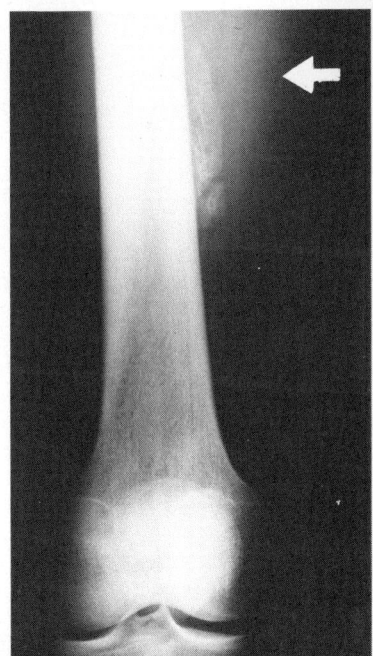

Die Muskelverkalkung ist somit nicht nur allein Folge einer *Unfall-verletzung*, sondern stellt gleichzei-tig das Bild eines *Sportschadens* dar. Die Behandlung bleibt der Physio-therapie überlassen, eine operative Behandlung wird bei Funktionsbe-hinderungen notwendig.

Wegen der Gefahr einer Muskelblu-tung und deren Folgen sollte jede schmerzhafte Muskelverletzung mit Funktionsminderung exakt unter-sucht und nicht verharmlost werden.

Abb. 38: Muskelverkalkung (Myositis ossificans)

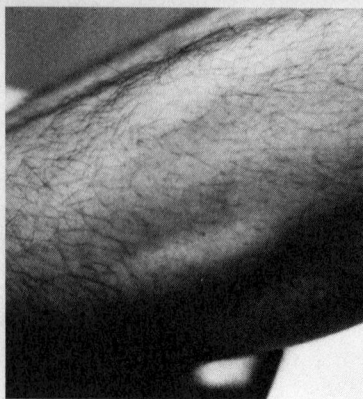

Muskelbruch (Hernie)

Bei den Muskelbrüchen handelt es sich nicht um eigentliche Verletzungen des Muskelgewebes, sondern um Verletzungen der bindegewebigen Muskelbinde (Faszie), die durch Stoß oder Schlag, jedoch auch durch plötzliches Anspannen einer stark trainierten Muskulatur, z. B. beim schnellen Antreten, einreißen kann. Das Muskelgewebe quillt aus diesen Lücken heraus und führt so zu einer hügelig tastbaren Muskeloberfläche. Die Verletzung kann mitunter schmerzhaft werden, so daß eine operative Schließung der Faszien-

Abb. 39: Muskelfaszienbruch

lücke notwendig wird. Bei vielfachen Einrissen wird die Faszie wie bei einem Sieb durchlöchert, so daß die Muskulatur an vielen Stellen hervortreten kann. Diese Erscheinung wird besonders bei der Oberschenkelbinde (Fascia lata) angetroffen.

Die Erste Hilfe besteht in Kühlung und Kompression sowie Ruhigstellung, um ein weiteres Einreißen zu verhindern.

Muskelkrampf

Der Muskelkrampf ist weniger eine Verletzung als vielmehr eine *Erkrankung* der Muskulatur, die jedoch für den Sportler gleichermaßen lästig und schmerzhaft werden kann.

Die Theorien für das Entstehen von Muskelkrämpfen sind vielfältig: zum Beispiel wird einerseits ein Versagen der neuro-muskulären Steuerfunktion angeführt, andererseits werden intrazelluläre Elektrolytstörungen und Erschöpfung der Energievorräte (Glykogen) verantwortlich gemacht.

Erfahrungsgemäß treten Muskelkrämpfe im Sport bei hoher Belastungsintensität nach Trainingsmangel, bei Elektrolyt- und Flüssigkeitsstörungen sowie bei Ermüdung auf. Auch können Blutumlaufstörungen, sei es im Muskelnarbenbereich nach Verletzungen oder durch einengende Bekleidung hervorgerufen, verantwortlich sein. Muskelkrämpfe sind im Wadenbereich bei venösen Stauungen bekannt. Entsprechend nach den Ursachen richten sich die vorbeugenden Maßnahmen.

 **Erste Hilfe:**

Die oft geübte und auch erfolgreiche Praxis der Überdehnung der krampfenden Muskulatur ist nicht korrekt, wenn man die pathophysiologischen Grundlagen des Muskelkrampfs zugrunde legt: Der Muskelkrampf stellt eine Dauerkontraktion mit fehlender oder ungenügender Entspannung der Muskelfaser dar. Während dieses Spannungszustands wird die Durchblutung der Muskulatur auf ein Minimum reduziert. Das passive Überdehnen der bereits extrem angespannten Muskelfaser könnte somit sogar zu einem Riß und auch zu einer weiteren Drosselung der Blutgefäße führen.

Richtig als Erste-Hilfe-Maßnahme ist die *Ruhigstellung* der betroffenen Muskulatur in *Schmerzschonstellung.* Anspannen der Antagonisten und Beseitigung erkennbarer Ursachen (Elektrolyt- und Energiesubstitution), *Wärmegabe* durch warme Bekleidung oder feucht-warme Umschläge oder eine oberflächliche *Reibungsmassage* sind empfehlenswert. Erst nach Lösen des Krampfes vorsichtig steigernde *Bewegungsübungen* und Belastung.

Die Wirksamkeit der bedingungslosen Streckung der krampfenden Muskulatur kann durch den zusätzlichen Reiz auf die Muskelspindeln erklärt werden, die als Folge eines Dehnungsreizes eine aktive Entspannung der Muskelfaser herbeiführen. Eine gleichzeitige *Eismassage* lindert den Schmerz und bringt eine reaktive Mehrdurchblutung mit sich.

Um das Bild der sportbedingten Muskelschädigungen abzurunden, werden an dieser Stelle zwei Veränderungen besprochen, die an und für sich als Sportschäden einzureihen sind.

Muskelhartspann

Der Muskelhartspann oder Muskelhypertonus kommt durch ein starkes Ansteigen der Milchsäurekonzentration und einen zu geringen Abbau zustande. Die daraufhin eintretende Übersäuerung (Azidose) der Zelle hemmt die Fermentreaktionen, die neue Energien zur Verfügung stellen können. Die Muskulatur reagiert mit einem ausgedehnten, insbesondere bei der Belastung auftretenden Dauerschmerz und ist hart zu tasten. Betroffen sind überwiegend Schulter-, Nacken- und Rückenmuskulatur und besonders bei Läufern, Radrennfahrern und Ruderern die Oberschenkelmuskulatur.

Die Behandlung erfogt mit krankengymnastischen und physikalischen Begleitmaßnahmen wie *Wärme, Massagen* und *Lockerungsgymnastik* sowie Aktivierung der antagonistisch arbeitenden Muskulatur.

Muskelhärte (Myogelose)

Läßt sich in einer Muskelgruppe eine spindelförmige, druckschmerzhafte Härte tasten, von der ein ständiger brennender oder stechender Schmerz ausgeht, so handelt es sich um eine Muskelhärte. Es liegen kolloidchemische Veränderungen der Muskulatur und lokale Durchblutungsstörungen vor, wie mikroskopische Untersuchungen zeigen konnten.

In der Beseitigung der Muskelhärten helfen einerseits alle *durchblutungsfördernden Maßnahmen*, weiterhin lokal betäubende injizierbare *Medikamente* und schließlich harte *Massagen* (Gelotrypsie).

Muskelkater

Der Muskelkater tritt meist 24 bis 48 Stunden nach einer relativ intensiven Muskelbeanspruchung auf, die typischerweise mit Bewegungsabläufen verbunden ist, für die die erforderliche Feinkoordination entweder mangels Übung nicht vorhanden oder infolge großer Ermüdung verlorengegangen ist. Die unkoordinierte Kontraktion der einzelnen Muskelfasern führt nach neueren wissenschaftlichen Erkenntnissen zu kleinsten Verletzungen der Muskelfasern selbst (Mikrotraumatisierung) oder wenigstens des begleitenden Bindegewebes. Diese Mikrodehnungen gehen mit einer umschriebenen Schwellung und einer reflektorischen höheren Spannung einher, was zu der ‹Steifheit› und den Schmerzen des Muskelkaters führt. Die Entstehungstheorie des Muskelkaters durch Anhäufung von Milchsäure (Übersäuerungstheorie) ist wissenschaftlich heute nicht mehr haltbar und gilt als überholt.

 Behandlungsmaßnahmen:

Warme Bäder, leichte Massage und leichte aktive Muskelarbeit führen zu einer Lösung der Muskelverspannungen und über eine gesteigerte Durchblutung zur Resorption der lokalen Ödeme. Es bieten sich auch überwärmend wirkende Mittel wie Fitness-Öl (103) von Rödler oder Traumasalbe (301-Rödler) an. Auch nikotinsäurehaltige Öle werden mit Erfolg angewandt.

Sehnenverletzungen

Die Sehnen stellen die Erfolgsorgane der Muskulatur dar, über die die Kraft auf den zu bewegenden Knochen übertragen wird. Sie bestehen aus straffem Bindegewebe, wobei die parallel und längs der Zugrichtung verlaufenden nicht dehnbaren *kollagenen* Fasern (Leim gebende Fasern) überwiegen und die Zugbeanspruchung leisten. Demgegenüber sind die dehnbaren, in einem Gitternetz angeordneten *elastischen* Fasern deutlich in der Minderzahl. Die Sehnen zeichnen sich daher durch eine *hohe Zugfestigkeit* aber nur *geringe Dehnbarkeit* aus.

Untersuchungen der Beanspruchungstoleranz des Sehnengewebes haben ergeben, daß die Reißfestigkeit $6-10\,\text{kp/mm}^2 = 60-100\,\text{N/mm}^2$ (Newton) beträgt. Messungen am Sehnengewebe haben weiter ergeben, daß die Zugfestigkeit mit zunehmender dynamischer Belastung steigt, dagegen Rißverletzungen bei langsamer Verformungsgeschwindigkeit des Gewebes mit höherer Wahrscheinlichkeit auftreten. Diese Beobachtung macht man wiederholt beim Skisport, wo z. B. ein schnell ablaufender Sturz ohne Verletzungen einhergeht, während bei langsam erfolgendem Sturz aus dem Stand eine Sehnenverletzung eintreten kann. Bei der Achillessehne wurde eine Reißfestigkeit bei kleiner Verformungsgeschwindigkeit zwischen 5500 und 8250 N und bei hoher Verformungsgeschwindigkeit zwischen 6400 und 9125 N gemessen. Setzt man die Kraft eines Muskels ($1\,\text{N pro cm}^2$) ins Verhältnis zu der Reißfestigkeit einer dazugehörigen Sehne und berücksichtigt man, daß der Muskelquerschnitt 100–200mal größer als der der Sehne ist, so läßt sich errechnen, daß eine gesunde Sehne durch Muskelkraft nicht zerrissen werden kann. Dagegen können Rißverletzungen an einer gesunden Sehne eintreten, wenn eine plötzliche überfallartige Überdehnung eintritt, z. B. für die Achillessehne beim ungefederten Aufsprung auf den gebeugten Fuß bei bereits angespannter Sehne. Eine vorgeschädigte Sehne ist verständlicherweise häufiger betroffen (vgl. S. 83).

Sehnen und Gelenkbänder können durch verstärkte Zugbeanspruchung gekräftigt und trainiert werden, wobei die Zahl der kollagenen Fasern zunimmt. Der Trainingseffekt der Sehnen ist jedoch gegenüber dem Trainingseffekt der Muskulatur verzögert. Andererseits ist das Sehnengewebe gegenüber Belastungspausen und auch Alterungsprozessen sehr anfällig. Ursache dafür ist die Stoffwechselträgheit und die schlechte Blutversorgung des Sehnengewebes (Bradytrophie) wie dies auch bei Knorpel- und Narbengewebe zu finden ist. So verliert das Sehnengewebe ab dem 25.–30. Lebensjahr seine ursprüngliche Zugfestigkeit und Elastizität und wird damit für Rißverletzungen anfälliger. Die feingewebliche Untersuchung einer gerissenen Sehne in diesem Altersabschnitt zeigt Bezirke mit

Aufquellungen, welliger Verformung und teilweise Unterbrechung der
kollagenen Fasern, weiterhin sind Gewebsuntergänge mit Fettersatz und
Kalkeinlagerungen zu beobachten.
Gründe für derartige Veränderungen sind:

- Altersabhängige Veränderungen (Gewebsdegeneration),
- nicht heilende oder aufgrund der bradytrophen Eigenschaften schlecht
  ausgeheilte vorangegangene Verletzungen wie z. B. Zerrungen oder
  auch Mikrotraumatisierungen,
- chronische Entzündungsvorgänge (Rheumatismus, Anginen, Zahnent-
  zündungen),
- Infektionserkrankungen (Tuberkulose),
- ständige Unterkühlungen bei Verzicht auf Wärmeschutz (Achillessehne: warme, hohe Sportsocken!),
- örtliche Behandlung mit Cortisonpräparaten,
- ständige Überlastung durch Training und Wettkampf, wobei es zu einer
  relativen Versorgungsminderung des Sehnengewebes und zu mangelnder Erholung (Regeneration) kommt.

Bei den Sehnenverletzungen handelt es sich in überwiegendem Maß um
mechanisch einwirkende Kräfte im Sinne einer Dehnung, die in Richtung
der Zugbeanspruchung verläuft.

Sehnenzerrung

Die Sehnenzerrung oder Sehnenüberdehnung stellt eine Verletzung mit
Verlängerung des Sehnengewebes ohne wesentliche Kontinuitätsunterbre-
chung dar. Aufgrund der elastischen Eigenschaften der Sehne kann bei ge-
eigneter Schonung und Behandlung nach einigen Tagen die Sehne ihre ursprüngliche Struktur und Leistungsfähigkeit wieder erhalten. Sind jedoch
einzelne kollagene Fasern zerrissen, wird sich die Heilungsdauer verlän-
gern.
Die Zerrung geht einher mit einem *scharfen kurzen Schmerz*, wobei sich
teilweise der Schmerz punktförmig im Verlauf einer Sehne ertasten läßt.
Zwischen leichter Zerrung oder Überdehnung mit nur kurzer Funktionsminderung und schwerer Zerrung sind fließende Übergänge.

 Erste Hilfe:
▷ Sofortige Kühlung und Ruhigstellung;
▷ sollte nach wenigen Minuten der anfängliche Druckschmerz und Belastungsschmerz im Bereich der verletzten Sehne noch spürbar sein,
  so ist eine weitere Kühlung notwendig und eine Aufnahme der Belastung verboten. Die Gefahr eines Sehnenrisses wäre anderenfalls
  gegeben.

Sehnenriß

Das Erscheinungsbild eines Sehnenrisses ist gekennzeichnet durch plötzlichen starken Schmerz. Im weiteren ist die *Funktion* des zu der Sehne gehörenden Muskels *aufgehoben* und eine deutliche *Dellenbildung* im Verletzungsbereich bzw. eine atypische *Wulstbildung* des dazugehörigen Muskels erkennbar. Schon nach kürzerer Zeit kann diese Delle jedoch durch Schwellung oder Blutung verstrichen sein. Der Achillessehnenriß z. B. zeigt diese Dellenbildung im Sehnenanteil, während bei Abriß der Sehne des zweiköpfigen Oberarmmuskels (Bizeps brachii) eine Muskelwulstbildung sichtbar wird.

Typisches Zeichen eines *Achillessehnenrisses* ist der *Kneiftest*, bei dem sich nach Kompression der Wadenmuskulatur der Fuß nicht sohlenwärts streckt. Ein weiterer Hinweis bei der Untersuchung der Funktion ist die Unmöglichkeit des Verletzten, auf dem Vorfuß zu stehen. Bei Sehnenrissen der langen Bizepssehne oder auch der Adduktorenmuskulatur versagt die Prüfung der Funktion, da diese auch bei einem Riß entweder von einem anderen Muskelkopf oder von synergistisch arbeitenden Muskeln übernommen wird.

 Erste Hilfe:

▷ Sofortige Kühlung über ein bis zwei Stunden mit gleichzeitigem Druckverband, Hochlagerung und schmerzschonende Ruhigstellung,

▷ baldmöglichste ärztliche Behandlung.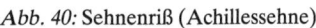

Abb. 40: Sehnenriß (Achillessehne)

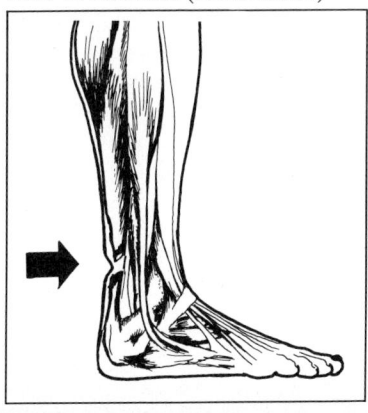
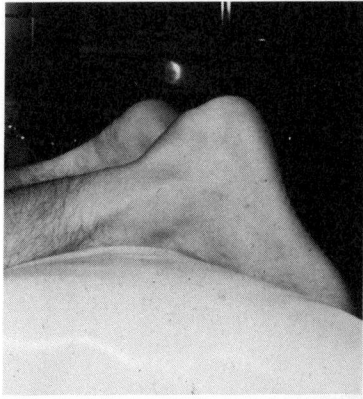

Sehnenrisse treten nicht nur bei degenerativ verändertem Gewebe auf, sondern unter unglücklichen Umständen auch bei der gesunden Sehne. Hierfür können folgende Ursachen verantwortlich sein:

– Maximale Beanspruchung einer durch übermäßigen Kraftzuwachs ausgezeichneten Muskulatur (Training unter Anabolika), wobei die Sehne sich nicht im gleichen Zeitraum wie die Muskulatur an die erhöhte Beanspruchung anpassen konnte,
– plötzliches Abbremsen einer Bewegung (Sturz, Behinderung beim Wurf),
– plötzliche Überdehnung einer Sehne beim Überwinden des Krafteinsatzes der antagonistischen Muskulatur (Abfangen eines Sturzes),
– stumpfe Verletzungen wie Stoß oder Tritt gegen eine angespannte Sehne, z. B. der Tritt in die gespannte Achillessehne.

Sehnenabrißbruch

Wie bereits vorher ausgeführt, besitzt eine gesunde Sehne eine hohe Zugfestigkeit, die bis in die Verankerung im Knochen reicht. Die kollagenen Fasern der Sehnen bilden mit den kollagenen Fasern des Knochenansatzes oder -ursprungs ein gitterförmiges, sich durchwebendes Netz, wodurch es bei starker Reißbeanspruchung zu einem Mitabreißen von Knochenanteilen kommen kann. Derartige Abrißfrakturen sind besonders bei den Fingersehnen anzutreffen (Abb. 41). Weitere Lokalisationen sind: Dornfortsätze der Wirbelsäule, Ellenhaken, Oberarmknorren, Stachelfortsätze des Beckens, Kleiner Rollhügel, Basis des 5. Mittelfußknochens und Fersenbein.

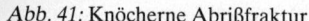

Abb. 41: Knöcherne Abrißfraktur

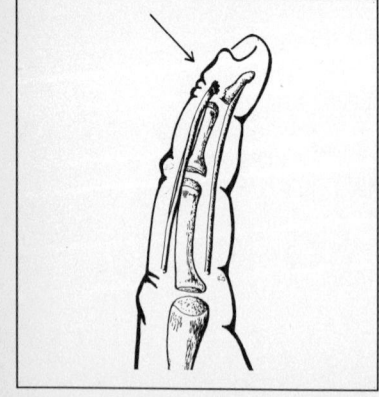

Häufiger treten diese Abrißfrakturen auch im Kindes- und Jugendalter auf, wenn die Verankerungszonen noch nicht voll verknöchert sind (sog. Apophysenabrisse, vgl. auch Abb. 103 auf S. 158).

Die *Erste Hilfe* erfolgt wie bei einem Sehnenriß (vgl. S. 83).

Knochenverletzungen

Das Knochengewebe ist durch Eigenschaften ausgezeichnet, die nicht nur eine hervorragende Stütz- und Tragefunktion gewährleisten, sondern es durch eine hohe Flexibilität zu einem widerstandsfähigen Material werden lassen, das in der Lage ist, hohe Verformungsenergien zu tolerieren. Bei einem Körpergewicht von ca. 60 kg wird bei einem normalen Spazierengehen der Oberschenkelknochen mit einem Druck von etwa $80 \, \text{kp/cm}^2$ Querschnittsfläche ($800 \, \text{N/cm}^2$) belastet. Untersuchungen haben ergeben, daß beim Stabhochsprung der Oberschenkelknochen sogar einen Druck bis zu $10\,000 \, \text{N/cm}^2$ aushalten muß. Diese stabilen Eigenschaften der Knochen werden durch die Leichtbauweise des Knochens erreicht, wobei mit geringem Aufwand und minimalem Material eine maximale, der Beanspruchung entsprechende Festigkeit entsteht (Verbundbauweise). Das Knochengewebe besitzt

- Druckfestigkeit wie Muschelkalk ($110-170 \, \text{N/mm}^2$),
- Zugfestigkeit wie Kupfer (bis $170 \, \text{N/mm}^2$),
- Elastizität wie Eichenholz ($1300 \, \text{kN/cm}^2$),
- Biegefestigkeit wie Flußstahl ($46 \, \text{N/mm}^2$).

Diese hohen Belastungsstabilitäten sind für den Knochen entsprechend seiner Bauweise in einer bestimmten Ausrichtung vorgesehen (vgl. Abb. 42, Seite 86). Treffen Gewalteinwirkungen aus ‹nicht vorgesehenen› Belastungsrichtungen auf den Knochen, so wird die Beanspruchungstoleranz schnell überschritten. Dies geschieht, ähnlich wie bei dem Sehnengewebe, bei langsamen Biege- und Drehvorgängen bedeutend früher als bei dynamischen schnellen Gewalteinwirkungen. So werden z. B. Belastungen in Längsrichtung der Unterschenkelknochen hervorragend toleriert, trifft jedoch eine seitliche, eine scherende oder eine drehende Gewalt auf den Knochen, so führt dies schnell zum Schräg- oder Drehbruch, wie dies z. B. beim Skisport eine häufige Verletzungsform darstellt.

In Hinsicht auf die Erste Hilfe, auf die Verletzungsdauer, die durchzuführende Behandlung und schließlich die sportliche Wiederbelastbarkeit bestehen wesentliche Unterschiede bei der Knochenprellung (Kontusion) und dem Knochenbruch (Fraktur).

 1   Schädel
 2   Schlüsselbein (clavicula)
 3   Schulterblatt (scapula)
 4   Brustbein (sternum)
 5   Rippen
 6   Oberarmknochen (humerus)
 7   Wirbelkörper
 8   Speiche (radius)
 9   Elle (ulna)
10   Becken
11   Kreuzbein u. Steißbein
12   Handwurzelknochen
13   Mittelhandknochen
14   Fingerglieder
15   Oberschenkel (femur)
16   Kniescheibe (patella)
17   Schienbein (tibia)
18   Wadenbein (fibula)
19   Fußwurzelknochen
20   Mittelfußknochen
21   Zehenknochen

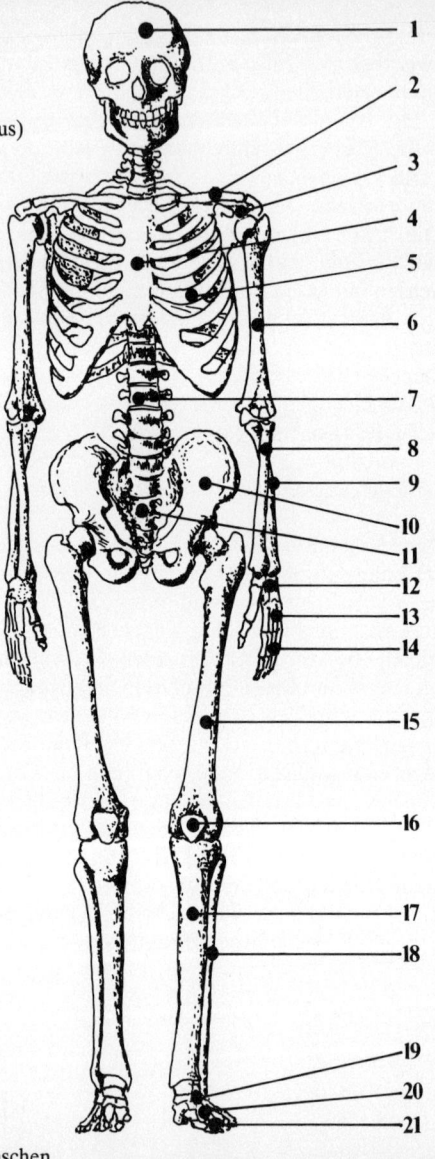

Abb. 42: Knochenbau des Menschen

Knochenbruch

Um die Art der Knochenverletzung zu erkennen, ist eine Unterscheidung zwischen *unsicheren* und *sicheren Bruchzeichen* zu treffen.

– Unsichere Zeichen: Schmerz, gestörte Funktion, Schwellung und Verfärbung durch Bluterguß;
– Sichere Zeichen: Verformung (Deformation), abnorme Beweglichkeit, Knochenreiben (Crepitation) (Abb. 43).

Die Erste Hilfe bei allen Knochenverletzungen ist wieder nach dem Grundsatz durchzuführen, daß zunächst die höchste Stufe der Schädigung, nämlich der Knochenbruch, anzunehmen ist.

 Erste Hilfe bei Brüchen:
▷ Schmerzbekämpfung durch Kühlen,
▷ Vermeidung von Bruchverschiebungen durch Ruhigstellung, nötigenfalls durch Schienung,
▷ Vermeidung einer starken Schwellung durch Druckverband,
▷ allgemeine Schockvorbeugung (vgl. S. 34 ff).

Besondere Maßnahmen:
▷ Ein gebrochenes Glied darf nur unter Zug und Gegenzug bewegt werden;

Abb. 43: Sichere Knochenbruchzeichen

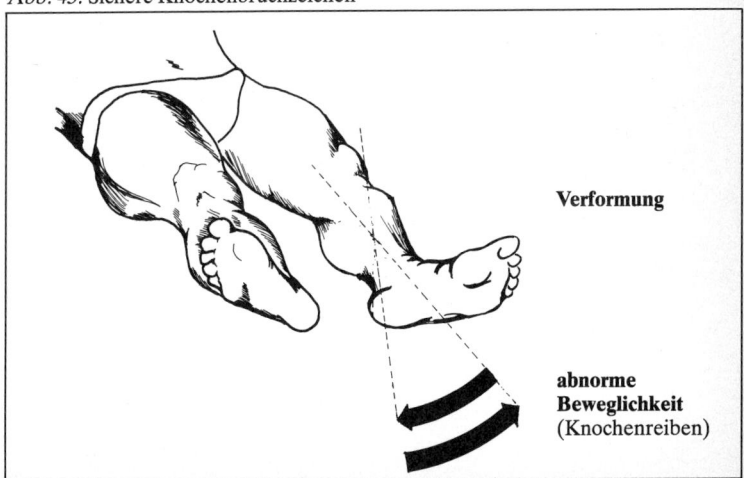

Verformung

abnorme
Beweglichkeit
(Knochenreiben)

▷ ein offener Bruch mit Hautverletzung ist steril abzudecken, und wegen der Infektionsgefahr dürfen keine Manipulationen durchgeführt werden;

▷ muß ein Bruch geschient werden, so sind die benachbarten Gelenke ruhigzustellen, die Schiene ist zur Verhütung von Druckstellen (Nervenverläufe) gut zu polstern;

▷ bei der Schienung selbst darf Phantasie walten. Eine ausreichende Ruhigstellung erfolgt bereits durch das Einbetten oder ‹Ummauern› der gebrochenen Gliedmaße mit stützendem Material wie z. B. Trainingsanzügen oder Trainingstaschen.

Im übrigen sei daran erinnert, daß ein gesundes Bein auch Schiene für ein gebrochenes Bein sein kann oder der Oberkörper Schiene für den Arm oder ein Finger für den anderen.

Eine Ruhigstellung durch Schienung ist dann notwendig, wenn der Transport nicht durch Rettungspersonal erfolgen kann. In den Rettungsfahrzeugen der entsprechenden Erste-Hilfe-Organisationen sind aufblasbare Schienen vorhanden, mit denen eine fachgerechte Ruhigstellung durchgeführt werden kann.

Bei der Ruhigstellung bzw. Schienung bestimmter Brüche sind besondere Techniken anzuwenden:

– Schlüsselbeinbruch: Rucksackverband,
– Oberarmbruch und Schultergelenkbruch: Desault-Verband. (Diese Verbände werden in den Kapiteln der Gelenkverletzungen dargestellt, vgl. S. 112 ff.)

Bruchkomplikationen

Allgemein:

– Schock durch Schmerz und Blutverlust (vgl. Tab. 6),
– Austreten von Fettgewebe aus dem Bruchbereich und Eindringen des Fetts über die Blutbahn in die Lungengefäße (Fettembolie),
– Verbringung von Blutgerinseln in die Blutbahn und Verstopfung von Stromgebieten (Embolie).

Örtlich:

– Infektionen, insbesondere bei offenen Knochenbruchverletzungen,
– gleichzeitige Mitverletzung anderer Organe, z. B. Lunge, Leber, Milz und Nieren oder Verletzung von Blutgefäßen, Nerven, Harnleiter, Gehirnhäuten.

Tab. 6: Blutverlust bei geschlossenen Knochenbrüchen

Oberarm	100 – 800 ml
Unterarm	50 – 400 ml
Becken	500 – 5000 ml
Oberschenkel	300 – 2500 ml
Schienbein	100 – 1000 ml

Knochenprellung

Ist der erste heftige Schmerz nach einer Gewalteinwirkung und nach vorübergehender Kühlung schnell (Minutendauer) rückgängig und liegt keine weitere Funktionsstörung mehr vor, so darf eine Knochenprellung angenommen werden.

Da jedoch immer die Möglichkeit eines unvollständigen Bruchs (Infraktion, Wulstbruch, Grünholzfraktur) bedacht werden muß, sollte zur endgültigen Abklärung eine Röntgenuntersuchung erfolgen.

Bei der Prellung handelt es sich überwiegend um eine Verletzung der Knochenhaut (Periost), die sich durch Blut- und Nervenreichtum auszeichnet. Nicht selten entsteht ein Bluterguß unter der Knochenhaut (subperiostales Hämatom), das ohne entsprechende physikalische Nachbehandlung zur Verkalkung führen kann.

 Erste Hilfe:

Kühlen, Kompressionsverband, Ruhigstellung bzw. zunächst Schonung, danach versuchsweise Belastung. Bestehen noch während der Belastung weitere Schmerzen oder Funktionsstörungen, so ist eine Knochenbruchverletzung anzunehmen und entsprechend zu verfahren.

Arten von Knochenbruchverletzungen

Nach der Art der Gewalteinwirkung unterscheidet man zwischen *indirekter* Fraktur (Gewaltübertragung durch Hebelwirkung, z. B. beim Sturz auf den gestreckten Arm) (Abb. 44) und *direkter* Fraktur (unmittelbare Gewalteinwirkung durch Schlag oder Tritt) (Abb. 45, Seite 90).

Abb. 44: Indirekter Bruch

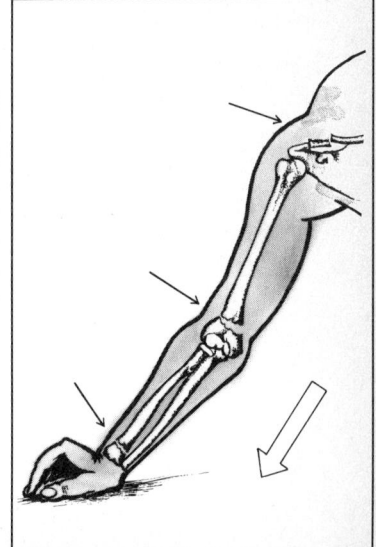

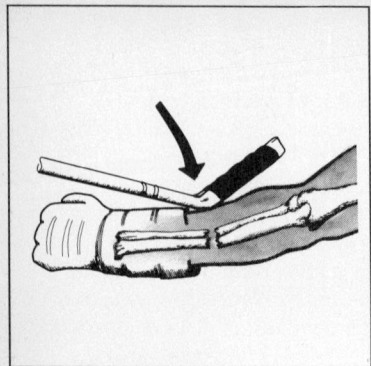

Abb. 45: Direkter Bruch

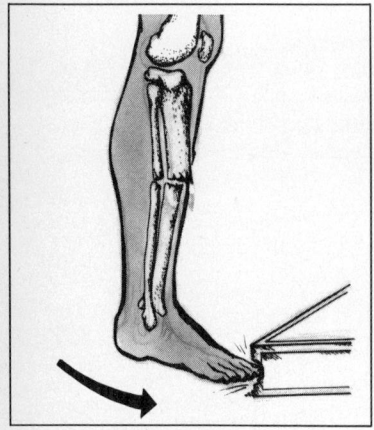

Abb. 46: Offener Bruch

In ihrem Verhalten zur Haut unterscheidet man *offene* und *geschlossene* Brüche, wobei die offenen Brüche stark infektionsgefährdet sind und daher auch als *komplizierte* Brüche bezeichnet werden (Abb. 46 und 47).

Eine weitere Unterscheidung erfolgt in *vollständige* und *unvollständige* Brüche, wobei ‹nur› Einbrüche bestehen können oder auch Stauchbrüche mit der Form einer Wulstung. Eine Besonderheit der unvollständigen Brüche stellen die *Grünholzfrakturen* dar. Wie aus der Anatomie bekannt ist, wird der Knochen von der Knochenhaut umhüllt, die im Kindesalter von ausgeprägter Elastizität und Reißfestigkeit ist. Bei einer Gewalteinwirkung kann es so zu einem Bruch der Knochensubstanz kommen, die elastische Knochenhaut ist nachgiebig, wird nicht verletzt und umhüllt die Knochenverletzung wie ein Schlauch. Ähnliche Phänomene sind bei frischem «grünendem» Holz im Frühjahr bekannt (Abb. 48).

Abb. 47: Geschlossener, vollständiger Bruch

Abb. 48: Unvollständiger Bruch
A   Wulstbruch   B   Grünholzbruch

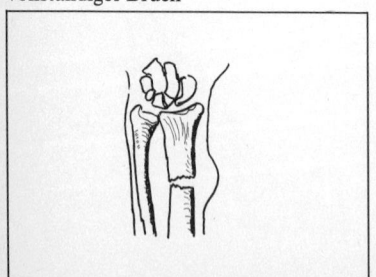

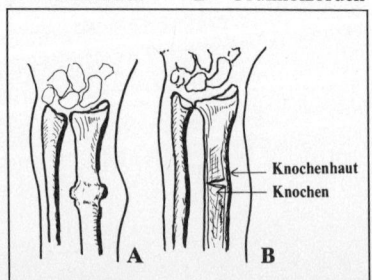

Nach dem zur Verletzung führenden Mechanismus sind folgende Einteilungen möglich:
- *Drehbruch* (Drehsturz beim Skilauf) (Abb. 49),
- *Biegungsbruch* (Tritt oder Schlag gegen das Schienbein) (Abb. 50),
- *Abrißbruch* (Abrißbrüche treten z. B. bei Verstauchungsverletzungen des Sprunggelenks auf) (Abb. 51),
- *Stauchungsbruch* (Aufsprung auf die Ferse oder Sturz auf den Rükken) (Abb. 52),

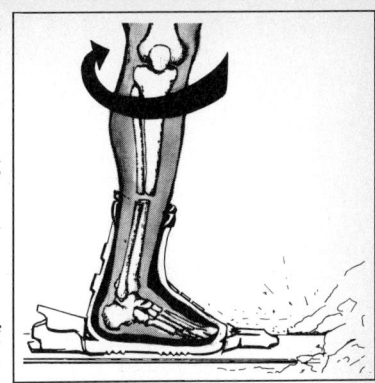

Abb. 49: Drehbruch

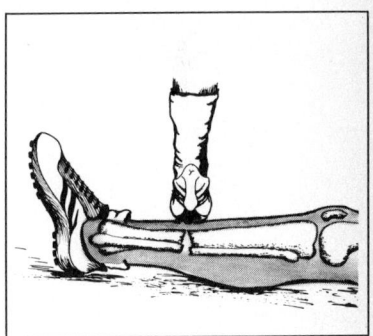

Abb. 50: Biegungsbruch

Abb. 51: Abrißbruch

Abb. 52: Stauchungsbruch

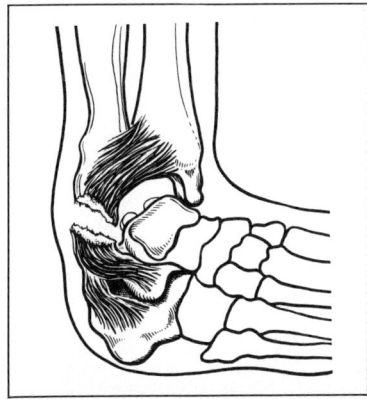

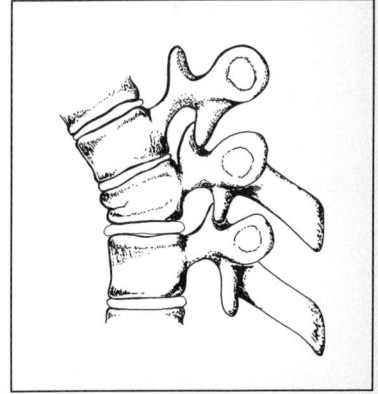

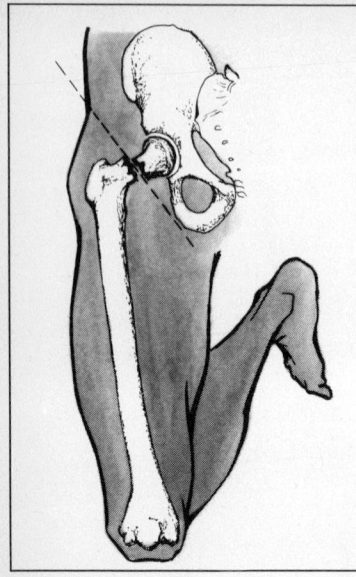

Abb. 53: Scherbruch

– *Scherbruch* (Abscheren des Schenkelhalses beim Sturz auf das Kniegelenk oder Abscheren des Radiusköpfchens beim Sturz auf die Hand = Meißelbruch) (Abb. 53).

Nach der Form der Brüche werden wiederum zahlreiche Unterscheidungen getroffen: *Schrägbrüche, Querbrüche, Spiralbrüche, Längsbrüche, T-* und *Y-Brüche, Stückbrüche, Splitterbrüche* und *Trümmerbrüche.*

Knochenbruchstücke können durch Belastung oder Muskelzug gegeneinander verschoben werden. Es entstehen dann *Achsendeformierungen* wie
– Achsenknickung
  (Dislocatio ad axim),
– Verdrehung
  (Dislocatio ad peripheriam),
– Seitenverschiebung
  (Dislocatio ad latus),
– Verkürzung
  (Dislocatio ad longitudinem cum contractione),
– Verlängerung
  (Dislocatio ad longitudinem cum distractione).

Gefährlich und komplizierend sind bei all diesen Verschiebungen etwaige Einklemmungen (Interpositionen) von Gefäßen oder Nerven.

Knochenbruchbehandlung

Zur Information werden hier in einem kurzen Überblick die Möglichkeiten der Knochenbruchbehandlung aufgeführt:

Grundsätzlich ist zwischen der *konservativen* und der *operativen* Behandlung zu unterscheiden, wobei als oberstes Gebot der Behandlung die exakte Einrichtung (Reposition) des Bruches und eine stabilisierende Ruhigstellung gilt. Die operative Behandlung bringt gegenüber der konservativen den Vorteil der früheren *Übungsstabilität,* nicht jedoch, um diesen Irrtum auszuräumen, eine frühere *Belastungsstabilität* hinsichtlich der sportlichen Betätigung.

Die *konservative* Behandlung führt die Ruhigstellung nach der Reposition mit einem Gips- oder Kunststoffverband durch, der den Vorteil der besseren Übungsstabilität durch Gewichtsersparnis und Wasserfestigkeit hat.

Bei der *operativen* Behandlung gibt es folgende Verfahren (Abb. 54):

- *Äußere Fixation:* hier wird der Bruch nach Einrichtung durch Klammern stabilisiert;
- *Küntscher-Nagel:* hier wird der Bruch vom Markraum her durch einen fest sitzenden Nagel fixiert;
- *Rush-pin:* Eine innere Fixation wird durch Drähte mit einem Durchmesser von etwa 5 mm herbeigeführt.
- *Schrauben:* Sie stellen eine gängige Fixierungsmöglichkeit dar.
- *Kirschner-Drähte:* Sie dienen vor allem zur Fixierung von kleinen Bruchstücken oder zur Fixierung eines Umschlingungsdrahtes zur Ausübung von Zug (Zuggurtung).
- *AO-Metallplatten:* Die Reposition und Fixation von Knochenbruchstücken durch Metallplatten und Schrauben (Osteosynthese) nach den Richtlinien der AO (Arbeitsgemeinschaft für Osteosynthese) ist heute in der chirurgisch-orthopädischen Praxis eine viel geübte Methode mit zahlreichen Variationsmöglichkeiten.

Abb. 54: Operative Knochenbruchbehandlung
1 Osteosynthese mit Schrauben und Platte   3 Rush-pin
2 Kirschner-Draht mit Zuggurtung   4 Küntscher-Nagel

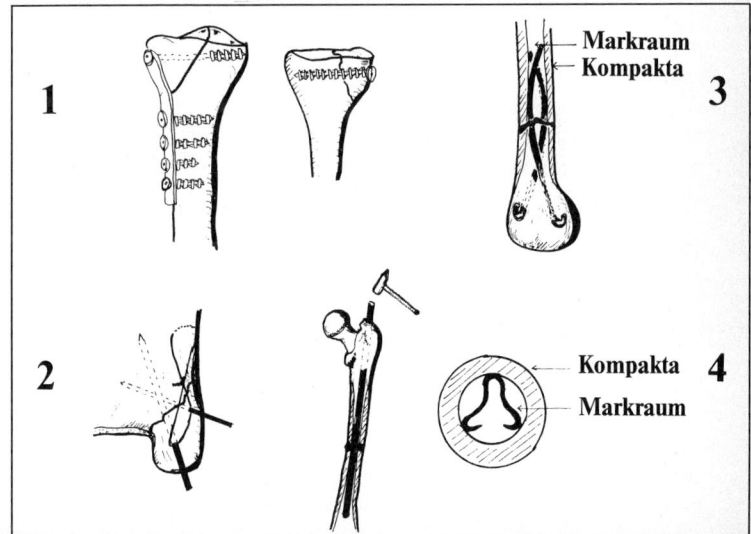

Gelenkverletzungen

Gelenkaufbau

Um den Mechanismus der Gelenkverletzungen und ihrer Auswirkungen zu
verstehen, ist es notwendig, den anatomischen Aufbau von Gelenken zu
kennen (Abb. 55). Gelenke sind die beweglichen Verbindungen einzelner
Knochen untereinander, wobei die «echten» Gelenke durch große Beweglichkeit gegenüber den «unechten» ausgezeichnet sind. Das Gelenk stellt
ein komplexes Gebilde dar, an dessen Aufbau mehrere Gewebsarten und
Einrichtungen mit besonderen Aufgaben beteiligt sind, die je nach Verlet-
zungsart einzeln oder komplex geschädigt werden können.
Die gelenkbildenden Knochenanteile *Pfanne* und *Kopf* sind mit einer
Schicht glasigem (hyalinem) Knorpel überzogen. Zur Pufferung dieser Gelenkflächen dienen bei einigen Gelenken Knorpelscheiben aus Faserknorpel (*Menisci* im Kniegelenk und *Disci* bei der Wirbelsäule = Bandscheibe).
Das Gelenk erhält seine Stabilität durch
– die *Gelenkkapsel*, die das Gelenk umschließt und deren äußeres Blatt
  aus straffem Bindegewebe besteht. Das innere Blatt, die *Gelenkschleimhaut* (Synovia), das Stoffwechselorgan eines Gelenks, produziert die *Gelenkschmiere* (Synovialflüssigkeit), die für die Ernährung des Knorpels
  verantwortlich ist, da eine eigene Blutversorgung für den Knorpel nicht
  besteht;
– die *Bänder*, ebenfalls aus straffem Bindegewebe, die entweder mit der
  Kapsel verwachsen sein können oder frei ein Gelenk überspannen oder
  aber sich im Gelenk befinden, wie die Kreuzbänder des Kniegelenks;
– die *Sehnen* der Muskeln, die das Gelenk übergreifen. Die Muskulatur
  hat nicht nur die Aufgabe der Gelenkbewegung, sondern sie trägt auch
  über ihre Sehnen zur Stabilität eines Gelenks bei;
– *Schleimbeutel* (Bursa) stellen Hohlräume dar, die zwischen Sehne und
  Knochen eine Polsterung bilden.

Verletzungsformen

Zu einer Gelenkverletzung kann es einerseits durch direkt einwirkende
Kräfte wie Stoß, Tritt und Quetschung kommen, andererseits treten Verlet-
zungen auf, wenn die natürliche Beweglichkeit, durch welche Ursache auch
immer, überschritten wird.
So ist bei den Gelenkverletzungen im groben zu unterscheiden zwischen
– *Bagatellverletzungen*, die jedoch nicht unbedingt mit einer Bagatelle

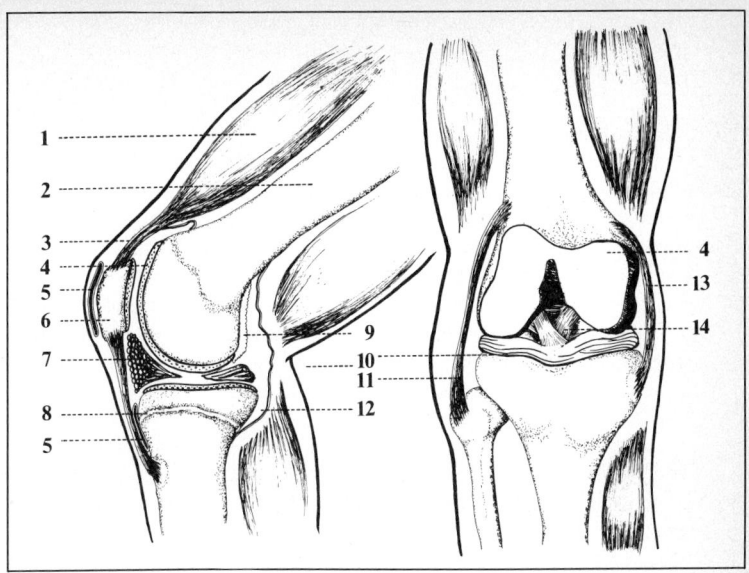

Abb. 55: Gelenkaufbau

1 Muskel	6 Kniescheibe	11 äußeres Seitenband
2 Knochen	7 Fettkörper	12 Gelenkkapsel
3 Sehne	8 Wachstumsfuge	13 inneres Seitenband
4 Gelenkknorpel	9 Gelenkschleimhaut	14 Kreuzbänder
5 Schleimbeutel	10 Meniscus	

oder Kleinigkeit gleichzusetzen sind. Es handelt sich vielmehr um Verletzungen, die ohne wesentliche Beeinträchtigung der Funktion und mit nur kurzer verletzungsbedingter Sportpause einhergehen. Bei rechtzeitiger und genügender Behandlung gelten sie als reversibel.

– *Mittelschwere* und *schwere* Verletzungen führen dagegen zu erheblichen Beeinträchtigungen der Funktion, vor allem der Stabilität des Gelenks, sie sind mit längerer Sportpause verbunden und können zu Sportinvalidität führen.

Hinsichtlich des Verletzungsvorgangs kann folgende Unterscheidung getroffen werden:

– Gelenkprellung und -quetschung (Kontusion),
– Verstauchung (Distorsion),
– Verrenkung (Luxation).

Die üblicherweise bei jeder Gelenkveletzung auftretenden primären Entzündungszeichen wie Schmerz, Schwellung und gestörte Funktion und Be-

wegungseinschränkung lassen den Schweregrad der Verletzung und auch
das Ausmaß der Strukturschädigung des Gelenks nicht erkennen. Sie bestimmen jedoch wie bei allen Verletzungen die Maßnahmen der Ersten
Hilfe.

Charakteristisch für Gelenkverletzungen ist das mögliche Auftreten von
Schwellungen auch im Inneren des Gelenks mit vermehrter Flüssigkeitsab-
sonderung der Gelenkschleimhaut, dem *Gelenkerguß*, der je nach Verlet-
zungsart wäßrig (serös) oder blutig (hämorrhagisch) sein kann.

Von besonderer Gefährlichkeit ist hierbei der blutige Gelenkerguß, der
einerseits einen Hinweis für sog. Binnenverletzungen des Gelenks darstellt, andererseits bei längerem Verbleib im Gelenk zu weiteren Schädigungen, insbesondere am Gelenkknorpel, führen kann. Eine zunehmende
bläuliche Verfärbung des verletzten Gelenks weist auf einen solchen Gelenkerguß hin.

Die Unterscheidung in
– Gelenkverletzungen *ohne* Instabilität (Prellungen, Quetschungen) und
– Gelenkverletzungen *mit* Instabilität (Verstauchungen, Verrenkungen)
wird getroffen, um die Richtlinien der weiteren Behandlung festzulegen,
die wesentlichen Einfluß auf die Wiedererlangung der Sportfähigkeit hat.
Je nach Ausmaß der Instabilität kann entweder eine konservative oder operative Behandlung durchgeführt werden. Die Möglichkeiten der konservativen Behandlung sind inzwischen sehr vielfältig geworden, wobei die lang-
währende Behandlung im Gipsverband beweisbare Nachteile mit sich
bringt: Knorpelschädigung durch Ruhigstellung sowie Muskelminderung.
Es bieten sich weiter an:
– funktionelle (aber belastungsmindernde) Behandlung mit Tape-Verbänden, stabilisierendem Innenschuh (Mikros) und stabilisierendem Sport-
  therapieschuh (z. B. Adimed),
– halbfeste Verbände wie Zinkleim- oder Klebebinde-Verband,
– Gipsschienenverbände,
– Kunststoffschienenverbände.
Auch bei der operativen Behandlung gibt es zahlreiche Variationsmöglichkeiten, wobei bei der frischen Verletzung immer die Wiedervereinigung
der durchtrennten Bandenden angestrebt wird.

Die Entscheidung für ein operatives oder konservatives Behandlungsvor-
gehen richtet sich nicht allein nach dem Ausmaß der Instabilität, sondern es
müssen auch Gesichtspunkte wie Alter des Verletzten, Gewebseigenschaf-
ten (Bindegewebsschwäche), Vorschädigungen und die Ergebnisse einer
vergleichenden Untersuchung der nicht verletzten Seite in Erwägung gezogen werden.

Gelenkkontusion (Prellung, Quetschung)

Stumpfe Gewalteinwirkungen auf Gelenke führen in leichter Form zu Gewebeschäden mit Schwellungen und mehr oder weniger stark ausgeprägten Blutergüssen, die sich auch im Inneren des Gelenks ausbreiten können. Werden die anfänglichen Entzündungserscheinungen nicht umgehend durch Erste-Hilfe-Maßnahmen (vgl. S. 47ff) und spätere Behandlungsmaßnahmen bekämpft, so können sich chronische Entzündungen in Form von Band-Kapsel-Reizungen, Knochenhautentzündungen und auch Schleimbeutelentzündungen bilden, die die Sportfähigkeit empfindlich stören und teilweise langwierige Nachbehandlungen notwendig machen. Bei erheblichen Gewalteinwirkungen sind Knochenbruchverletzungen möglich.

Gelenkverstauchung (Distorsion)

Der Begriff der Gelenkdistorsion beinhaltet keine Verletzungsbeschreibung (Diagnose), sondern beschreibt nur den Verletzungsvorgang, der im deutschen Sprachgebrauch mit Worten wie Umknicken, Umschlagen, Verdrehen oder Überstrecken umschrieben wird. Die eigentliche Diagnose besteht in der Beschreibung der Veränderungen des Band-Kapsel-Apparats.

So zeigt eine Distorsion mit *Band-Kapsel-Zerrung* (Überdehnung) ähnlich wie bei den Sehnenzerrungen fließende Übergänge zwischen dem Riß weniger kollagener Fasern mit unwesentlichem Stabilitätsverlust und dem Riß vieler kollagener Fasern mit meßbarem Stabilitätsverlust. Gleich unterschiedlich gestaltet sich auch das Erscheinungs- und Beschwerdebild. So kennt man Verstauchungen mit kurzfristigem Schmerz und kurzer Belastungsminderung ohne wesentliche Schwellneigung und Zustände mit erheblichem Schmerzcharakter, anhaltender Belastungsminderung und zunehmender Schwellung. Neben der exakten Untersuchung ist die Röntgenuntersuchung erforderlich.

Bei einigen Gelenken (Kniegelenk, Sprunggelenk, Fingergelenke) sind sog. gehaltene Aufnahmen erforderlich, bei denen unter genormter Belastung und Richtung ein Gelenk aufgedehnt wird, um den Zustand des Halteapparats zu prüfen (Abb. 56, Seite 98).

Eine Distorsion mit *Band-Kapsel-Riß* ist von der Zerrung auf den ersten Blick nicht zu unterscheiden. Auch das Ausmaß der Rißverletzung sowie die Anzahl der verletzten Bänder ist ohne exakte Röntgenuntersuchung nicht zu erkennen.

Komplizierend können bei derartigen Verletzungen auftreten:
– Knochenbrüche,
– Knochen-Knorpel-Abscherungen (flake fraktur),
– gleichzeitige Meniscusverletzung des Kniegelenks.

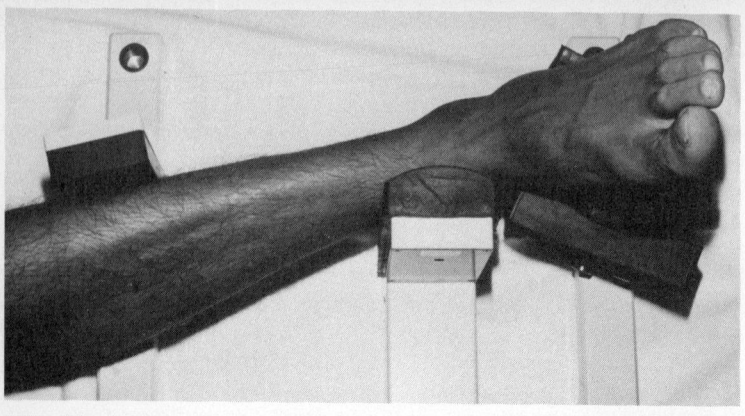

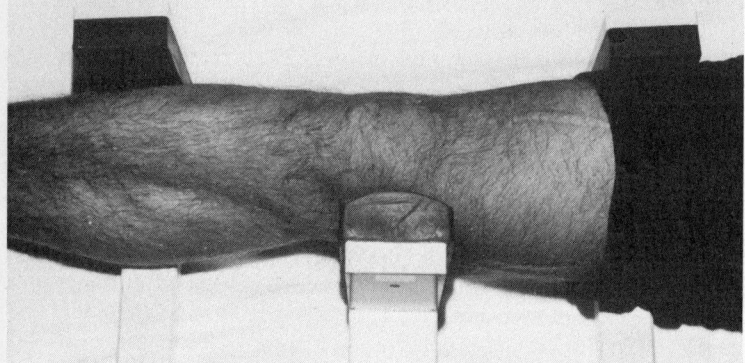

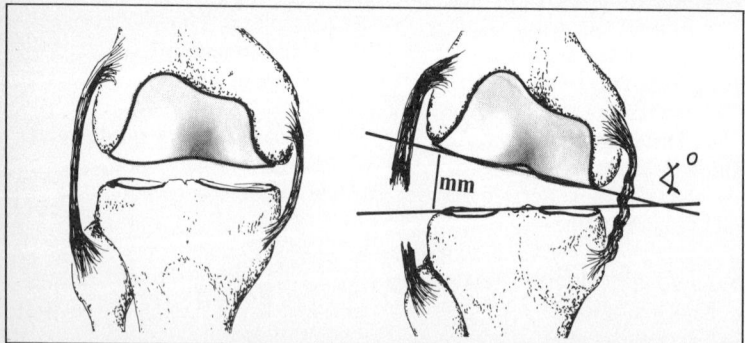

Abb. 56: gehaltene Aufnahmen des oberen Sprunggelenks (oberes Foto)
gehaltene Aufnahme des Kniegelenks (Foto Mitte und Abb.)

Gelenkverrenkung (Luxation)

Dies ist eine Gelenkverletzung, die durch eine abnorme Stellung der gelenkbildenden Knochen gekennzeichnet ist, z. B. starke, fast kugelförmige Schwellung vor dem Schultergelenk bei einer Verrenkung nach vorn. Diese abnorme Stellung kann vorübergehend sein, wenn es zu einem spontanen Wiedereinrenken (Reposition) kommt, wie dies bei der Kniescheibenverrenkung vorkommen kann. Der Sportler berichtet dann über eine kurze, starke Schwellung neben dem Kniegelenk, die bei einer Schüttelbewegung wieder verschwand.

Normalerweise tritt eine Reposition jedoch nicht von allein ein, sondern muß mit gezielten Handgriffen und nur von geschultem Personal durchgeführt werden, oder ist wegen einer erheblichen Muskelverspannung erst in allgemeiner oder örtlicher Betäubung durchführbar. Eine falsch durchgeführte Reposition führt zu weiteren Gelenkschäden. Nur eine gewohnheitsmäßige Verrenkung (habituelle Luxation) bei vorliegender Bänderschwäche läßt sich leicht reponieren, teilweise wird sie von dem Verletzten selbst durchgeführt.

Von wesentlicher Bedeutung für die weitere Belastung und Behandlung ist die Tatsache, daß bei der Verrenkung der Band-Kapsel-Apparat eines gesunden Gelenks einreißt (Abb. 57). Dies ist auch die Ursache für das Auftreten sich wiederholender Verrenkungen bei nicht komplett verheiltem Band-Kapsel-Apparat.

Ein Fortführen der sportlichen Betätigung ist unter keinen Umständen bei frischer Verrenkung erlaubt, einzige Ausnahme bildet wieder die habituelle Luxation. Eine weitere Komplikation liegt in einem gleichzeitigen Knochenbruch (Luxationsfraktur) und in der Verletzung von Nerven und Gefäßen entweder durch Zerreißung oder durch Druckschädigung.

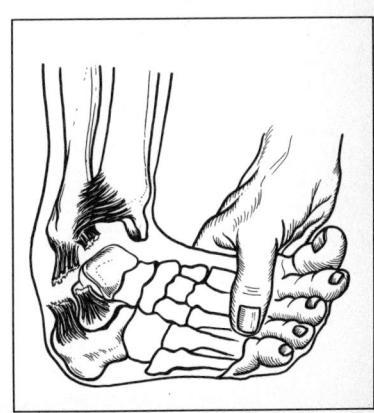

Abb. 57: Verrenkungsbruch mit Riß des Bandapparats

Erste Hilfe bei Gelenkverletzungen

● Bei offenen Verletzungen: Schädigungsfreie Desinfektion, keimfreies Abdecken des Verletzungsbereichs,
● Kühlen,
● komprimierende Verbände in für das betroffene Gelenk typischer Weise,
● Ruhigstellung, Hochlagerung des verletzten Gelenks.

Jede Gelenkverletzung mit erheblicher Funktionsstörung sollte möglichst bald ärztlich untersucht und behandelt werden, damit insbesondere Bänderschäden festgestellt werden können. Übersehene und nicht behandelte Bänderschäden führen zur Instabilität des Gelenks und zwangsläufig zum Sportschaden, der sich zuerst am Gelenkknorpel manifestiert.
Gelenkverletzungen ohne wesentliche Funktionsstörungen und ohne starke Schwellungserscheinungen, bei denen der anfängliche Schmerzcharakter nach Minutendauer wieder schwindet, können erfolgreich mit den bereits erwähnten und bewährten biologischen entzündungshemmenden und weiterhin kühlenden Mitteln durch Einreibungen behandelt werden. In derartigen Fällen muß der Lehrer oder Betreuer jedoch in starkem Maß auf das Dissimulieren des Sportlers achten, der aus welchen Motiven auch immer die weitere Belastung um jeden Preis anstrebt.
Repositionen dürfen nur von geschultem Personal und nicht von Laien durchgeführt werden. Anschließend ist das *Kühlen*, die *Kompression* und *Ruhigstellung* mit nachfolgender Röntgenuntersuchung erforderlich. Ist eine Reposition nicht durchführbar, so sind als Maßnahmen ebenfalls Kühlen, schmerzfreie Kompression und schmerzfreie Ruhigstellung notwendig. Bis zum Transport und auch während des Transports zur ärztlichen Weiterbehandlung ist auf Durchblutungs- und Gefühlsstörungen zu achten.

● Wegen der Besonderheit des anatomischen Aufbaus und der Belastungsformen im Sport wird im folgenden auf einige typische Gelenkverletzungen hingewiesen, wobei die Erste-Hilfe-Maßnahmen nach den bereits oben geschilderten Richtlinien durchzuführen sind (vgl. S. 47 ff).

Sprunggelenkverletzungen

Nach unterschiedlichen statistischen Untersuchungen ergibt sich, daß die Häufigkeit der Sprunggelenkverletzungen beim Fußball am höchsten ist, gefolgt von Volleyball, Basketball, Handball und Leichtathletik. Bei den Sportverletzungen der Gelenke stehen das obere und untere Sprunggelenk an erster Stelle. Im oberen Sprunggelenk (Sprungbein/Waden- und Schienbein) erfolgt das Heben und Senken des Fußes, im unteren Sprunggelenk (verläuft innerhalb der Mittelfußknochen) erfolgen die Drehbewegungen des Fußes, nämlich das Heben des Fußinnenrands bzw. des Außenrands.

Im Vordergrund stehen die *Verstauchungsverletzungen* (Distorsionen) mit ihren unterschiedlichen Schädigungen des Band-Kapsel-Apparats und des gelenkbildenden Knochens. Bei den Ursachen der Verstauchungsverletzungen sind, wie allgemein bei den Sportunfallverletzungen, fehlerhafte Technik in Lauf und Sprung mit mangelnder Kondition und Koordination einerseits wegen ungenügendem Trainings, andererseits wegen Überforderung und Ermüdung zu nennen. Weiterhin spielt die Achsenfehlstellung des Unterschenkels im Sinn einer O-Verbiegung (Varus-Stellung) und im Sinn einer X-Stellung (Valgus-Fehlstellung) sowie Fußfehlformen, insbesondere der Knickfuß, eine wesentliche Rolle. Schließlich muß bei den individuellen Gründen ursächlich eine Bandlockerung der Sprunggelenke angeführt werden, die einerseits angeboren sein kann, andererseits durch chronische Überlastung oder als Folge früherer Verletzungen erworben sein kann.

An äußeren Ursachen sind primär die Bodenverhältnisse zu nennen. So fördern Unebenheiten auf Spielplätzen und Laufbahnen sowie die stark bremsenden Wirkungen von Hallenböden und Kunststoffbahnen die Verstauchungsgefahr. Ein Verletzungsgrund entsteht auch über zweite Personen bei Regelwidrigkeiten oder aber bei sportarttypischen Verletzungsmustern wie z. B. dem Preßschlag beim Fußball oder dem Landen nach einem Sprung auf dem zum Hindernis werdenden Fuß eines Mitsportlers beim Basketball oder Volleyball.

Von erheblicher Bedeutung beim Vermeiden von Sprunggelenkverletzungen ist eine ausreichende Sicherung des Band-Kapsel-Apparats durch geeignetes Schuhwerk mit guter Fersenführung durch hochgezogene Lederkappe und stabile Absatzgestaltung. Gerade bei Hallensportarten mit besonderer Beanspruchung des Sprunggelenks wie Volleyball, Basketball, Badminton und Squash sollten hohe Sportschuhe getragen werden, wobei die Industrie in den letzten Jahren zunehmend Schuhe mit besonderer seitlicher Stabilisierung anbietet. Auch das Tragen von schnürbaren Lederinnenschuhen (Mikros®) und die Anwendung von Tape-Verbänden stellen eine hervorragende prophylaktische Maßnahme dar.

Der häufigste Unfallmechanismus bei Verstauchungsverletzungen ist das Umknicken des Fußes, wenn sich dieser in einer ausgesprochen instabilen Stellung befindet. Sie liegt vor, wenn der Fuß zur Sohle gestreckt, der Innenrand angehoben und der Fuß nach innen gedreht ist. Dieses sog. *Supinations-Inversions-Trauma* (Abb. 58, Seite 102) führt zu Verletzungen aller Schweregrade des äußeren (fibularen) Band-Kapsel-Apparats. Demgegenüber tritt der Verletzungsmechanismus bei Streckung des Fußes und Anheben des Außenrands (*Pronations-Eversions-Trauma*) ausgesprochen

Abb. 58: Verstauchungsmechanismus
des oberen Sprunggelenks

selten auf, er führt zu Verletzungen
des inneren Band-Kapsel-Apparats
(Deltaband). Auch die Verletzungsmechanismen bei 90 Grad angewin-
keltem Sprunggelenk entweder nach
außen oder nach innen sind selten,
dafür jedoch besonders gefährlich,
da sie über eine Kippbewegung des
Sprungbeins in der Knöchelgabel
durch Scherkräfte zu gleichzeitigen
Knochenverletzungen führen können. Die Knochenführung des oberen Sprunggelenks ist in dieser Position schlüssiger als bei der Fußstrek-
kung.

Das Supinations-Inversions-Trauma
führt auch zu Verletzungen des unte-
ren Sprunggelenks, wobei Risse der Bänder des Mittelfußes auftreten. Zu
dieser gefährlichen Fußstellung kommt es, wenn der Körper bei einer
plötzlichen Richtungsänderung forciert über den feststehenden Fuß dreht,
wie dies beim Fußball oder Hockey auftreten kann. Auch bei der Landung
nach einem Sprung verbleibt der Fuß oft in dieser Stellung, so daß die Verletzungsgefahr durch aktives Anheben des Fußes verringert werden kann.
Die Hebelwirkung des Fußes auf das obere Sprunggelenk führt nicht allein
zu Schäden am inneren und äußeren Band-Kapsel-Apparat mit Instabilität
nach innen-außen und vorn-hinten, sondern auch zu Bruchverletzungen
des Innen- und Außenknöchels. Auch die Bandverbindung zwischen Wa-

Abb. 59: Knöcherne Verletzungen des oberen Sprunggelenks nach WEBER

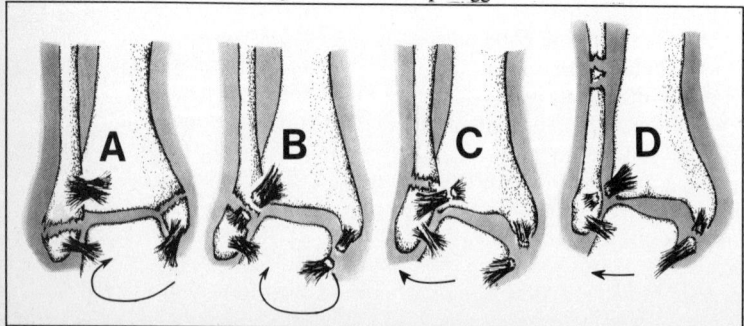

denbein und Schienbein (Syndesmose) kann bei bestimmten Verletzungsmechanismen Rißverletzungen erleiden. Die vielfachen Verletzungsmöglichkeiten des oberen und unteren Sprunggelenks weisen auf die dringliche
Röntgenuntersuchung im Verletzungsfall hin (Abb. 59).

Bei den Erste-Hilfe-Verbänden am
Sprunggelenk ist zu beachten, daß
der Verletzungsrichtung entgegen-
gewirkt wird. Da die meisten Verstauchungen durch Umknicken des
Fußes nach außen über den Fußaußenrand (supinierend) erfolgen,
sollten die Bindengänge so verlaufen, daß sie den Fußaußenrand anheben, d. h. ihn pronieren. Der Verband wird dann als *pronierender
Sprunggelenkverband* bezeichnet.
Er beginnt am Fußaußenrand mit
einem Kreisgang, der sich über den
Fußrücken mit einem Kreuzgang
zum Innenknöchel, dann um die
Ferse und über den Außenknöchel
zum Fußinnenrand fortsetzt. Die
Bindengänge sind ansteigend nicht
über die Basis des fünften Mittelfußknochens zu führen, da hier im
Bereich des unteren Sprunggelenks
die Supination des Rückfußes beginnt. Die Ferse ist bereits durch die
erste Bindentour bis zur Fußsohle in
den Verband mit einzubeziehen
(Abb. 60).
In analoger Weise ist ein *supinieren-
der Fußverband* am Fußinnenrand
mit dem ersten Kreisgang zu beginnen.

Abb. 60: Pronierender Sprunggelenkverband

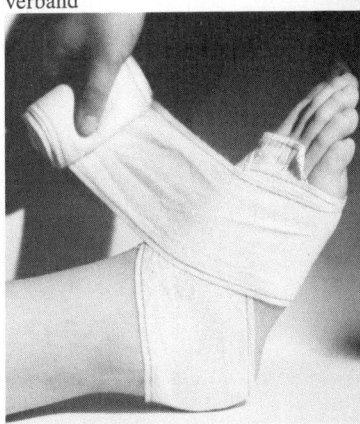

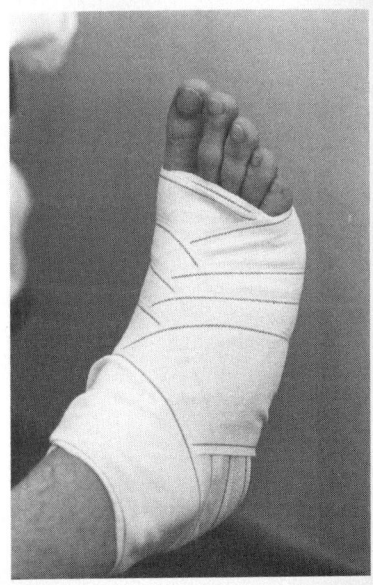

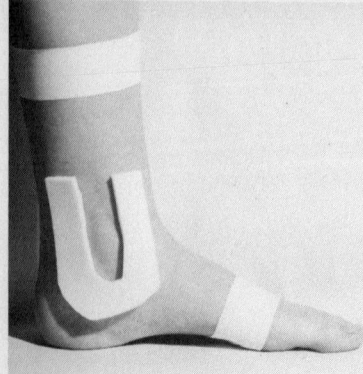

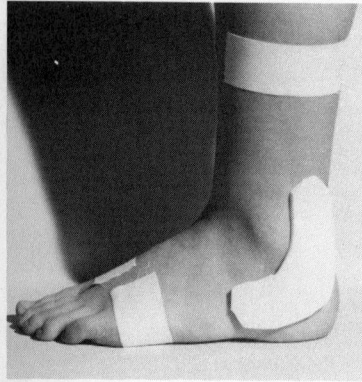

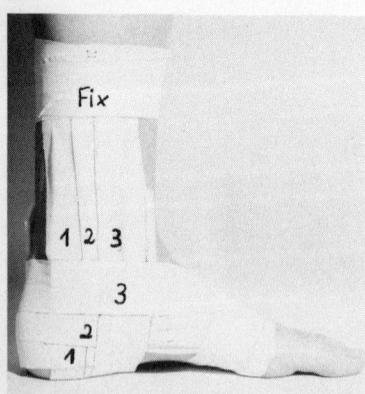

Beim *funktionellen Stützverband* des Sprunggelenks (auch Gipney-Verband) werden die Ankerstreifen um das untere Drittel des Unterschenkels und um den Vorfuß gelegt. Nach Umpolsterung des Innen- und Außenknöchels wird ein U-Zügel mit gleich langen Schenkeln um die Ferse zum Unterschenkel-Ankerstreifen innen und außen gezogen. Diesen Zügel überkreuzend wird ein weiterer U-Zügel um den hinteren Fersenteil zum Vorfuß-Ankerstreifen gezogen. Jeweils drei dieser sich überkreuzenden Zügel ergeben schon eine ausreichende Stabilität des Gelenks. Die U-Zügel werden anschließend mit Fixierstreifen an den Ankerstreifen befestigt. Die Schließstreifen werden mit ihrem Mittelteil um die Fußsohle gelegt, kreuzen sich zunächst über dem Fußrücken, und dann verläuft der innere Schenkel zur Außenseite des Unterschenkels und der äußere Schenkel zur Innenseite des Unterschenkels. Nach sechs Schließstreifen erfüllt der Verband seine Funktion, kann jedoch durch weitere Streifen verstärkt werden (Abb. 61).

Abb. 61: Gipney-Verband

Kniegelenkverletzungen

Das Kniegelenk ist aus drei Gelenken zusammengesetzt: zwei Gelenke zwischen den Oberschenkelrollen (Femurkondylen) und der jeweiligen Schienbeingelenkfläche, die innen und außen durch die Meniscen geteilt werden, und einem weiteren Gelenk zwischen der Kniescheibe und dem Kniescheibengleitlager zwischen den Oberschenkelrollen (Femurkondylen). Die knöcherne Gelenkschlüssigkeit ist außerordentlich gering. Die Stabilität wird durch den Band-Kapsel-Apparat, durch die Sehnen und Muskeln erreicht.

Das Kniegelenk wird aus Strukturen von unterschiedlichen Gewebetypen gebildet:
- Die *knöchernen* Anteile des Gelenks absorbieren hauptsächlich die Kompressionskräfte;
- die *Knorpelflächen* der Gelenkflächen und die *Meniscen* sind elastische Gewebe, denen bei axialer Belastung vorwiegend eine dämpfende und Kongruenz verbessernde Aufgabe zukommt. Bei tangentialer Belastung übernehmen die Menisci Führungsaufgaben;
- die *Muskeln* mit ihren sehnigen Ansätzen sind aktiv elastische Strukturen und können nur unter Spannung arbeiten;
- die *Bänder* sind passiv elastisch und können ebenfalls nur unter Spannung belastet werden, ihre durchschnittliche Elastizitätsgrenze liegt bei einer Längenzunahme von etwa 5–6%;
- diverse *Schleimbeutel* bilden schützende Polster gegen mechanische Einwirkungen und neigen bei Prellungen zu Entzündungen (bursitis).
Werden die stabilisierenden Strukturen des Kniegelenks, also Bänder, Sehnen und Menisci, bei Unfällen beschädigt, so können erhebliche Stabilitätsverluste auftreten, die ebenso wie bei allen Gelenken bei verbleibender späterer Instabilität zu Schädigung des Gelenkknorpels und zu degenerativen Veränderungen des Gelenks führen.

Die Sportunfallverletzungen lassen sich am Kniegelenk wie folgt unterteilen:
● *Bagatellverletzungen* (reversibel, ohne wesentliche Beeinträchtigung in Funktion und Sportpause),
● *Band-Kapsel-Verletzungen* sowohl mit stabilem Bandapparat als auch mit vermehrter Instabilität gegenüber der nicht betroffenen Seite,
● *Meniscusverletzungen*, die sowohl isoliert als auch kombiniert mit Band-Kapsel-Verletzungen auftreten können.
Häufigster Unfallmechanismus ist die kombinierte Dreh- und Beugungsbewegung bei gleichzeitigem Achsenstress entweder im X-Sinn oder im O-Sinn. Meist resultieren die Verletzungen aus Körperdrehungen über

Abb. 62: Verletzungsmechanismen
des Kniegelenks (Beugung –
Außendrehung – X-Verbiegung)

dem festgestellten Fuß und kommen besonders häufig bei Sportarten wie Fußball, Skilauf, Judo und Ringen vor. Diese kombinierten Unfallmechanismen (Beugung/Außendrehung/X-Verbiegung und Beugung/Innendrehung/O-Verbiegung) können zu erheblichen Gewebezerstörungen und einer empfindlichen Störung des normalen Roll-Gleitvorgangs der Oberschenkelknorren führen (Abb. 62). Auch hierbei entstehen unterschiedlich ausgeprägte Schweregrade der Band-Kapsel-Verletzungen zwischen Zerrung und Riß.

Band-Kapsel-Verletzungen

Im einzelnen können bei den Band-Kapsel-Verletzungen folgende Schädigungen auftreten:

– Isolierte Verletzungen der Seitenbänder und Kapsel, wobei die seitliche Stabilität in mehr oder weniger stark ausgeprägtem Maß beeinträchtigt ist und mit gehaltenen Röntgenaufnahmen diagnostizierbar wird. Das Gelenk läßt sich in gestreckter Stellung entweder nach außen oder innen aufklappen und ist bei Band-Kapsel-Zerrungen an den Bandansätzen stark schmerzhaft. Der obere Ansatz des Knieinnenbandes wird typischerweise als Skipunkt bezeichnet;

– isolierte Kreuzbandverletzungen, wobei bei gebeugtem Kniegelenk der Unterschenkel gegen den Oberschenkel nach vorn oder hinten bewegt werden kann (Schubladenphänomen);

– kombinierte Kreuzband- und Seitenbandverletzungen.

Meniscusverletzungen

Bekanntlich bilden die *Meniscen* bewegliche, seichte Pfannen für die Gelenkflächen des Oberschenkels (wandernde Gelenkpfannen) und haben unterschiedliche Aufgaben zu erfüllen:

– Gewichtsverteilung bei belastetem Kniegelenk,

– Stoßdämpfereffekt zwischen Oberschenkel und Unterschenkel durch Aufnahme der Energie durch Verformung,

– Kongruenz der Gelenkflächen durch Mitbewegung der Meniscen (bei

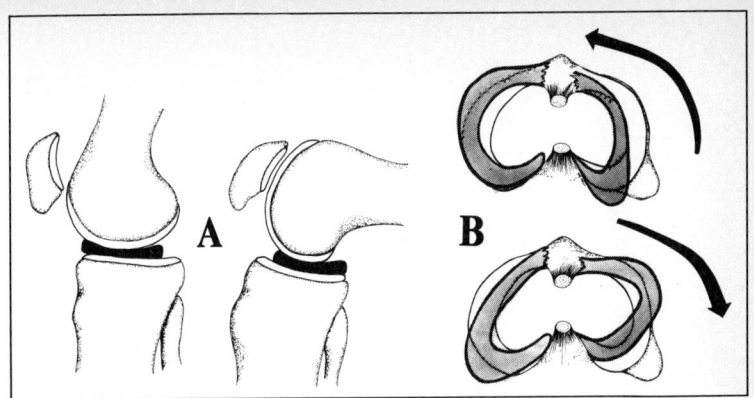

Abb. 63: Meniscusbewegung bei
A   Beugung – Streckung   B   Drehung des Schienbeins

Streckung nach vorn, bei Beugung nach hinten) sowie durch Verschiebung und Verformung der Meniscen bei Rotationsbewegungen des
Unterschenkels,
– Führungsaufgaben in der Roll-Gleitbewegung des Oberschenkels auf
den Schienbeingelenkflächen (Abb. 63).

Nicht nur der degenerativ veränderte Meniscus, sondern auch der unbe-
schädigte Meniscus kann bei den bereits oben beschriebenen Unfallmechanismen Verletzungen erleiden. Einmal können bei starken Streckungs- und
Beugungsbewegungen die Meniscen den Bewegungen der Oberschenkel-
kondylen nicht rasch genug folgen und werden deswegen zwischen dem
Oberschenkel und dem Schienbein eingeklemmt. Dies kann z. B. bei einer
forcierten Streckung des Kniegelenks wie beim kräftigen Fußballschuß geschehen (Theorie der Knorrenzange). Auch bei Drehbewegungen, verbunden mit Streckung und Beugung (Twistbewegung), kann der Meniscus den
Kondylenbewegungen mitunter nicht mehr folgen, er wird ebenfalls wie
von einer Zange gefaßt und von seinem Kapselansatz abgerissen. Meniscusverletzungen bzw. -abrisse machen sich unterschiedlich bemerkbar, so
z. B. in einer *Bewegungssperre* durch Einklemmung des abgerissenen Me-
niscusteils oder durch *schmerzhafte Drehbewegung* des Unterschenkels gegen den Oberschenkel in verschiedenen Beugerichtungen.
Meniscusverletzungen treten auch kombiniert mit Band-Kapsel-Verletzungen auf, wobei die sog. «unhappy triad» eine besonders schwerwiegende
Verletzungsform darstellt, die gleichzeitig den Riß des Innenbands, des vorderen Kreuzbands und des Innenmeniscus beinhaltet (Abb. 64, Seite 108).

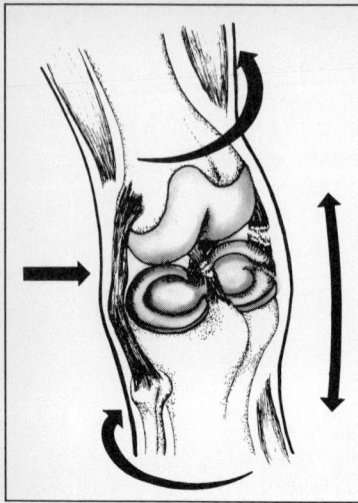

Abb. 64: «unhappy triad»

Wie die Kniegelenkspiegelung (Arthroskopie) in den letzten Jahren aufzeigen konnte, gehen derartige Band-Kapsel- und auch Meniscusverletzungen mit blutigen Ergußbildungen im Kniegelenk einher. Daraus kann gefolgert werden, daß beim Vorliegen eines blutigen Kniegelenkergusses die Arthroskopie notwendig wird und nicht die früher oft geübte Praxis der Punktion mit anschließender Ruhigstellung im Gipsverband. Andererseits ist durch Untersuchungen der letzten Jahre auch bekannt geworden, daß im Kniegelenk verbleibende Ergüsse zu enzymatisch verursachten Knorpelschädigungen führen. Eine übersehene und nicht schulmäßig behandelte Kreuzbandverletzung z. B. führt zu einem dauernden Stabilitätsverlust des Kniegelenks, der muskulär letztlich nicht kompensierbar ist und als Folge ebenfalls eine Gelenkdegeneration zeigt.

Auch in der Beurteilung der operativen Entfernung des geschädigten Meniscus hat sich in den letzten Jahren ein Wandel eingestellt. Langzeituntersuchungen haben ergeben, daß das Auftreten eines Kniegelenkverschleißes (Arthrose) bei totaler Entfernung eines Meniscus früher und häufiger auftritt als bei ausschließlicher Entfernung nur des eingerissenen oder abgerissenen Teils. Derartige Operationen sind heute ebenfalls schonend durch mikrochirurgische Eingriffe während der Kniegelenkspiegelung vorzunehmen.

Sehnenverletzungen

Der Streckapparat des Kniegelenks dient einerseits dynamischen Funktionen, z. B. beim Aufrichten aus der Kniebeuge, beim Strecken des Beins beim Laufen und beim Schießen im Fußballsport, andererseits ist er für die statische Sicherung des Gelenks mitverantwortlich. Beteiligt ist die Sehne des Quadriceps, in die die Kniescheibe (Patella) als Sesambein eingelagert ist und im unteren Anteil auch Patellasehne genannt wird. Neben der Kniescheibe verlaufen Seitenzüge, die die Gelenkkapsel verstärken (Retinaculae). Risse der Quadricepssehne und der Patellasehne treten selten, z. B. beim Absprung oder bei einem gewaltsam gebremsten Schuß, auf, wonach eine Streckung des Kniegelenks nicht mehr möglich ist. Gleichzeitig können knöcherne Verletzungen auftreten, wie z. B. der Ausriß eines Teils der Kniescheibe oder der Ausriß der Kniescheibenrauhigkeit (Tuberositas tibiae). Auffallend ist dabei der Hochstand der Kniescheibe.

● Wesentlich erscheint am Schluß der Betrachtung der Kniegelenkverletzungen nochmals der Hinweis auf die *unbedingte Notwendigkeit einer Röntgenuntersuchung*, gegebenenfalls der sog. Knieluftfüllung (Arthrographie) und beim Vorliegen von blutigen Ergüssen auf die Durchführung einer Arthroskopie (Gelenkspiegelung).

Kniegelenkverband
Wird am verletzten Kniegelenk ein Erste-Hilfe-Verband notwendig, so findet der *Schildkröten-Verband* Anwendung.

Durchführung: Kreisgang Unterschenkel, Schräggang durch die Kniekehle zur Streckseite des Oberschenkels, abwärts gerichteter Schräggang durch die Kniekehle, zur Streckseite des Unterschenkels mit aufsteigender Deckung wieder Schräggang durch die Kniekehle zur Streckseite des Oberschenkels usw. Die Bindenbreite sollte mindestens 10 cm betragen (Abb. 65).

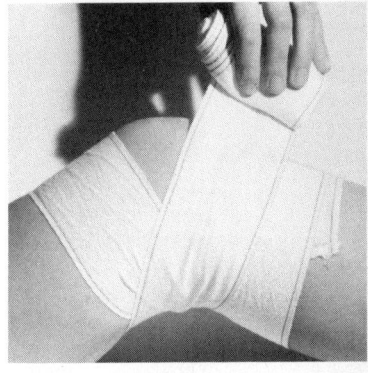

Abb. 65: Schildkrötenverband am Kniegelenk

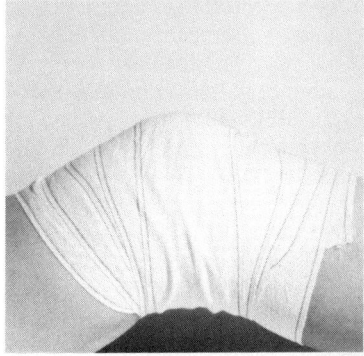

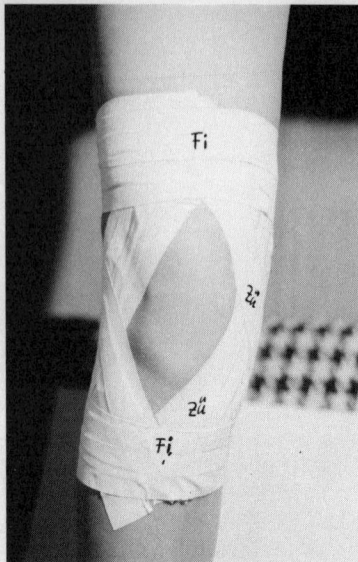

Abb. 66: Funktioneller Kniegelenkverband

Beim *funktionellen Stützverband* werden die Ankerstreifen oberhalb des Kniegelenks um den Oberschenkel und unterhalb um den Unterschenkel gelegt. Die Zügel verlaufen nun, je nachdem, ob das innere Seitenband oder das äußere Seitenband bzw. beide gestützt werden sollen, an der Innen- bzw. Außenseite des Kniegelenks. Der Verlauf erfolgt von hinten oben nach vorn unten und dann kreuzend ein weiterer Zügel von oben vorn nach unten hinten. Je drei sich kreuzende Zügel werden durch einen Streifen an den Ankerstreifen fixiert. Die Schließstreifen verlaufen dann schraubenförmig um das Kniegelenk vom Ober- zum Unterschenkel, wobei die Streifen sich wieder über der jeweiligen Seite des Kniegelenks kreuzen müssen (Abb. 66).

Schultergelenkverletzungen

Der Schultergürtel besitzt durch seinen anatomischen Aufbau einen erheblichen Grad an Bewegungsfreiheit. Mehrere Einzelgelenke tragen dazu bei:

– Das *eigentliche Schultergelenk* wird gebildet von der Oberarmkugel und einer im Verhältnis dazu kleinen Gelenkpfanne des Schulterblatts. Die lockere umspannende Gelenkkapsel läßt einen großen Bewegungsspielraum zu (Gleno-Humeralgelenk);

– das *Schultereckgelenk* ist die Verbindung zwischen dem äußeren Schlüsselbeinende und der Schulterblatthöhe und erhält seinen Halt durch straffe Bänder (Acromeo-Claviculargelenk). Eine zusätzliche Sicherung erhält das Schlüsselbein zum Schulterblatt durch straffe Bandverbindungen mit dem Rabenschnabelfortsatz (Ligamentum Coracoclaviculare). Ein kräftiger Bandzug zwischen der Schulterblatthöhe und dem Rabenschnabelfortsatz (Ligamentum Coracoacromeale) zieht sich als Dach über das eigentliche Schultergelenk;

– das Gelenk zwischen innerem Teil des Schlüsselbeins und dem Brustbein

(Sternum) wird ebenfalls durch straffe Bandzüge gefestigt (*Sterno-Clavicculargelenk*);
– eine weitere Bewegungsmöglichkeit erlangt der Schultergürtel durch das bandmäßig nicht fixierte *Schulterblatt* auf dem Rücken.
Zahlreiche innere und äußere Muskeln garantieren Bewegung und Stabilität des Gelenks mit erheblichen koordinativen Leistungen. Die innere Gruppe hat ihren Ursprung am Schulterblatt und Rücken und läuft manschettenartig unter der Schulterblatthöhe hindurch, um an der oberen Zirkumferenz der Oberarmkugel anzusetzen. Diese der Rotation dienenden Muskeln werden in ihrer Gesamtheit als Rotatorenmanschette bezeichnet. Zu den äußeren, kräftigeren Muskelgruppen zählen der Deltamuskel, die Brustmuskulatur sowie der zweiköpfige (Biceps) und dreiköpfige (Triceps) Oberarmmuskel und der breiteste Rückenmuskel (M. latissimus dorsi).
Durch die freie Beweglichkeit einerseits und die feinkoordinativen Möglichkeiten andererseits wird der Arm im Sport zu einem Hebel, der vielen Funktionen gerecht werden muß. Das Schultergelenk wird damit aber auch vielfachen Verletzungsrisiken ausgesetzt, wobei die Gewalteinwirkung sowohl indirekt als auch direkt erfolgen kann.

Verletzungsmöglichkeiten sind gegeben:
● bei *Stürzen*, wobei das Schultergelenk direkt geschädigt werden kann, oder aber bei Verletzungen durch Hebelwirkungen des sich abstützenden gestreckten oder gebeugten Arms auftreten können. Derartige Verletzungen treten bei Sportarten wie Skilaufen, Radfahren und Reiten in besonders starkem Maß auf.
● *Hebelungen* können insbesondere bei Kampfsportarten mit ausgefallenen Grifftechniken wie Judo, Ringen oder Rugby auftreten;
● *Bremswirkungen* auf den bewegten Arm führen zu Verletzungen bei Ballsportarten, wenn der Gegner «in den Arm greift»;
● extreme sportartspezifische *Überbeanspruchung* der Koordination und des Bewegungsausmaßes, wobei das «Durchfallen» beim Ringe- und Reckturnen, das Überreißen einer Hantel beim Gewichtheben und unkoordinierte Bewegungsabläufe bei technischen Disziplinen wie Speer- und Diskuswerfen und bestimmte Schlagtechniken bei Rückschlagspielen zu nennen sind.
Die Vielzahl der Schädigungsmöglichkeiten kann alle am Aufbau des Schultergelenks beteiligten Strukturen treffen.

Knochenbrüche
Der *Schlüsselbeinbruch* kommt besonders häufig bei Stürzen vor und fällt durch eine abnorme Verformung, meist im mittleren Drittel des Schlüsselbeins, mit starker Schmerzempfindlichkeit und Bewegungsschmerzen auf. Sowohl konservative als auch operative Behandlung ist möglich.

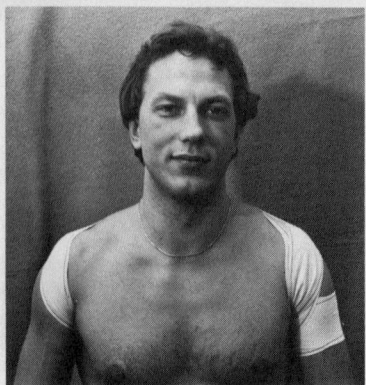

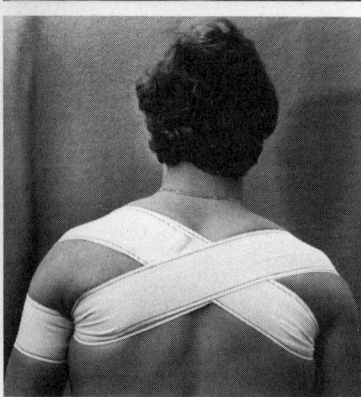

▓▶ Als Erste-Hilfe-Verband wird der *Rucksackverband* angewandt, der aus Kreuz- bzw. Achtergängen um beide Schultern besteht, wobei die Kreuzung auf dem Rücken liegt und die Achterparten beide Schultergelenke rückenwärts ziehen. Dadurch werden die Bruchstücke des Schlüsselbeins einander genähert (Abb. 67). ◀▓

Abb. 67: Rucksackverband

Oberarmbrüche kommen ebenfalls gehäuft bei Stürzen auf die Schulter oder auf den stützenden Arm vor. Die Bruchlinien können in verschiedener Höhe des Oberarms verlaufen, sie treten meist im Gelenkkopfbereich oder darunter auf. Neben der Schwellung werden von dem Verletzten erhebliche *Druckschmerzen* und *Bewegungsschmerzen* angegeben.

▓▶ Die Erste Hilfe besteht wiederum im intensiven *Kühlen* und *Ruhigstellen* mit einem Erste-Hilfe-Verband, wobei ein Universal-Verband für den Schultergürtel angewandt wird, der *Desault-Verband.* ◀▓

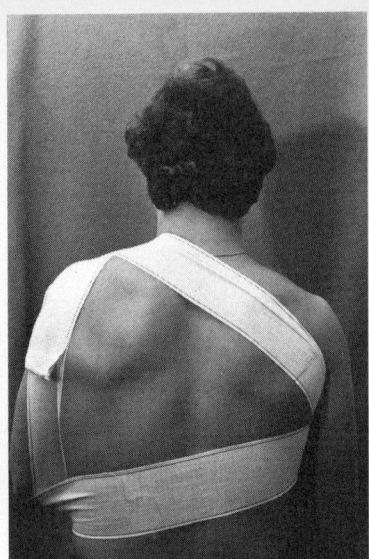

Abb. 68: Desault-Verband

Durchführung: Nach Polsterung des verletzten Arms unter der Achsel,
z. B. mit Watte, Anlagerung des im Ellbogengelenk angewinkelten Arms
an den Körper, mit Bindengängen in der gesunden Achsel beginnen, über
den Rücken zur Schulter der verletzten Seite laufend, über die Vorderseite
des angelegten Oberarms unter dem Ellbogen der verletzten Seite über den
Rücken durch die Achsel der gesunden Seite, über die Brust, über die
Schulter der verletzten Seite, Rückseite des Oberarms unter dem Ellbogen,
über die Brust, wieder durch die Achsel usw. (Abb. 68)
(Die Verlaufrichtung A = Achsel, Sch = Schulter, E = Ellbogen läßt sich
einfach mit der Eselsbrücke *Asche*-Verband merken.

Schulterblattbrüche treten relativ selten auf und sind im Schulterblatt-
Hals-Bereich bekannt. Auch können Abrisse des Rabenschnabelfortsatzes
auftreten.

Band-Kapsel-Verletzungen

Die bereits angesprochenen Unfallmechanismen führen auch zu *Schulter-
gelenkverrenkungen und -verstauchungen* mit unterschiedlichen Graden
der Schädigung von Band und Kapsel, wobei zwischen Zerrungen und Rißverletzungen fließende Übergänge bestehen.

Die Schultergelenkverrenkung (Luxation) tritt in überwiegendem Maß
nach vorwärts und nach unten auf. Der Verletzungsbefund ist typisch, wobei die Kontur der verletzten Seite hohl gegenüber der gesunden Seite aus-
sieht, und an der Stelle, wo normalerweise die Gelenkkugel liegt, eine
Höhle tastbar ist. Diese Form der Verrenkung neigt zu Wiederholungen,
wobei nach drei- bis viermaliger Wiederholung (habituelle Luxation) eine
operative Behandlung angezeigt ist. Die Verrenkung des Oberarmkopfs
nach hinten ist selten.

Bei der Verrenkung kommt es zu mehr oder weniger stark ausgeprägten
Formen von Kapselzerreißungen.

Als Erste-Hilfe-Verband empfiehlt sich wiederum der *Desault-Verband* (vgl. S. 113).

Die *Sprengung des Schultereckgelenks* erfolgt meist nach einer Gewalteinwirkung, die von unten auf das Schultergelenk wirkt, so z. B. beim Abstützen nach einem Sturz. Hierbei sind wieder fließende Übergänge zwischen
einer Zerrung des Schultereckgelenks, einer Fast-Verrenkung oder einer
vollständigen Verrenkung zu unterscheiden. In unterschiedlicher Weise
sind hierbei die Bänder (Ligamentum Acromeoclaviculare und Ligamen-

Abb. 69: Schultergelenksprengung mit «Klaviertastenphänomen»

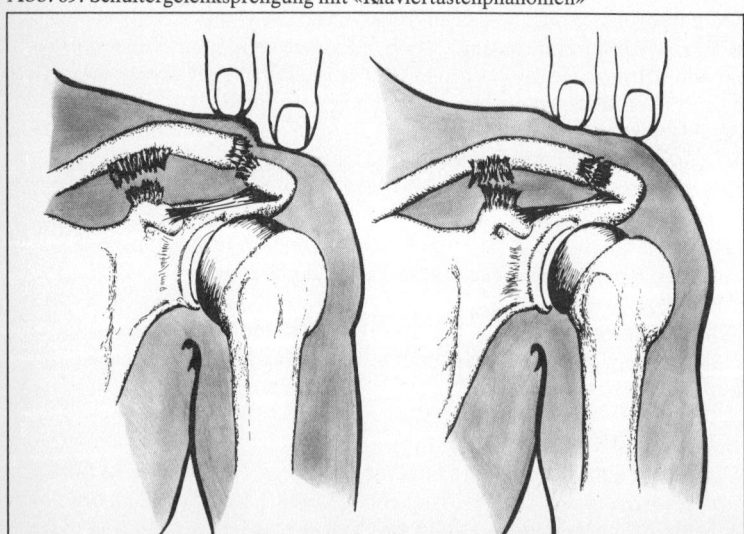

tum Coracoclaviculare) betroffen. Da sich nach einer vollständigen Sprengung der Bänder das Schlüsselbeinende gegen die Schulterblatthöhe in einer Auf- und Niederbewegung verschieben läßt, spricht man von einem «Klaviertastenphänomen» (Abb. 69).

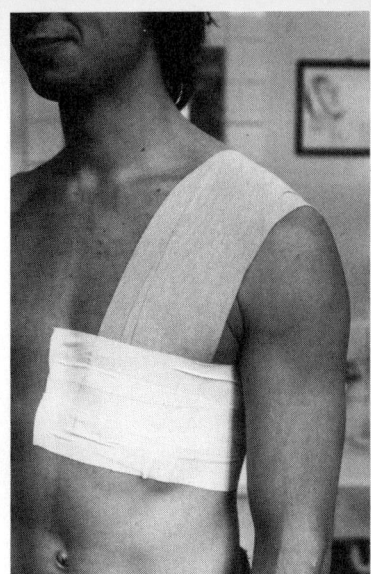

Als Erste-Hilfe-Verband empfiehlt sich entweder der Desault-Verband oder eine Verbandtechnik, bei der die Bindengänge unter starker Zugwirkung kreisförmig um den Schultergürtel und den angewinkelten Ellbogen bei angelegtem Oberarm erfolgen. Die Bindengänge sind anschließend mit kreisförmigen Bindengängen am Oberarm zu fixieren.

Abb. 70: Funktioneller Schultereckgelenkverband

Bei leichten Zerrungen und weiterer Sportfähigkeit kann die Stabilität durch *funktionelle Verbände* erhöht werden. Hierbei liegen Ankerstreifen über dem Brustkorb der verletzten Seite, die Zügelstreifen laufen bogenförmig über das verletzte Schultereckgelenk (Abb. 70).

Die *Sprengung des Brustbein-Schlüsselbeingelenks* (Sterno-Claviculargelenk) ist ausgesprochen selten und zeichnet sich durch eine deutliche Schwellung über der betroffenen Seite des oberen Teils des Brustbeins aus.

Muskelverletzungen

Risse der *Rotationsmuskeln* (Rotatorenmanschette) kommen hauptsächlich vor, wenn der Arm gegen Widerstand nach außen oder nach innen gedreht wird, wie dies bei Ballsportarten und Kampfsportarten geschehen kann. Typisches Zeichen der Verletzung ist der *Drehschmerz* und die Unmöglichkeit, den Arm zwischen 60° und 120° aktiv zu heben oder vor dem Absinken zu bewahren. Da in diesem Bereich erhebliche Schmerzen auftreten, wird er als «schmerzhafter Bogen» bezeichnet. Die Verletzung bedarf einer genauen Diagnose, wobei die Röntgenkontrastuntersuchung zur Frage der operativen Behandlung herangezogen wird.

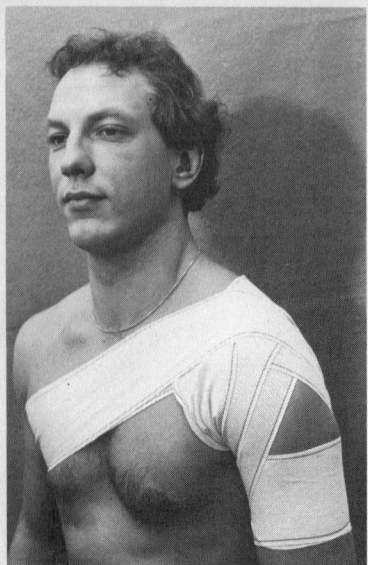

Abb. 71: Aufsteigender Schultergelenkverband

Abb. 72a

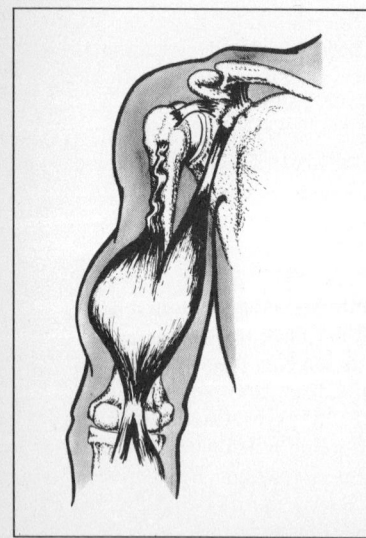

Muskelrißverletzungen können ebenfalls im Bereich des *Deltamuskels* auftreten. Hierbei zeigen sich neben dem örtlichen Schmerz und einer Dellenbildung eine Funktionseinschränkung des betroffenen Muskels.

Als Erste-Hilfe-Verband wird der *aufsteigende Schultergelenkverband* angelegt.

Durchführung: Kreisgang um den verletzten Oberarm im Bereich des Deltamuskelansatzes, von außen nach hinten beginnend; aufsteigender Kreuzgang unter der Achsel über die Schulterblatthöhe, über den Rücken, durch die nicht verletzte Achsel, über die Schulterblatthöhe der verletzten Schulter, unter die Achsel der verletzten Schulter und weiter aufsteigende Kreuz- bzw. Achtergänge. Es eignen sich Bindenbreiten von 8 cm Breite (Abb. 71).

Der Riß der *Bicepssehne* ist eine Verletzungsform, die gehäuft bei älteren Sportlern mit bereits vorgeschädigten Sehnen auftritt. Schon leichte Gewalteinwirkungen, insbesondere nach längerer Sportpause, können zu einem totalen Riß der Sehne führen, die in Form eines abnormen Muskelbauchs auf der Beugeseite des Oberarms sichtbar wird (Abb. 72). Das operative Vorgehen richtet sich nach dem Alter des Verletzten, der ausgeübten Sportart und des Berufs. Bei älteren Verletzten kann die unversehrte Sehne des kurzen Bicepskopfs eine ausreichende Funktion durchaus noch übernehmen.

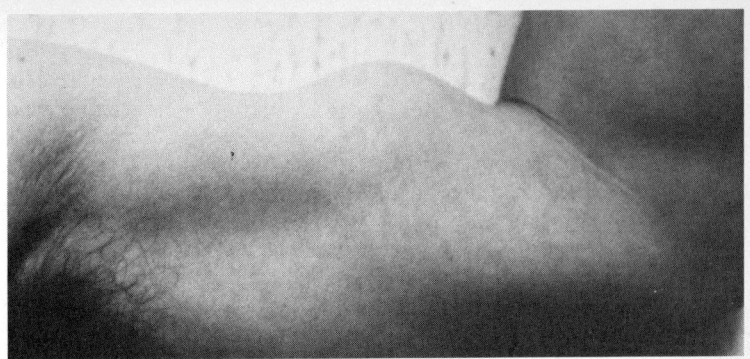

Abb. 72b: Sehnenriß (zweiköpfiger Oberarmmuskel)

Ellbogengelenkverletzungen

Im Ellbogengelenk sind zwei Bewegungsrichtungen durchführbar. Das Beugen und Strecken erfolgt im *Scharniergelenk* zwischen den Gelenkflächen des Oberarmknochens sowie der Elle und der Speiche. Die Unterarmdrehbewegungen sind in einem *Zapfengelenk* möglich, bei dem sich das Speichenköpfchen in einem festen kreisförmigen Gelenkband dreht. Ebenso wie das Schultergelenk ist das Ellbogengelenk im Sport erheblichen Schädigungsmöglichkeiten ausgesetzt, wobei der Sturz entweder auf den Ellbogen selbst oder auf die abstützende Hand als Ursache zu nennen ist.

Zu den *Bagatellverletzungen*, Prellungen, Quetschungen und Wunden wird auch die Schleimbeutelentzündung gerechnet, die nach einem Sturz auf den Ellenhaken mit nachfolgender Ergußbildung auftreten kann (Bursitis olecrani). Die Entzündung neigt zu einem chronischen Verlauf, so daß oft die operative Entfernung notwendig wird (Abb. 73).

Abb. 73: Schleimbeutelentzündung des Ellbogengelenks (Bursitis olecrani)

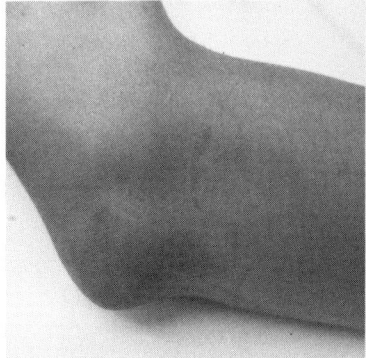

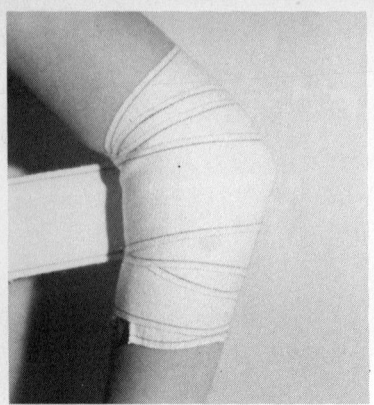

➤➤ *Kühlen* und *Druckverband* sind die wichtigsten Maßnahmen der Ersten Hilfe, in der Verbandtechnik wird wieder der *Schildkrötenverband* angewandt, wobei die Kreuzung der Achtergänge in der Ellenbeuge liegt (Abb. 74). ◀◀

Abb. 74: Schildkrötenverband am Ellbogengelenk

Die *Verrenkung* des Ellbogengelenks tritt am häufigsten beim Sturz auf die Hand bei gebeugtem Ellbogengelenk auf, wobei der gelenkige Teil der Elle nach hinten oder zur Streckseite des Gelenks heraustritt. Neben dem Schmerz zeigt das Gelenk eine federnde, erheblich eingeschränkte Beweglichkeit, im Bereich der Streckseite des Gelenks ist eine tiefe Höhle tastbar. Das Einrenken soll möglichst bald, jedoch nur von kundiger Hand erfolgen. Eine Röntgenuntersuchung ist unerläßlich, da gleichzeitig Knochenbrüche auftreten können. Durch den Verletzungsvorgang werden die umgebende Gelenkkapsel und die sta-

Abb. 75: Ellbogengelenkverrenkung

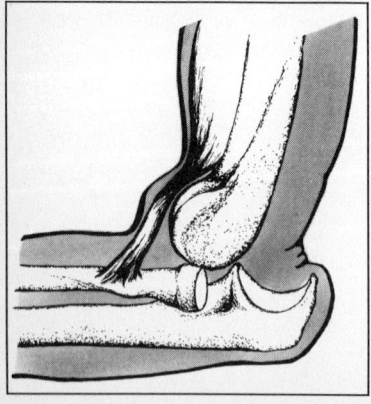

bilisierenden Bänder verletzt, so daß eine Heilung durch Ruhigstellung erfolgen muß. Am Ellbogengelenk wird wegen der Gefahr nachfolgender erheblicher Bewegungseinschränkungen eine langwierige Ruhigstellung vermieden (Abb. 75).

➤➤ Das verrenkte Ellbogengelenk kann als Erste-Hilfe-Maßnahme nach Anwendung lokaler kühlender Mittel mit dem *Desault-Verband* oder einem *Dreieckstuch* ruhiggestellt werden. ◀◀

Durchführung: Das Tuch wird so auf die Brust und den Bauch gelegt, daß die Dreieckspitze zur verletzten Ellbogenseite weist, die Langseite über Brust und Bauch der gesunden Körperhälfte läuft und ein Zipfel über die gesunde Schulter in den Nacken führt. Der verletzte Arm wird mit dem angewinkelten Ellbogengelenk auf das Tuch gelegt, der untere Zipfel nach oben über den Arm und die Schulter der verletzten Seite geschlagen und im Nacken mit dem anderen Zipfel verknotet (Abb. 76).

Oberarmbruchverletzungen treten in verschiedener Form auf, wobei die Richtung der Gewalteinwirkung maßgeblich ist. Von besonderer Gefährlichkeit ist hierbei die Überstreckungsform des Oberarmbruchs, da die scharfkantigen Bruchenden des Oberarmteils die beugeseitigen Gefäße und Nerven schädigen können. Neben den reinen Schaftbrüchen kann es auch zu erheblichen Trümmerbrüchen des gelenkbildenden Oberarms kommen.

Im Bereich des *Unterarms* können Bruchverletzungen sowohl bei der Speiche als auch bei der Elle vorkommen. So bricht bevorzugt das Radiusköpfchen in zahlreichen Bruchvariationen, die sich als Meißel-Frakturen, Trümmerbrüche und Speichenhalsbrüche zeigen (Abb. 77). Der Ellenhaken bricht besonders leicht bei direkter Gewalteinwirkung entweder durch Schlag oder Sturz.

Bei allen Ellbogengelenkverletzungen, die durch Sturzmechanismen auftreten, ist eine gleichzeitige

Abb. 76: Anlegen eines Dreiecktuchs

Abb. 77: Speichenköpfchenbruch (Meißel-Fraktur)

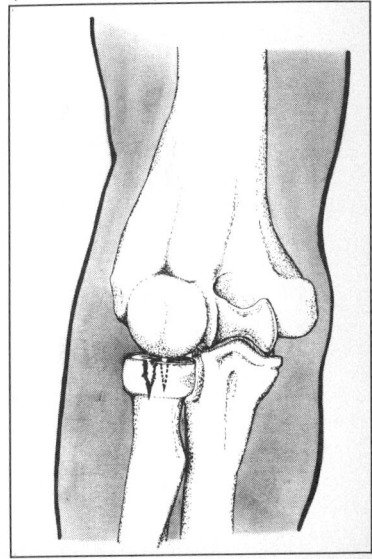

Mitverletzung der Unterarmknochen im Handgelenkbereich oder des Handgelenks möglich, so daß auch hier während der Ersten Hilfe nach Verletzungen gesucht werden muß.

Unsachgemäße Manipulationen bei Brüchen und Verrenkungen sind wegen der Mitverletzung von Gefäßen und Nerven gefährlich.

Ein schützender *funktioneller Verband* gegen Überstreckungsverletzungen des Ellbogengelenks läßt sich in folgender Weise günstig anlegen: In leichter Beugestellung des Ellbogengelenks werden Ankerstreifen etwa in der Mitte der Beugeseite des Oberarms und der Beugeseite des Unterarms angelegt. Die Zügelstreifen werden brückenartig von Anker- zu Ankerstreifen gespannt und fixiert. Hierdurch kann ein Überstrecken z. B. beim Sturz aber auch bei der Ballabwehr durch den Torwart verhindert werden (vgl. Abb. 21, S. 53).

Handgelenkverletzungen

Die Verstauchungsverletzungen im Bereich des Handgelenks ohne Knochenverletzungen sind im allgemeinen als Bagatellverletzungen anzusehen, bedürfen jedoch ebenfalls einer anfänglichen ruhigstellenden Behandlung mit abschwellenden Maßnahmen, um spätere Sportschäden zu vermeiden.

Knochenverletzungen treten im Bereich der Unterarme entweder isoliert, hauptsächlich an der Speiche oder komplett an Speiche und Elle auf. Die Bruchverletzungen zeichnen sich durch erhebliche Schmerzhaftigkeit bei Druck und Bewegung aus, oftmals sind deutliche Deformitäten des Handgelenks zu erkennen.

Beim Sturz auf den gestreckten Arm mit nach oben gebeugtem Handgelenk tritt häufig ein Bruch des *Kahnbeins* auf. An eine derartige Verletzung muß bei jeder Handverletzung mit Stützmechanismen in Überstreckungsstellung gedacht werden, da eine versäumte Behandlung zu schwerwiegenden Folgen mit Bewegungseinschränkung und Bewegungsschmerzen führen kann. Bei der Untersuchung zeigt sich die Verletzung sehr oft durch einen lokalisierten Druckschmerz in der Verlängerung der Rückseite des Daumens zum Handgelenk, wo beim Strecken des Daumens eine Kuhle sichtbar wird, die man als *Tabatiere* (Schnupftabak-Kuhle) bezeichnet (Abb. 78).

Die konservative Behandlung eines Kahnbeinbruchs im zirkulären Gipsverband kann bis zu 8 Wochen in Anspruch nehmen, die volle sportliche Wiederbelastbarkeit wird mitunter erst nach 16 Wochen erreicht. Bei verschobenen Bruchteilen ist eine operative Behandlung angezeigt.

Jede schmerzhafte Bewegungseinschränkung nach einem Sturz oder einer

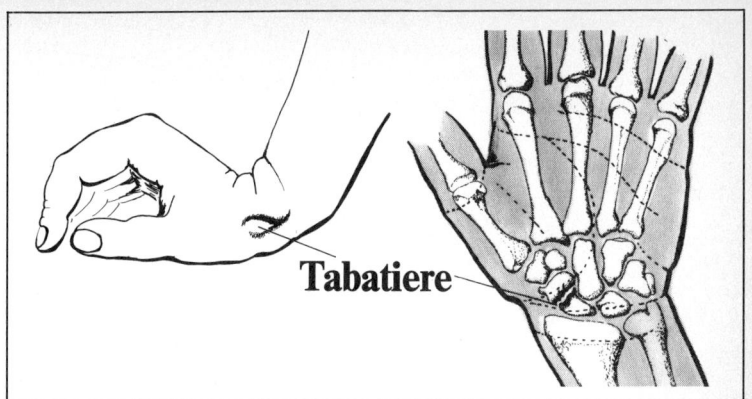

Abb. 78: Kahnbeinbruch

anderen Gewalteinwirkung auf das Handgelenk ist bruchverdächtig und muß somit eine Röntgenuntersuchung zur Folge haben.
Die *Nachbehandlungsphase* aller Handgelenkverletzungen einschließlich der Bruchverletzungen läßt sich nach abgeschlossener Primärheilung, d. h. ausreichender Bewegungsstabilität jedoch noch nicht Belastungsstabilität, durch das Tragen von geeigneten Schienenverbänden verkürzen. So bieten Sanitätshäuser zahlreiche anpaßbare Unterarm- und Handgelenkstützen aus Kunststoff und Leder an, mit denen durchaus sportliche Belastungen möglich sind, wobei die verletzten Bereiche ausreichend vor weiterer Verletzungsgefahr geschützt werden. Auch lassen sich derartige Schienenverbände mit thermoplastischem Material formen. Wettkampfmäßiger Einsatz z. B. beim Fußballspiel ist mit derartigen Schienen im Gegensatz zum Gipsverband erlaubt (Abb. 79).

Abb. 79: Unterarmschienenverband (thermoplastisches Material)

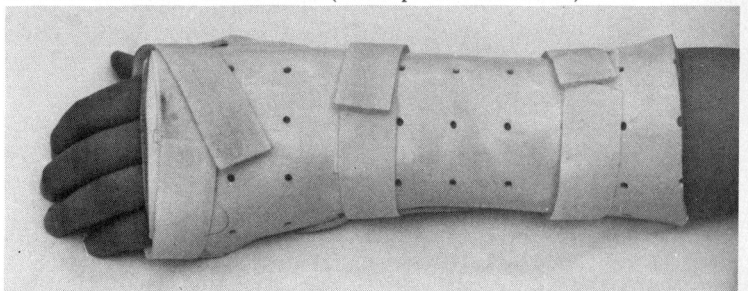

Ein vorbeugender Schutz gegen Handgelenkverletzungen insbesondere
Verstauchungen kann mit einem *Stützverband* erreicht werden. Bei diesem
Handgelenkverband wird das Tape-Band in Form von Ankerstreifen um
den Unterarm etwa handbreit oberhalb des Gelenkspalts und um die Mittelhand gelegt. Auf der Beugeseite und Streckseite des Handgelenks werden zunächst sich kreuzende Zügel und darüber längs verlaufende Zügel
gezogen, die wieder mit Fixierstreifen auf den Ankerstreifen befestigt werden. Die Schließstreifen verlaufen schraubenförmig sich überkreuzend von
der Mittelhand zum Unterarm.

Mittelhand- und Fingerverletzungen

Etwa zu einem Drittel sind bei Verletzungen der oberen Extremitäten die
Mittelhand und die Finger betroffen. Unglücklicherweise werden Fingerverletzungen in hohem Maß durch den Sportler und oft auch durch den
Betreuer bagatellisiert und führen in vielen Fällen nicht nur aus sportlicher,
sondern auch aus beruflicher Sicht zu Einschränkungen der Gebrauchsfä-
higkeit.

Bei den Verletzungen der *Mittelhand* sind Brüche der Mittelhandknochen
besonders häufig. Sie werden verursacht entweder durch eine erhebliche
axiale Stauchung, z. B. beim Sturz auf die Faust oder beim Boxstoß in
Längsrichtung, aber auch durch tangential einwirkende Gewalten entweder beim Schlag des Sportlers selbst oder bei Schlagwirkung von außen,
z. B. der Treffer von einem Hockeyschläger. Die spätere Behandlung richtet sich nach dem Röntgenbefund.

Bei *Fingerverletzungen* wird als Unfallursache in überwiegendem Maß der
Balltreffer auf die gestreckten Finger genannt. Entsprechend sind auch die
Ballspiele Basketball, Volleyball und Handball hier die unfallträchtigsten
Sportarten. Fingerverletzungen können jedoch auch bei besonderen Griff-
techniken bei Kampfsportarten, insbesondere beim Ringen, auftreten.

Die *Schaftbrüche* zeigen sich teilweise durch Achsenfehlstellung in den
Fingergliedern sowie durch Schwellung und Druckschmerz an. Die benachbarten Fingergelenke sind nicht geschwollen. Meist können sie konservativ
im Gipsschienenverband geheilt werden. Bei der anzustrebenden Ruhigstellung in der Ersten Hilfe bietet sich die «Schienung» an den gesunden,
benachbarten Fingern an.

Die *Gelenkverstauchungen* beinhalten in fließenden Übergängen mehr
oder weniger starke Mitbeteiligung des Band- und Kapselapparats der Fin-

ger, wobei Risse vor allem der Seitenbänder durchaus möglich sind
und in gehaltenen Röntgenaufnahmen offenbar werden. Auch zeigen
sich mitunter gelenkflächennahe,
seitliche knöcherne Ausrisse, die
darauf hinweisen, daß Bänder mit
ihrem knöchernen Ansatz ausgeris-
sen wurden (Abb. 80). Betroffen
sind überwiegend die Fingermittel-
und -endgelenke. Je nach Ausmaß
der Verletzung muß eine Entscheidung hinsichtlich operativer oder
konservativer Weiterbehandlung getroffen werden.

Die Fingergelenkverstauchungen
auch ohne Band-Kapsel-Verletzung
bedürfen einer intensiven physikalischen Nachbehandlung, sie sind
meist noch bei voller Funktionsfähigkeit für längere Zeit geschwollen
(jammed finger).

Bei den *Fingergelenkverrenkungen*
tritt immer eine Rißverletzung der
Kapsel oder der Seitenbänder auf.

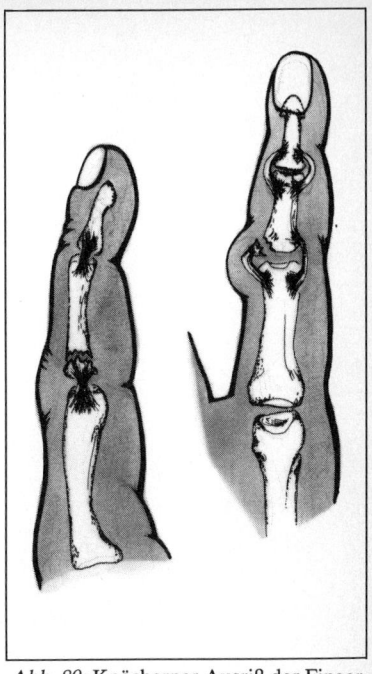

Abb. 80: Knöcherner Ausriß der Finger-
gelenkkapsel und Seitenbänder

Die Verletzungsform ist erkennbar an der atypischen Form des Gelenks
und der federnden Bewegungseinschränkung. Es muß nochmals vor der
Einrenkung durch Laienhand gewarnt werden, da bei unsachgemäßer Manipulation zusätzlich Knochenbrüche auftreten können, die dann eventuell
eine operative Behandlung notwendig werden lassen. Eine Röntgenuntersuchung ist unerläßlich (Abb. 81).

Abb. 81: Fingergelenkluxation

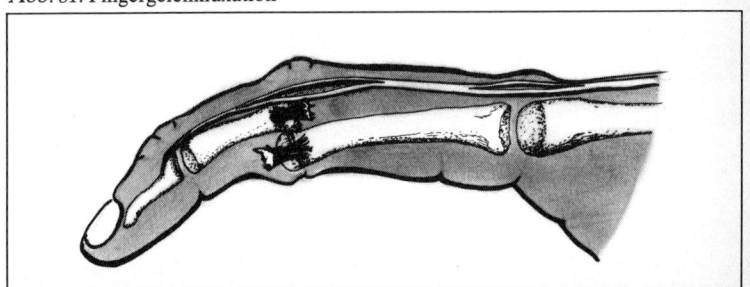

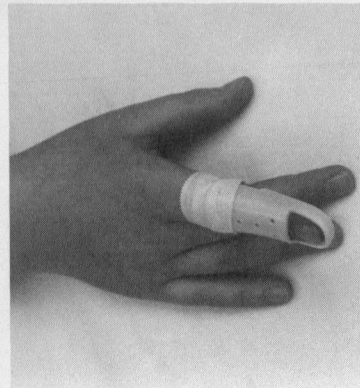

Abb. 82: Stacksche Schiene

Abb. 83: Knopflochdeformität

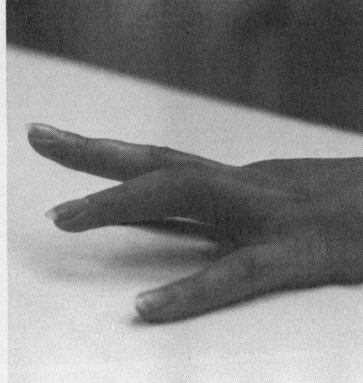

Bei den *Sehnenverletzungen* stehen die Strecksehnenabrisse vor allem am Fingerendglied im Vordergrund. Die Art der Verletzung ist daran sicher zu sehen, daß das gebeugte Fingerendglied nicht mehr aktiv gestreckt werden kann (drop finger). Die Heilung kann konservativ mit Schienenverbänden (z. B. Stacksche Schiene) durchgeführt werden, wobei das Fingerendglied überstreckt wird (Abb. 82). Eine Besonderheit tritt dann auf, wenn der mittlere Teil der Strecksehne über dem Mittelgelenk reißt und die seitlichen intakten Züge der Endgelenksehne seitlich am Mittelgelenk vorbeirutschen, so daß der Finger im Mittelgelenk gebeugt und im Endgelenk überstreckt wird (Knopflochdeformität). Auch hier ist eine operative Behandlung notwendig (Abb. 83).

Bei den *Daumenverletzungen* muß die Verstauchung des Daumengrundgelenks mit eventuellem Riß des inneren Seitenbandes besonders erwähnt werden. Diese Verletzung tritt sehr häufig beim Sturz auf den abgespreizten Daumen auf. Da diese Sturzhaltung der Hand fast re-

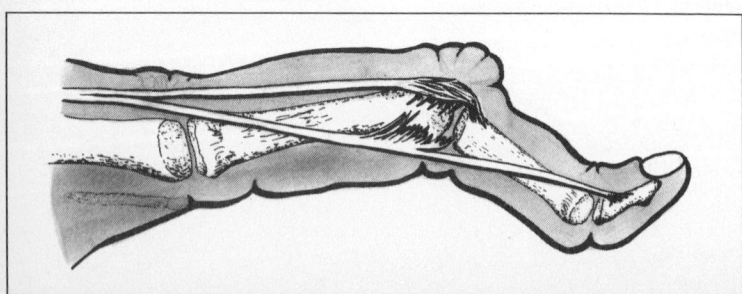

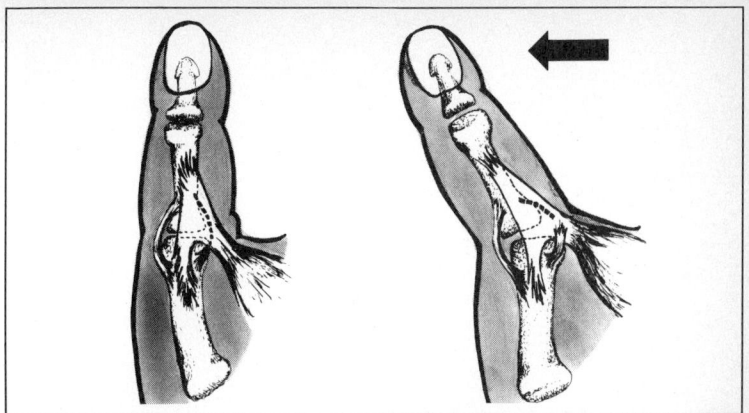

Abb. 84: Skidaumen. Das innere Seh-
nenseitenband springt unter der Sehnenplatte des Daumenanziehers heraus.

flektorisch beim Skisturz eingenommen wird, spricht man auch vom
«Ski-Daumen», der sich in einer erheblichen Schwellung und Druck-
schmerzhaftigkeit des Daumengrundgelenks zeigt. Läßt sich der
Daumen nach außen, zur Speiche
überdehnen, so muß ein Riß des inneren Seitenbandes angenommen
werden. Eine Operation ist notwendig, da sich eine Sehnenplatte des
Daumenanziehers (Musculus adduc-
tor pollicis) zwischen die Bandenden
schieben kann. Auch hier sind zur
exakten Unfalldiagnose gehaltene
röntgenologische Aufnahmen notwendig (Abb. 84).

🎒 Erste Hilfe:

In der Ersten Hilfe werden bei den Finger-, Daumen- und Handverbän-
den eine Kombination von Kreisgängen um das Handgelenk und Kreuz-
gängen über dem Handrücken oder der Streckseite des Daumengrundgelenks sowie Schraubengänge im Bereich der Finger angewandt (Abb. 85,
Seite 126). 🧤

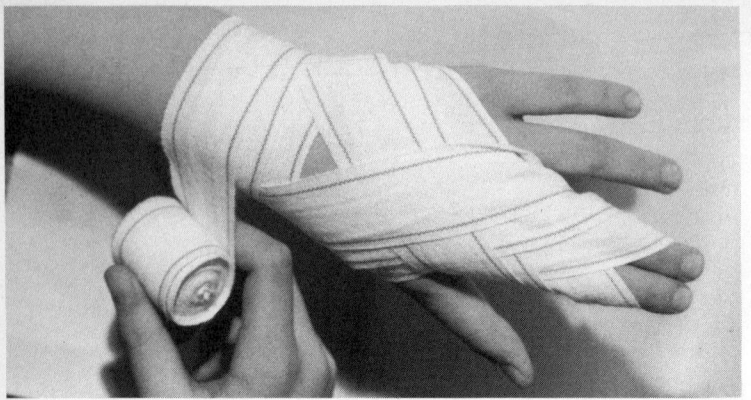

Abb. 85: Fingerverband

Abb. 86: Funktioneller Fingerverband

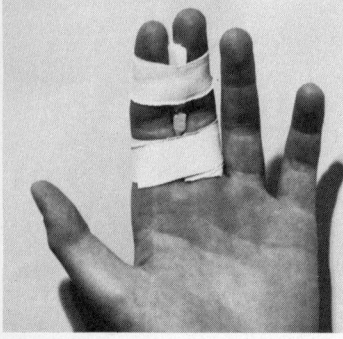

Abb. 87: Funktioneller Fingerverband

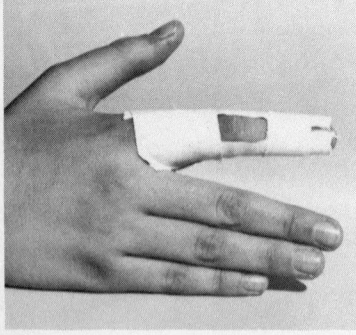

Den *Stütz- und funktionellen Verbänden* kommen in Anbetracht der häufigen Ballspielverletzungen erhebliche Bedeutung zu, wobei zahlreiche Techniken möglich sind. So läßt sich der betroffene Finger bei beginnender Wiederbelastungsmöglichkeit oder als Schutz vor erneuter Verletzung am benachbarten, nicht verletzten Finger mit zirkulären Streifen fixieren, wobei eine Polsterschicht aus Watte oder dünnem Schaumgummi zwischen die Finger zu legen ist (Abb. 86). Eine weitere Technik, nur ein Fingergelenk zu tapen, besteht in zirkulären Streifen, die um das jeweilige Gelenk laufen. Soll ein Finger für sich allein gestützt werden (Abb. 87), so sind die Streifen des normalerweise 3,5 cm breiten Tape-Bandes in Längsrichtung zu teilen oder schmaleres Tape-Band zu benutzen. Die Ankerstreifen werden nicht vollständig zirkulär um das Grund- und Endglied gelegt, die Zügel sind an der Innenseite und

an der Außenseite des Fingers anzu-
bringen und mit Fixier- und Schließstreifen zu befestigen. Soll zusätzlich
die Überstreckung des Fingers vermieden werden, so können Zügel
von dem gebeugten Finger wie eine
Brücke durch die Hohlhand zu
einem Ankerband am Handgelenk
gezogen werden. Diese Zügel sind
mit Streifen insbesondere in der
Hohlhand und an der Beugeseite der
Finger zu fixieren.

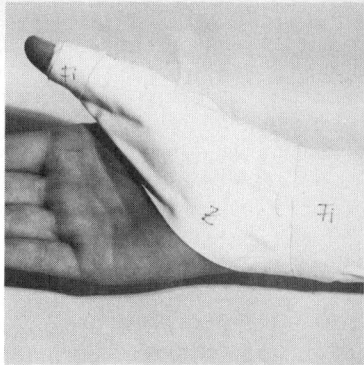

Abb. 88: Funktioneller Daumenverband

Der *Daumengrundgelenkverband*
erfolgt nach dem gleichen Prinzip:
Ankerstreifen werden über dem
Handgelenk und dem Daumenend-
glied angebracht. Zügelstreifen verlaufen über den gesamten Daumen,
außen, innen sowie beugeseitig, so
daß der Daumen praktisch in Längsrichtung von Zügelstreifen umhüllt
wird. Nach Fixieren der Zügelstreifen über den Ankerstreifen werden
Schlingen um den Daumen gelegt,
die Kreuzungen liegen über dem
Grundgelenk (Abb. 88).
Die einfachste Art, ein Überstrek-
ken des Daumens nach hinten zu
verhindern, besteht in einem langen
Zügel um Daumen und Mittelhand,
der zwischen Daumen und Zeigefinger durch einen schmalen Streifen
gerafft wird (Abb. 89).
Weiterhin besteht die Möglichkeit,
die Finger durch Anpassen thermo-
plastischer Schienen vor Verletzungen zu schützen. Diese Schienen
dürfen auch unter bestimmten Bedingungen im regulären Spielbetrieb
eingesetzt werden (Abb. 90).

Abb. 89: Funktioneller Daumenverband

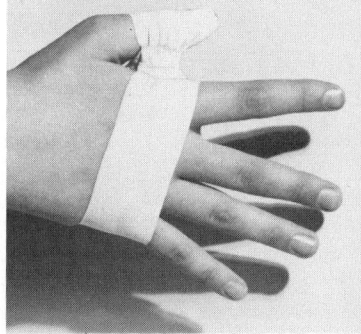

Abb. 90: Thermoplastische Fingerschiene

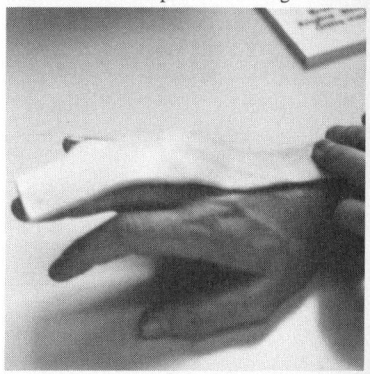

Rückenverletzungen

In der Unfallstatistik der Sportunfälle haben die Rückenverletzungen glücklicherweise nur einen geringen Stellenwert. Meistens handelt es sich um Bagatellverletzungen wie Prellungen oder auch Zerrungen sowohl der Bänder der Wirbelsäule als auch der Rückenmuskulatur, die bei entsprechender Behandlung innerhalb kurzer Zeit wieder zu voller Sportfähigkeit führen. Vorsicht ist jedoch bei allen schweren Prellungen und Stauchungen geboten, da die Schädigung des Rückenmarks zunächst nie sicher ausgeschlossen werden kann.

Rückenverletzungen entstehen in geringerem Maß durch direkte Gewalteinwirkung (Stoß, Schlag) als vielmehr durch *indirekte* Gewalteinwirkung wie:

– Stauchung in der Längsachse (Aufsprung auf die gestreckten Beine, Sturz auf das Gesäß, Grundberührung des Kopfs beim Kopfsprung in flaches Wasser);

– Überstreckung oder Überbeugung (Schleudertrauma der Halswirbelsäule, Boxtreffer aus gerader Richtung);

– kombinierte Drehungen und Überstreckungen bzw. -beugungen (Drehstauchungen bei Stürzen, Extrembelastungen des Nackens z. B. beim Ringen).

Diese Mechanismen führen zu *Stauchungen* (Distorsionen) und *Brüchen.* Sportarten wie Turnen, Trampolinspringen, Wasserspringen, Skispringen und alpiner Skilauf, Rennrodeln, Motorsport, Reiten und Ringen stehen in der Unfallstatistik der Rückenverletzungen im Vordergrund. Die axiale Stauchungsbelastung wird besonders bei Segelfliegern und Fallschirmspringern zu einer Verletzungsursache.

Auch bei den Rückenverletzungen besteht die Möglichkeit, daß unterschiedliche Strukturen einzeln oder gemeinsam verletzt werden können. So bestehen Schädigungsmöglichkeiten für Muskulatur, Bänder, Wirbelgelenke, Wirbelkörper und deren Fortsätze sowie für das Rückenmark.

Bei *Rückenprellungen* wird überwiegend die Muskulatur betroffen, bei schweren Verletzungsformen kann es auch zu Brüchen der Dorn- und Querfortsätze kommen.

Die Erste Hilfe besteht in örtlicher Kühlung, Flachlagerung und Schockprophylaxe.

Es kann bei einer starken Rückenprellung auch zu einer *Rückenmarksprellung* und zu einer *Rückenmarkserschütterung* (Commotio spinalis) kommen, die durch ein vorübergehendes Krankheitsbild gekennzeichnet sein kann, das Zeichen einer Rückenmarksschädigung erkennen läßt.

Der Schiedsrichter pfeift ...

... das Spiel wird unterbrochen, ein Sportler liegt am Boden ...
Der Profisportler hat wenigstens seine Versicherung, aber die vielen Amateure? Wer kommt für die oft wochenlangen Behandlungen nach Verletzungen auf?
Rechtzeitige Vorsorge ist da sicherlich von Vorteil.

Pfandbrief und
Kommunalobligation

**Meistgekaufte deutsche Wertpapiere - hoher
Zinsertrag - bei allen Banken
und Sparkassen**

Verbriefte  Sicherheit

Symptome einer *Rückenmarksschädigung* sind:
– Muskellähmungen, Gefühlstörungen, Behinderung von Atmung, Darm- und Blasentätigkeit.

Symptome einer *Querschnittslähmung* sind:
– Symmetrische Muskellähmung unterhalb des geschädigten Wirbelsäulenbereichs,
– Gefühllosigkeit unterhalb des Wirbelschädigungsbereichs,
– Blasen- und Mastdarmlähmung.

Drehverstauchungen (Distorsionen) der einzelnen Wirbelsäulenabschnitte treten bei vielen Sportarten auf, wenn eine Drehbewegung der Wirbelsäule plötzlich, fluchtartig oder mit falscher Technik durchgeführt wird. Bei Kampfsportarten können solche Distorsionen durch äußerliche Gewalteinwirkung herbeigeführt werden. Zu dieser Verletzungsform gehört der akute «Schiefhals» im Bereich der Halswirbelsäule und auch der «Hexenschuß» im Bereich der Lendenwirbelsäule, der auch durch «Verheben» eintreten kann. Der Volksmund spricht leichtfertig von solchen Zuständen als «Herausspringen eines Wirbels» und «Eingeklemmter Nerv». Diese Bezeichnungen entsprechen jedoch nicht dem wahren Verletzungsvorgang, bei dem es wie bei allen Gelenkdistorsionen zu einer Schwellung der kleinen Wirbelgelenke mit schmerzhafter Bewegungseinschränkung kommt. Die Schwellung bewirkt weiterhin einen Schmerzreiz auf die benachbarten spinalen Nervenwurzeln, der wiederum eine Muskelverspannung nach sich zieht, so daß eine Rückeneinsteifung entsteht.

 Erste Hilfe:
Die Erste Hilfe ist durch Ruhigstellung der verletzten Bewegungssegmente herbeizuführen, entweder in Form einer schmerzfreien Lagerung oder bei Verletzung im Bereich der Halswirbelsäule durch einen Stützverband, der z. B. mit einem längs gefalteten Frotteehandtuch oder einem langen Schal angelegt werden kann. Das Kinn kann sich hierbei auf dem Stützverband abstützen, so daß sich die Verspannungen der Nackenmuskulatur lösen. Zur weiteren Behandlung sind physikalische und medikamentöse Maßnahmen erforderlich, die als Ziel die Beseitigung der Muskelverspannungen einerseits und der Schwellung der Wirbelsäule andererseits haben.

Bei der *Wirbelkörperverrenkung* (Luxation) tritt nach erheblicher Gewalteinwirkung ein Wirbelkörper aus dem Verband der benachbarten heraus. Dies kann besonders häufig bei extremen Schleuderbewegungen der Halswirbelsäule der Fall sein (Schleudertrauma). Die Gefahr der Rückenmarksschädigung ist durch den Vorgang der Luxation selbst und die dabei gleichzeitig eintretenden Bruchverletzungen der Wirbelanteile (Luxations-Frakturen) groß.

 **Erste Hilfe:**

Der Laie kann das Ausmaß der Verletzung nie erkennen. Die Erste Hilfe besteht daher zunächst immer in der Schockprophylaxe und Ruhigstellung, bei Verletzung der Halswirbelsäule ist eine zusätzliche Sicherung gegen Bewegungen notwendig. Es dürfte verständlich sein, daß Manipulationen zu weiteren Schäden führen können. Eine starke Verschiebung der Dornfortsätze in Form tastbarer Stufenbildungen ist nicht immer erkennbar. Sollte innerhalb weniger Minuten nach dem Unfall wieder eine ausreichende Beweglichkeit von dem Verletzten selbst demonstriert werden, so darf eine «einfache» Distorsion der Wirbelgelenke angenommen werden und je nach Funktionsstörung eine weitere Belastung erfolgen. Bleibt jedoch eine schmerzhafte Bewegungseinschränkung bestehen, so ist unbedingt eine Röntgenuntersuchung erforderlich. Auf Zeichen einer Rückenmarksschädigung ist streng zu achten.

Muskelverletzungen der Rückenmuskulatur sind in allen Formen von Muskelzerrungen bis zu Muskelrissen möglich. Die Erste Hilfe erfolgt nach den allgemeinen Grundsätzen bei Muskelverletzungen (vgl. S. 74 ff).

Wirbelbrüche und *Bandscheibenverletzungen* treten hauptsächlich im Reitsport, beim Skiabfahrtslauf und beim Skispringen sowie Fallschirmspringen auf. Bekanntlich ist die Druckfestigkeit des Knochens, also auch des Wirbelkörpers, mit 1500 kp/cm^2 (15000 N/cm^2) erheblich, sie kommt jedoch nur bei Belastung in axialer Richtung zum Tragen. Treffen jedoch gleichzeitig Gewalteinwirkungen in tangentialer Richtung auf den Wirbelkörper, so wird die Stabilität erheblich verringert. Wie aus Tab. 7 hervorgeht, treten bereits erhebliche Belastungen der Lendenwirbelsäule bei axialer Krafteinwirkung auf die Wirbelkörper auf.

Auch die Druckfestigkeit der Zwischenwirbelscheiben oder Bandscheiben ist erheblich und hält axialen Belastungen von 1000 kp durchaus stand. Bei

Tab. 7: Belastung der Lendenwirbelsäule eines Menschen von 70 kg Körpergewicht bei verschiedenen Tätigkeiten (nach Münchinger)

Gehen (flache Absätze)	ca. 20 kp
Gehen (hohe Absätze)	ca. 40 kp
Treppabgehen (hohe Absätze)	ca. 100 kp
Niedersprung aus 50 cm Höhe,	
weicher Aufsprung	ca. 80 kp
harter Aufsprung	ca. 240−320 kp
Fall aus 4 m Höhe	ca. 360−440 kp
Sturz aufs Gesäß	ca. 400−800 kp

Gewalteinwirkungen jedoch mit gleichzeitiger Überbeugung oder Überstreckung sowie Drehbelastungen können sowohl Wirbelkörper als auch Bandscheiben verletzt werden. So wurde durch Versuche festgestellt, daß die Druckbelastbarkeit der Bandscheibe ihre Grenzen erreicht, wenn Belastungsgrößen bei Beugung oder Überstreckung zwischen 100 und 500 kp einwirken.

Es dürfte verständlich sein, daß die Belastungstoleranz einer vorgeschädigten Bandscheibe erheblich geringer ist und Verletzungen sehr leicht z. B. beim «Verheben» auftreten können. Die richtige Technik des Hebens ist darauf gerichtet, axiale Kräfte auf die Wirbelkörper und die Bandscheiben einwirken zu lassen (Abb. 91 und 92).

Abb. 92: Technik des Hebens (links: richtig – rechts: falsch)

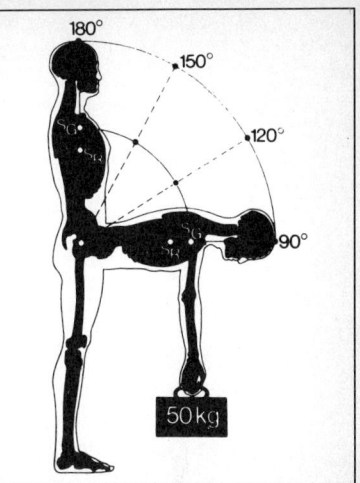

Abb. 91: Wirbelsäulenbelastung beim falschen Heben eines 50 kg schweren Gewichts. Druckbelastung des 5. Lendenwirbels bei:

180° =	90 kg	120° =	630 kg
150° =	360 kg	90° =	720 kg

(*Quelle:* BÄKER 1983)

Bei den *Wirbelsäulenverletzungen* können im einzelnen auftreten:
– Isolierter Wirbelkörperbruch meist in Form eines Stauchungsbruchs,
– isolierte Bandscheibenverletzung,
– Wirbelkörperbruch mit Bandscheibenverletzung,
– komplexe Wirbelsäulenverletzung (Bruch des Wirbelkörpers, des Wirbelbogens und der Fortsätze, Zerreißungen des Bandapparats und Bandscheibenverletzung),
– isolierte Wirbelbogen- und Fortsatzbrüche.

Erste Hilfe bei Rückenverletzungen

10 Regeln bei Rückenverletzungen
(1) Klagt ein Verletzter nach einem Unfall über Rückenschmerzen stärkerer Art, so ist an eine Rückenmarksverletzung zu denken.
(2) Besteht eine Gefühlstörung, eine motorische Störung und eine sicht- bzw. tastbare Deformierung in der Dornfortsatzreihe, so ist eine Rückenmarksschädigung anzunehmen.
(3) Die vitalen Funktionen sind vorrangig zu sichern.
(4) Wenn nicht Maßnahmen zur Abwendung einer akuten Gefahr zu ergreifen sind, ist der Verletzte in einer möglichst schmerzfreien Lage zu belassen. Anderenfalls Anwendung typischer Transportgriffe (Rettungsgriff nach Rautek).
(5) Gegenstände sind aus den Taschen zu entfernen, da sie bei Gefühlsstörungen zu Druckgeschwüren führen könnten.
(6) Wärmeverlust vermeiden, zusätzliche Wärmequellen wie Wärmflasche und ähnliches sind nicht erlaubt, da sie bei Gefühlsstörungen zu Verbrennungswunden führen können und durch Gefäßerweiterung dem Körperkern Blut entzogen wird (Schockgefahr).
(7) Bei Verdacht einer Halswirbelsäulenschädigung ist jede unnötige Kopfbewegung zu vermeiden und der Kopf durch einen Helfer zu sichern.
(8) Bei Verdacht einer Verrenkung dürfen Repositionsversuche in keinem Fall durchgeführt werden.
(9) Die durch den Schmerz reflektorisch verspannte Rückenmuskulatur stellt eine ausreichende Sicherung gegen weitere Verletzungen dar. Für den Transport ist eine flache Lagerung auf harter Unterlage wünschenswert.
(10) Der Transport in ein Krankenhaus zur notwendigen röntgenologischen und neurologischen Untersuchung ist schnellstens und dringend erforderlich.

Abb. 93: Transport von Rückenverletzten

Bauchraumverletzungen

Verletzungen des Bauchraums können entweder durch Gewalteinwirkung
auf die Weichteile erfolgen oder aber durch Mitverletzungen bei gleichzeitigen Wirbelsäulenverletzungen entstehen. Offene Verletzungen sind
glücklicherweise sehr selten geworden; sie wurden früher hin und wieder
beschrieben, als im Abfahrtslauf noch Slalomstangen aus Holz benutzt
wurden.

Bei den stumpfen Gewalteinwirkungen kann es nicht nur zu *Prellungen*
innerer Organe mit starker Schwellneigung, sondern auch zu *Rißverletzungen* kommen (Nierenriß und Leberriß bei Schlägen, nicht nur im Boxsport). Gefürchtet ist der Milzriß, der sich mitunter erst Stunden bis Tage
nach der eigentlichen Verletzung bemerkbar machen kann. Schockgefahr
bei Gewalteinwirkung auf das Sonnengeflecht (Solar Plexus) und den Unterleib ist stets gegeben. Solche Verletzungen sind durch Balltreffer, Ellbo-
genchecks bei Ballsportarten, durch einen Hufschlag oder durch den Sturz
auf den Skistock oder den Fahrradlenker möglich.

Besondere Vorsicht ist bei Verletzungen der männlichen Geschlechtsteile
gegeben. Prellungen und Quetschungen mit sichtbarer Gewebsverletzung
und Blutergüssen gehören in ärztliche Behandlung. Bei bestimmten Sportarten wie Hockey und Fußball stellt das Tragen eines Hodenschutzes die
beste vorbeugende Maßnahme dar.

Bei den Bauchraumverletzungen ist zunächst nicht zu unterscheiden, ob
nur eine *Bauchmuskelverletzung* vorliegt oder auch eine Mitverletzung der
inneren Organe. Hinweise für eine innere Verletzung stellen nicht nur die
sichtbaren Verletzungszeichen und der allgemeine Schmerz dar, sondern
auch Veränderungen, die zum Krankheitsbild des sogenannten «Akuten
Bauchs» gehören wie
– Beeinträchtigung des Allgemeinbefindens,
– Übelkeit und Erbrechen,
– Kreislaufstörungen (Schock bei innerer Blutung),
– auftretende Spannung der gesamten Bauchmuskulatur (Abwehrspan-
  nung),
– keine hörbaren Darmgeräusche.

 Erste Hilfe:

Liegen solche Symptome vor, so ist an Erster Hilfe nur eine eventuelle
Wundversorgung und eine typische Lagerung durchzuführen und der
Transport ins Krankenhaus zu beschleunigen. Strikte Fehler sind die Er-
laubnis zum Aufstehen oder das Anbieten von Flüssigkeiten und Medika-

Abb. 94: Lagerung bei Bauchverletzungen

menten. Bei leichten Verletzungsgraden, die nicht zwangsläufig zu einem Krankenhausaufenthalt führen, ist die häusliche Beobachtung des Urins hinsichtlich rötlicher Verfärbung (Nierenblutung!) anzuraten. Bei anhaltenden Beschwerden ist ein Arzt aufzusuchen.

Brustkorbverletzungen

Die gefürchtetste Komplikation bei Brustkorbverletzungen ist das Eindringen von Blut oder Luft in den Spalt zwischen Rippen- und Brustfell mit anschließendem Einsinken der betroffenen Lungenhälfte und Beeinträchtigung der Atmung und des Kreislaufs (Hämatothorax, Pneumothorax).
Eine Verletzung des Rippenfells kann auch durch einen Rippenbruch verursacht werden.

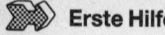 **Erste Hilfe:**
In der Ersten Hilfe ist die Schockprophylaxe vordringlich, bei einer not-
wendigen stabilen Seitenlagerung ist die verletzte Brustkorbseite nach unten zu lagern (vgl. Abb. S. 30).
Jede anhaltend schmerzhafte Brustkorbverletzung muß ärztlich untersucht
werden.

Kopfverletzungen

Die *Weichteilverletzungen* des Kopfs erfolgen überwiegend durch stumpfe
Gewalteinwirkung wie Schlag, Stoß, Quetschung und Prellung. Vorrangig
sind Gesicht, Ohren und Hinterkopf betroffen. Es handelt sich um Blutergüsse nach Prellungen, Platzwunden und Quetschwunden, die praktisch
bei allen Sportarten vorkommen können, bevorzugt jedoch bei Kampfsportarten und Ballsportarten (Einwirken der Wurfgeräte, Schlaggeräte,
Gegner, Mitspieler) sowie beim Rad- und Motorsport.

– *Hautverletzungen*

Erste Hilfe nach dem Prinzip Kühlen, keimfrei verbinden, erfor-
derlichenfalls Druckverband. An einer Hautverletzung der Schädel-
decke (Kopfschwartenwunde, umgangssprachlich «Loch im Kopf») darf
nicht manipuliert werden.

– *Blutungen*
Blutungen aus Mund, Nase, Ohren können auf einen Schädelbasisbruch
hinweisen.

– *Fremdkörperverletzungen im Auge*
Im Sport bereiten kleine Fremdkörper wie Sandkörner und Staubteil-
chen im Auge immer wieder erhebliche Beschwerden.

Kleine Fremdkörper können folgendermaßen entfernt werden:
Herunterziehen des Unterlids und Auswischen des Fremdkörpers zur
Nase hin mit einem nicht fusselnden Tuchzipfel. Liegt der Fremdkörper
unter dem Oberlid, so ist dieses an den Wimpern über das Unterlid zu
ziehen und zurückgleiten zu lassen, damit die Unterlidwimpern den
Fremdkörper abwischen. Das Ektropionieren (Abb. 95) darf nur der

darin Geübte durchführen. Gelingt die Entfernung nicht oder klagt der Verletzte anschließend und anhaltend über ein Brennen und Tränenfluß, so ist eine Verletzung der Hornhaut anzunehmen, und die Vorstellung beim Augenarzt ist notwendig. Für den Transport möglichst beide Augen verbinden.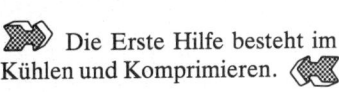

– *Ohrverletzungen*
Durch Quetschungen oder Prellungen, insbesondere beim Boxen und Ringen, kann es zu Blutergüssen der Ohrmuschel (Othämatom) kommen.

Die Erste Hilfe besteht im Kühlen und Komprimieren.

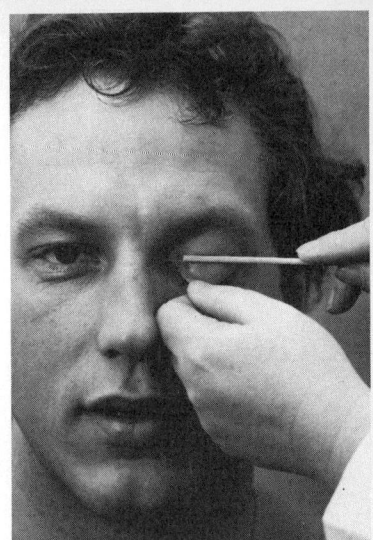

Abb. 95: Ektropionieren

– *Augenverletzungen*
Sie bedürfen in jedem Fall der Vorstellung beim Augenarzt. Auch bei einer «einfachen» Prellung kann es zur Verletzung der Hornhaut und zu einer Netzhautablösung kommen.

– *Schädelprellungen*
Sie gehen mit zum Teil starken Schwellungen einher, die allgemein als Beule bezeichnet werden. Es handelt sich um Blutergüsse unter der Schädelhaut (Kopfschwartenhämatom), wobei die Erste Hilfe in sofortiger Kühlung besteht. Bei allen Schädelprellungen sind zunächst Schädelbrüche anzunehmen, und es ist streng auf Zeichen einer Gehirnverletzung zu achten (vgl. S. 25 ff).

Erste-Hilfe-Verbände am Kopf

Ohren- und Augenverletzungen
Bei Verletzungen des Ohrs oder Auges wird die *Ohr-* bzw. *Augenbinde* angelegt.
Durchführung: Die Ohr- bzw. Augenbinde ist so anzulegen, daß sich zwei Kreisgänge überschneiden und damit belegen: Kreisgang um Stirn und Hinterhaupt, vom Hinterhaupt weiterführender Kreisgang über das Auge

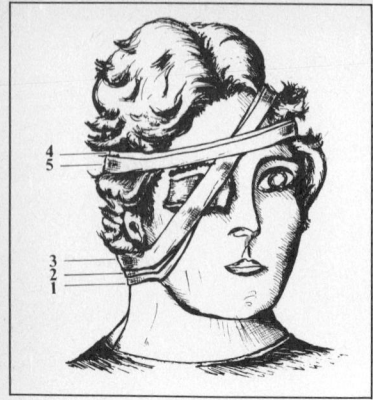

Abb. 96: Augenverband

wieder zum Hinterkopf, anschließender Kreisgang über die Stirn,
mehrfache Wiederholung. Analoges
Verfahren beim Ohr (Binden 4 cm
oder 6 cm breit). Praktischerweise
können auch Augenklappen und
Ohrbinden benutzt werden, die jedoch nicht immer im Erste-Hilfe-
Material zu finden sind (Abb. 96).

Unterkieferverletzungen
Bei Verletzungen im Bereich des Unterkiefers wird der *Kopfhalfterverband* angelegt.

Abb. 97: Kopfhalfterverband

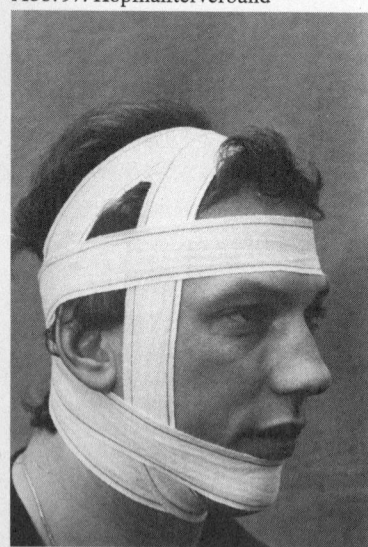

Durchführung: Beginn am rechten
Scheitel, rechte Wange abwärts, unter dem Kinn über die linke Wange
hinauf zum Scheitel, über den Kopf
hinter dem rechten Ohr zum Nak-
ken, linksseitig unter dem Ohr um
den Kieferwinkel, über die rechte
Wange zum Scheitel, hinter dem linken Ohr wieder zum Nacken, unter
dem rechten Ohr wieder zum Kieferwinkel, über die linke Wange zum
Scheitel, hinter dem rechten Ohr
zum Nacken, Kreisgang um das
Kinn zum Nacken und Kreisgang um
die Stirn (Binde 6 cm) (Abb. 97).

Schädeldachverletzungen
Bei Verletzungen des *Schädeldachs*
bieten sich heute Verbände mit
TG®-Schlauchbinden oder Elasto-
fix®-Netzverbänden oder dem Dreieckstuch an (Abb. 98).

 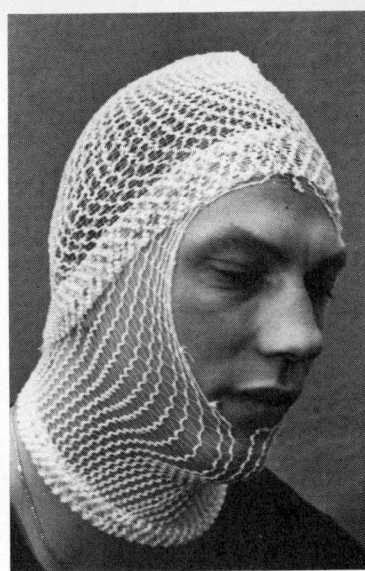

Abb. 98: Kopfverbände

Besondere Verletzungen bei Wasser- und Wintersport

Neben den üblichen Verletzungsmöglichkeiten, die auftreten können, ergeben sich für den Wasser- und Wintersport besondere Gefahren durch Sonneneinstrahlung und durch Unterkühlung.

Unterkühlung

Bei ausreichenden Vorsichtsmaßnahmen, vor allem entsprechende Bekleidung, besteht ein Gleichgewicht zwischen Wärmeproduktion und Wärmeverlust. Bei gesteigerter Wärmeabgabe tritt der Zustand der Unterkühlung ein. Dabei sind Kinder stärker gefährdet als Erwachsene.
Vier Faktoren sind verantwortlich für die Wärmeabgabe:
- *Direkte Wärmeleitung*
  Wasser-, Schnee- und Lufttemperatur sind normalerweise geringer als

die Körpertemperatur, wodurch der Mensch ständig Wärme an seine Umgebung abgibt. Die Wärmeabgabe im Wasser ist hierbei erheblich größer als an der Luft.

- *Abstrahlung*
Eine besonders ausgeprägte Wärmeabgabe erfolgt durch die vermehrt durchbluteten Körperteile wie z. B. Hand, Nacken und Gesicht.

- *Verdunstungskälte*
Verdunstendes Wasser oder Schweiß auf der Körperoberfläche führt zu weiterer Wärmeabgabe, dies wird besonders prägnant bei Surfern und Seglern, die z. B. nur im Badeanzug segeln. Segeln und Surfen ohne Wärmeschutzbekleidung sollte nur an ausgesprochen warmen Tagen erfolgen.

- *Atmung*
Auch über die Atmung erfolgt Wärmeabgabe, besonders stark bei forcierter Atmung.

Die Unterkühlung erfolgt in drei Phasen:
- In der *Abwehrphase* ist die Körperkerntemperatur auf 36 bis 34 Grad C abgesunken. Der Körper versucht eine Wärmeproduktion über Muskelzittern zu erreichen. Die unbekleidete Haut wird weiß, das Gesicht bläulich (cyanotisch), der Unterkühlte empfindet Schmerzen an Füßen und Knien. Der Pulsschlag ist beschleunigt, die Atmung wird etwas schneller. Als psychische Begleiterscheinungen treten Angst und Nervosität ein.
- In der *Erschöpfungsphase* liegt die Körperkerntemperatur zwischen 33 und 27 Grad C. In dieser Phase hört das Kältezittern der Muskulatur auf, es kommt zu allgemeinen Verspannungen mit Bewegungsunfähigkeit und Behinderung der Atmung. Die Herzaktion wird unregelmäßig, die Schmerzempfindung läßt nach, und der Unterkühlte wird müde, teilnahmslos und in manchen Fällen bereits bewußtlos. Dieser Zustand gilt als lebensgefährlich und erfordert eine stationäre Behandlung.
- Das *Lähmungsstadium* ist gekennzeichnet von allgemeiner Muskelerschlaffung, Bewußtlosigkeit und Atemstillstand. Die Körpertemperatur ist unter 27 Grad C abgesunken.

Die Erste-Hilfe-Maßnahmen zielen alle darauf ab, daß der Körperkern (Gehirn, Brust- und Bauchorgane) erwärmt wird, ohne daß sich das warme «Kernblut» mit dem unterkühlten «Schalenblut» vermischt und es dadurch zu einer weiteren Abkühlung der Kernorgane kommt. In der *Abwehrphase*, beim Eintritt von Muskelzittern und Schmerzen, kann sich der Betroffene noch selbst helfen, indem er zunächst versucht, durch Kleidung eine weitere Abkühlung zu vermeiden, und auf körperliche Aktivitäten verzichtet. In der sitzenden Kauerstellung wird am wenigsten Wärme abgegeben. Besonders wichtig ist der Unterkühlungsschutz des Nackens durch Kleidung oder Wolldecken. Der Aufenthalt in warmer Umgebung, warmen Räumen oder im Sonnenlicht ist notwendig. Im Wintersport hat sich die Benutzung von gold- und aluminiumbeschichteten Folien besonders bewährt.

In der *Erschöpfungsphase* und *Lähmungsphase* ist die Hilfe nur durch andere möglich. Hierbei gilt der Grundsatz, den Stamm zu erwärmen, Arme und Beine jedoch frei zu lassen. Diese Maßnahmen können durch das Auflegen von feuchtwarmen Kompressen auf Brust- und Bauchraum (nicht direkt auf die Haut, Gefahr von Verbrühungen!) erreicht werden. Bauch- und Brustraum sind anschließend mit einer Decke zu umschließen, wobei jedoch Arme und Beine frei bleiben, um eine Vermischung mit dem kalten Extremitätenblut zu vermeiden. Das Aufwärmen in heißen Vollbädern soll von Laienhelfern keineswegs durchgeführt werden, da hierbei die Gefahr der Blutdurchmischung ebenfalls besteht. Ist der Unterkühlte noch bei Bewußtsein, können ihm heiße, gesüßte Getränke angeboten werden.

Verboten sind:
– Aufforderung zur aktiven Aufwärmung durch Laufen oder Schlagen der Arme,
– heißes Duschen im Stehen,
– Massage oder starkes Frottieren der Gliedmaßen,
– Genuß von Alkohol.

Zeigen sich bei dem Unterkühlten Zeichen des Atemstillstands, so ist sofort mit der Beatmung zu beginnen, von Fachpersonal ist zusätzliche Herzmassage durchzuführen. Die Wiederbelebung ist bei Erfolglosigkeit nicht zu früh zu beenden und kann bis auf zwei Stunden ausgedehnt werden, da die Erfolgsaussichten bei Unterkühlung des Körpers mit herabgesetztem Stoffwechsel und Sauerstoffbedarf günstiger sind. ✍

Für Schiffbrüchige und auch Lawinenverschüttete wird die Unterkühlung zu einem existentiellen Problem. Wie Tab. 8 zeigt, sinkt die Überlebenschance mit sinkender Umgebungstemperatur rapide.

Tab. 8: Überlebenszeit des Menschen im Wasser in Abhängigkeit von der Temperatur

Temperatur 0° C	Überlebenszeit 12 Minuten
Temperatur 2,5° C	Überlebenszeit 26 Minuten
Temperatur 5° C	Überlebenszeit 55 Minuten
Temperatur 10° C	Überlebenszeit 2½ Stunden
Temperatur 15° C	Überlebenszeit 6½ Stunden
Temperatur 20° C	Überlebenszeit 16 Stunden
Temperatur 25° C	Überlebenszeit 3 Tage und mehr

Trinken von Meerwasser

Ein Erwachsener verliert pro Tag durchschnittlich etwa 2,5 Liter Wasser durch Nieren, Lunge, Haut und Darm. Im Zustand des Schiffbruchs mit Wassermangel reduziert sich der Verlust bis auf 0,5 Liter pro Tag, der dann als Mindesttrinkwasserbedarf täglich zu ersetzen ist. Der Genuß von Salzwasser kann tödlich werden, da für die Ausscheidung des Kochsalzes im Meerwasser körpereigenes Süßwasser benötigt wird und der Schiffbrüchige hierdurch einen *Dehydrations-Schock* erleiden würde. Untersuchungen bei Seenotfällen haben ergeben, daß in Rettungsbooten und -flößen, in denen Meerwasser getrunken wurde, zehnmal mehr Schiffbrüchige starben als in denen, wo dagegen kein Seewasser getrunken wurde.

10 Regeln im Seenotfall
(1) Ruhe bewahren! So lange wie möglich am Boot / Brett bleiben.
(2) Keine Kleidungsstücke ablegen, sich vor direkter Sonneneinstrahlung auf den Kopf schützen.
(3) Unnötige Bewegungen, auch Schwimmbewegungen, vermeiden.
(4) Vor dem Von-Bord-Gehen nach Möglichkeit viel trinken, aber nie Alkohol oder Seewasser!
(5) Tragen der vorschriftsmäßigen Rettungsmittel, dessen Hauptauftriebsmoment vor der Brust und im Nacken liegt und ein Eintauchen des Gesichts in das Wasser vermeidet.
(6) Zusammenbleiben mit anderen Schiffbrüchigen, tragfähige Rettungsmittel suchen.
(7) Nie die Hoffnung auf Rettung aufgeben!
(8) Grundlage der Therapie bei Unterkühlung: Körperkern und Stamm erwärmen, Vermischung mit kalter Schalentemperatur vermeiden (vgl. S. 140f).
(9) Grundlage der Maßnahmen bei lokalen Erfrierungen und Unterkühlungen: Langsame Wiedererwärmung, keine Massagen.
(10) Niemals Genuß von Alkohol! Heiße, gesüßte Getränke zu sich nehmen. Keine Medikamente!

Ertrinken

Die Erste Hilfe beim Ertrunkenen richtet sich streng nach den Maßnahmen der Wiederbelebung in Form der Mund-zu-Nase-Beatmung. Früher gelehrte Maßnahmen wie auf den Kopf stellen und auslaufen lassen bzw. ausschütteln sind zwecklos, extrathorakale Maßnahmen durch Zug- und Druckmethoden mit den Armen des Ertrunkenen sind effektivloser als die Atemspende. Die Chancen einer erfolgreichen Wiederbelebung erhöhen sich beim Ertrinken in kaltem Wasser.

Erfrierungen

Im Wintersport können durch Kälteeinwirkung, insbesondere an den ungeschützten Körperstellen wie Ohren, Nase, Finger, aber auch an den Zehen Erfrierungen auftreten. Frostschäden können nicht nur unterhalb des Gefrierpunkts auftreten, sondern auch bei Temperaturen bis zu 8 Grad Celsius, wenn z. B. kalter Fahrtwind beim Skisport eine vermehrte Wärmeabstrahlung begünstigt. Weiterhin werden Erfrierungen nach Alkoholgenuß gefördert, da die peripheren Gefäße durch Alkohol erweitert werden und die Wärmeabgabe gefördert wird. Ebenfalls feuchte und zu enge Kleidung sowie verminderte Durchblutung in zu engem Schuhwerk fördern Frostschäden.

Je nach Ausmaß der Kälteschäden unterscheidet man Erfrierungen

– 1. Grades: Blässe, später Rötung, Gefühlsstörungen von Gefühllosigkeit bis zu Gefühlsveränderungen wie Prickeln (Schädigung der Ober- und Lederhaut),

– 2. Grades: Leichenblässe, Schwellung, Blasen, Wunden, Geschwüre (zusätzliche Schädigung der Unterhaut),

– 3. Grades: Wachsblässe, Gefühllosigkeit, Verschwärzung wegen Gewebstod (Nekrose), Schädigung auch unter der Haut liegender Gewebe.

Erste Hilfe:

▷ Entfernen einengender und feuchter Bekleidung von den geschädigten Bezirken,

▷ sofortige Erwärmung durch die eigene Körperwärme, z. B. unter der Achselhöhle, am Gesicht oder unter dem Gesäß bei Erfrierungen im Bereich der Füße,

▷ Wiedererwärmung im Wasserbad, das langsam von 10–40 Grad C erwärmt wird. Der Schmerz zeigt die Grenze der weiteren Erwärmung an,

▷ bei offenen Erfrierungen (2. und 3. Grades) steriler, trockener Verband. Schutz gegen weitere Kälteeinwirkung.

Die Maßnahmen der weiteren Ersten Hilfe richten sich nach dem Prinzip: *Die Erwärmung muß vom Körperkern erfolgen!* Das bedeutet Gabe von wärmenden Getränken und eventuell auch von Alkohol, aber nur in warmer Umgebung.

Verboten sind:

– Massieren und Reiben,

– örtliche Anwendung von übererwärmenden Salben und Flüssigkeiten,

– Eröffnen von Blasen,

– schnelle Erwärmung in heißem Wasser, Erwärmung durch trockene Wärme wie Wärmflasche, Ofen oder Heizung.

Sonnenbrand / Gletscherbrand

Bei allen Wasser- und Wintersportarten sowie beim Bergsport wird die
Haut durch Ultraviolettstrahlen des Sonnenlichts geschädigt. In der Höhe
ist die Absorption der UV-Strahlen durch die Atmosphäre geringer, überdies werden die Strahlen von Schneekristallen reflektiert, ebenso wie von
der Wasseroberfläche oder von Wasserspritzern. Schweißperlen und
Schneeekristalle wirken zusätzlich wie Brenngläser.
Durch kühlenden Wind wird eine Hautschädigung im Sinne einer Verbrennung unterschätzt (Windbrand), da die Kühlung das Entzündungszeichen
Wärme herabsetzt. Beim Sonnenbrand oder Gletscherbrand handelt es
sich um Hautverbrennungen 1. bis 3. Grades. Die Erste Hilfe richtet sich
nach den allgemeinen Richtlinien bei Verbrennungen (vgl. S. 68 f).
Vorbeugung: Lichtschutzsalben mit hohem Lichtschutzfaktor (6–10), die
auf nicht schwitzende Haut aufgetragen werden. Weitgehend geschlossene
Kleidung, Brillen, Lippenschutz durch Labiosan®-Salbe. Erst nach einer
Gewöhnung über mehrere Tage Auftragen von Salben mit geringerem
Lichtschutzfaktor (2–5). (Lichtschutzfaktor: Wenn es ohne Sonnenschutz-
mittel nach 10 Minuten zu einer Hautrötung kommen würde, so würde der
Lichtschutzfaktor 6 diese Zeit um das Sechsfache, also auf 60 Minuten ver-
längern. Beim erneuten Auftragen einer Schutzsalbe vom Faktor 6 verringert sich die Schutzwirkung um etwa die Hälfte, also auf 30 Minuten).

Schneeblindheit

Besondere Krankheitserscheinungen rufen die Ultraviolett-Strahlen bei
Einwirkung auf die Augen hervor: Bindehautrötung und Schmerz, Störungen des Farb- und Schwarz-Weiß-Sehens, Kopfschmerzen. Aufenthalt in
dunklem Raum und kühle Augenumschläge sowie Schmerzmittel sind die
Möglichkeiten der Behandlung.

Sonnenstich

Er entsteht durch eine Reizung der Hirnhäute über die Wärmewirkung der
Infrarotstrahlen des Sonnenlichts. Er zeigt sich mit Erscheinungen wie
Kopfschmerzen, Übelkeit, Desorientiertheit. Die Gefahr eines Sonnen-
stichs ist für den Zeitraum eines Jahres nach einer erlittenen Gehirnerschütterung erhöht.

Erste Hilfe:
Verbringen in den Schatten und kühle Umgebung, feucht-kühlende Umschläge um den Kopf.

Verhalten bei und nach Verletzungen – Dauer der Sportpause

Nicht ausgeheilte Verletzungen führen unter zu früher oder auch zu hoher Belastung zu sekundären Sportschäden. Tritt z. B. im Bereich des oberen Sprunggelenks eine Verstauchung mit einer Zerrung der Bänder und der Kapsel ein, die zu einer Minderung der Gelenkstabilität führt, so benötigt der normale Heilungsverlauf bis zu vier Wochen. Erfolgt eine Belastung des Sprunggelenks ohne Schutz durch funktionellen Stützverband oder stabilisierenden Außenschuh (Adimed) oder Innenschuh zu einem zu frühen Zeitpunkt, so wird der Band-Kapsel-Apparat locker bleiben. Weitere Verstauchungen können auftreten, die dann zum einen schmerzhafter sind und zum anderen für ihre Heilung längere Zeit benötigen. Auf diese Weise bildet sich die Grundlage der nachfolgenden Abnutzungs- und Aufbraucherscheinungen (Degeneration, Arthrose) der Gelenkstrukturen wie Knorpelzerstörungen, Bandverkalkungen und knöcherne Ausziehungen. Es ist also notwendig, diese gesetzmäßigen Heilungs- und Rehabilitationszeiten einzuhalten, die vom Arzt vorgegeben werden sollen. Dennoch können diese Sport- und Trainingspausen ohne Schaden verkürzt werden, wenn eine optimale Nachbehandlung durchgeführt wird und alle entlastenden Hilfen wie Verbände, funktionelle Schienen oder Spezialschuhe in Anspruch genommen werden. Solche Maßnahmen sollten jedoch nicht der sportlichen Aktivität, sondern in erster Linie der Rehabilitation dienen. Verständlicherweise möchte jeder verletzte Sportler wissen, wann er wieder Sport treiben kann. Genaue Angaben sind jedoch aus unterschiedlichen Gründen nicht möglich, je nach Art des verletzten Gewebes ist die Heilungszeit verschieden lang. So verheilt ein gut durchbluteter Muskel ebenso wie die Haut schneller als bindegewebige Sehnen und Bänder. Auch die funktionelle Beanspruchung führt zu unterschiedlich langen Pausen. Weitere Zeitdifferenzen ergeben sich je nach dem Verlauf der Heilung, die durch Komplikationen verlängert werden kann. Schließlich gibt es auch keine einheitlichen Regeln der ärztlichen Behandlungsmethoden. Jeder medizinische Lehrer der Unfallheilkunde und der Orthopädie wird und muß seinen jungen Ärzten Methoden vermitteln, von denen er überzeugt ist und die er wesentlich aus seiner Erfahrung entwickelt hat. So kommt es, daß ein Sportler nach einer Meniscusoperation bei dem einen Arzt nach vier Wochen und bei einem anderen Arzt nach doppelt so langer Zeit belasten darf. Auch die Art der Behandlung, z. B. übliche Meniscusoperation oder Entfernung des Meniscus im Rahmen einer Gelenkspiegelung, läßt die Sportpause unterschiedlich lang werden. Ein noch größerer Unterschied kann nach einer Wiederherstellungsoperation des zerstörten vorderen Kreuzbandes des Kniegelenks auftreten. Hier differieren die Zeiten der erneuten sportlichen vollen Aktivität zwischen 16 und 54 Wochen, wobei auch die Operationstechnik ausschlaggebend ist. In Tab. 9 werden einige Anhaltspunkte für die Dauer verschiedener Verletzungen gegeben. Während der Heilungszeit und Belastungspause sind stufenweise sich steigernde krankengymnastische Übungsteile durchführbar, die durch abgestufte Funktion zur vollen Funktion führen sollen. Hierzu gehören Lockerung und Muskelmassagen, kontralaterales Training (z. B. Training des nicht verletzten Beins), geführte Bewegungsübungen, aktive Bewegungsübungen und Krafttraining bis hin zum Aufbautraining. Begleitende Maßnahmen der physikalischen Behandlung wie Bäder und Bestrahlungen können den Heilverlauf beschleunigen.

Im gleichen Sinn, wie es wichtig ist, sich nach Verletzungen richtig zu verhalten, ist es auch notwendig, den geringsten Anzeichen einer Verletzung Aufmerksamkeit zu schenken. Oft ist es für den Trainer und Lehrer nicht leicht zu erkennen, ob es sich bei Klagen über Schmerzen wirklich um eine Verletzung handelt, oder ob sich der Sportler aus irgendeinem Grund ein Alibi für schlechten Trainingszustand oder Unlust verschaffen will. Im Jugend- und Kindesalter sollte jedoch die Angabe von Schmerzen an den Gelenken oder im Rücken zunächst als Alarmzeichen gewertet werden, da es typische

Tab. 9: Durchschnittliche Heilungszeiten von Verletzungen

Gewebe	Verletzungsart	Heilungszeit
Knochen	Bruch	2−8 Wochen je nach Dicke und Beanspruchung der Knochen
Muskel	Zerrung / Faserriß Muskelriß	4−6 Tage bis zu 4 Wochen bis zu 12 Wochen
Band / Knorpel	Zerrung Riß	2−4 Wochen 6−8 Wochen (sowohl bei Gips als auch bei operativer Behandlung)
Sehnen	Riß (z. B. Achillessehne)	8−10 Wochen
Haut	Schnitt- / Rißwunden	bis zu einer Woche je nach Ausmaß

orthopädische Erkrankungen gibt, die sowohl schleichend (aseptische Knochennekrosen, Scheuermannsche Erkrankung) als auch plötzlich (Hüftkappenrutsch) auftreten können und bei weiterer Belastung zu Schäden führen. Auch können Belastungsschmerzen sowie tast- und sichtbare Gewebsveränderungen wichtige Hinweise für das Bestehen von Geschwulstbildungen sein. Mit dem Rat, einen Arzt aufzusuchen, sollte in derartigen Fällen nicht gespart werden.

Phasen des Behandlungsablaufs bei Sportverletzungen

Am Beispiel einer häufig auftretenden Verletzung, der *Verstauchung* eines Gelenks, soll ein Behandlungsablauf dargestellt werden, unter der Voraussetzung, daß die ärztliche Untersuchung keine Notwendigkeit für ein operatives oder konservatives Verfahren mit festen Verbänden ergab.
Es werden vier Phasen unterschieden:
Erste Phase: *Phase der Ersten Hilfe*
Zur Schmerzlinderung und zur Verhinderung einer Schwellung Kühlen und zirkulärer Druckverband bis zu zwei Stunden; Hochlagerung und Ruhigstellung.
Zweite Phase: *Abschwellung und Entzündungshemmung*
Im weiteren werden therapeutische, nicht geschlossene Salbenpackungen angewandt, wobei in den ersten 24 Stunden keine heparinhaltigen Salben verwandt werden sollten. Die Tiefenwirksamkeit von Salben und Linimenten wird nach wie vor angezweifelt, wenn es auch zahlreiche wissenschaftliche Arbeiten über die Penetration der Wirkstoffe durch die Haut gibt. In den ersten 24 Stunden eignen sich besonders entzündungshemmende biologische Salbenpräparate wie Sport-Trauma-Balsam®, Sport-Gel®, Präparate wie Kytta-Salbe® oder Spolera-Salbe®, Mobilat-Salbe®, Dolo-Arthrosenex-Salbe® und auch abschwellend wirkende Salben wie Reparil-Gel®. Überwärmende Präparate sollten nicht angewandt werden. Das Überdecken der auf die Haut aufgetragenen Salbenschicht mit feuchten Umschlägen wirkt sich günstig aus. Nach 12 bis 24 Stunden ist bereits eine Wärmeanwendung in Form von Wechselbädern und Eispackungen mit nachfolgender reaktiver Durchblutungsvermehrung möglich. Der Effekt der vermehrten Durchblutung führt zu einem Abbau eines Blutergusses und der entzündlichen Schwellung durch Resorption. Physikalische Anwendungen in Form von durchblutungssteigernden Bestrahlungen sind ebenfalls anwendbar. In den ersten drei bis vier Tagen sollten derartige

Salbenpackungen zwei- bis dreimal am Tag gewechselt und eine weitgehende Ruhigstellung und Hochlagerung des verletzten Bereiches über Herzniveau durchgeführt werden.

Dritte Phase: *Reperationsphase*

Ist nach drei bis vier Tagen die Schwellung weitgehend zurückgegangen, wird ein halbfester, stützender Verband (Zinkleim-Klebeverband) angelegt, der nur die täglichen, nicht aber sportlichen Belastungen zulassen darf. Ein solcher Verband verbleibt etwa zehn Tage bei möglichst gleichzeitiger physikalischer Anwendung und nicht belastenden Bewegungsübungen. Es gilt der Grundsatz, möglichst früh durch Funktionsübungen und damit verbundenem Muskeltraining einen Trainingsrückstand zu vermeiden. Muskelaktivität bringt darüber hinaus eine vermehrte Durchblutung und somit Heilung. Im Bereich des Sprunggelenks kann ein ausreichender Schutz durch besondere Anfertigungen wie z. B. Lederinnenschuh oder das Tragen eines Therapieschuhs erreicht werden. Derartige Hilfsmittel haben den Vorteil, daß weiterhin nächtliche Salbenpackungen durchgeführt werden können.

Vierte Phase: *Belastungsphase*

Zwei Wochen nach Eintritt der Verstauchung ist eine gezielt zunehmende Belastung durchführbar, wobei Stützverbände anzulegen sind. Nach etwa vier Wochen sollte eine derartige Verletzung ausgeheilt und wieder voll belastbar sein.

Erkrankungen – Fehldeutung als Sportverletzung

Es muß mit Nachdruck darauf hingewiesen werden, daß sich hinter einigen als Sportverletzungen klassifizierten Veränderungen mit zunächst harmloser Entzündungssymptomatik und nicht beeinträchtigenden Schwellungen schwerwiegende Erkrankungen verbergen können. Beispielsweise werden genannt:

– Infektionen der Haut und des Weichgewebes, z. B. Erysipel (fieberhafte Infektionskrankheit);
– Infektionen von Gelenken, Arthritis;
– Infektionen des Knochens und seiner Umgebung, Osteomyelitis;
– gutartige und bösartige Tumore der Weichteile und der Knochen.

Konsequenterweise sollte daher jede in Verbindung mit Sport aufgetretene oder erkannte Gewebsveränderung, gleich ob mit oder ohne Belastungs- oder Spontanschmerz, ärztlich untersucht werden, wenn sie ohne Rückbildungstendenz für einige Tage vorhanden ist.

Sportschäden

Der menschliche Bewegungsapparat zeigt eine erhebliche Toleranz gegenüber sportlichen Höchstleistungen aufgrund einer sehr diffizilen morphologischen Gestaltung, die teilweise durch Auf- und Abbauvorgänge gekennzeichnet ist und auf Trainingsreize erhebliche Anpassungserscheinungen zeigt. Bei Belastungsspitzen, die innerhalb physiologischer gewebsspezifischer Toleranzgrenzen bleiben, ist mit keiner Schädigung des Bewegungsapparats zu rechnen, wenn gleichzeitig diese Belastungsspitzen den natürlichen Veränderungen des Gewebes durch Erkrankung oder Altersvorgänge Rechnung tragen.

Die wachsende sportliche Intensität, nicht nur im Hochleistungssport, sondern auch im Breitensport, führt immer näher an diese Toleranzgrenze des Gewebes heran und überschreitet sie teilweise erheblich, so daß der Spitzensportler schon als «programmierter Frührentner» bezeichnet wurde. Es vergeht kein Tag, an dem die Medien nicht über Sportschäden bekannter Sportler berichten, was in früheren Jahren in weitaus geringerem Maße geschah.

Über den Begriff des Sportschadens gingen die Meinungen in den letzten Jahrzehnten stark auseinander. So wurde in den zwanziger Jahren von BÄTZNER der Begriff «Pathologie der Funktion» geprägt, der ausdrückte, daß aller Mehrgebrauch der Gewebe des Bewegungsapparats, sei es durch Arbeit oder Sport, zur Abnutzung, zum Aufbruch, zum Verschleiß und zur Degeneration führen müsse. Neuere Lehrmeinungen besagen, daß dies nur für Gewebe mit einer pathologischen Konstitution oder krankhaften Veranlagung der Fall ist. Dies haben insbesondere in den sechziger Jahren biomechanische Berechnungen von PAUWELS ergeben, die feststellten, daß die Belastung bei einer Fehlentwicklung der Hüften (z. B. Steilhüfte/Coxa valga) zehnmal höher war als die eines gesunden, normal entwickelten Hüftgelenks. Bei einer für das gesunde Hüftgelenk noch tolerierbaren Be-

150 Sportschäden

lastung würde dies jedoch bei dem fehlentwickelten Hüftgelenk zu Schäden führen. Diese Berechnungen führten zu dem Postulat, daß bei Unfallfreiheit und bei optimalen anatomischen und sportlichen Voraussetzungen Sportschäden praktisch ausgeschlossen seien.
Der in einem bekannten Lehrbuch der Sporttraumatologie zu lesende Satz, daß der Begriff Sportschaden widersinnig bei dem Anliegen des Sports sei, Leistungsfähigkeit und Gesundheit zu steigern, zeigt, daß auch ethische und ideologische Gedanken in der Diskussion um den Sportschaden Platz gefunden haben. Hieraus ist auch die in sich widersprüchliche Haltung der Medizin dem Sport gegenüber zu erklären, die im Angesicht der schädigenden Möglichkeiten dem Sportler Zurückhaltung auferlegt, andererseits das Steigerungsstreben des Athleten bis an die Grenze des Vertretbaren unterstützt und schließlich den Begriff Gesundheit aus dem heutigen Hochleistungssport verbannt.
Die zahlreichen Statistiken über Sportschäden lassen kein einheitliches Bild erkennen. Das liegt einerseits an dem unterschiedlichen Kontingent der untersuchten Sportler, bei denen Belastungsumfang, Dauer der Belastung zum Untersuchungszeitpunkt und bestehende belastungsmindernde Faktoren nur schwer zu relativieren sind. Andererseits wird die Klassifizie-

Tab. 10: Prozentuale Häufigkeit von Sportschäden bei unterschiedlichen Untersuchungsgruppen

Untersuchungsgruppe	Autor	Sportschäden am Bewegungsapparat
Spitzenturnerinnen	Neugebauer 1974	50 %
Gewichtheber (Halswirbelsäule)	Wilcke / Riecke 1969	50 %
Boxer (Halswirbelsäule)	Wilcke / Riecke 1969	72 %
Ringer (Halswirbelsäule)	Wilcke / Riecke 1969	90 %
Turmspringer	Groher 1959	82 %
Trampolinspringerinnen	Riehle 1971	95 %
Sportambulanzpatienten	Krahl / Steinbrück 1978	23 %
Sportambulanzpatienten	Segesser 1978	57,2 %
Sportambulanzpatienten	Kvist / Finnland 1977	57,4 %
Olympiakämpfer	Heiss 1928	10 %

rung des Sportschadens bei derartigen Untersuchungen in verschiedener Weise gehandhabt, wobei teilweise nur Spätschäden oder sekundäre Sportschäden gewertet werden, und die primären Sportschäden als vorübergehende Krankheitsbilder nicht berücksichtigt werden.

Im wesentlichen ist der *primäre Sportschaden* definiert als eine leistungsmindernde Veränderung des Bewegungsapparats, die jedoch bei entsprechender Reduzierung der Belastung und adäquater Behandlung wieder zu voller Sportfähigkeit und Beschwerdefreiheit führen kann. Der *sekundäre Sportschaden* ist dagegen von bleibenden Defekten und bleibender Belastungsminderung gekennzeichnet. Die Übergänge sind fließend, so daß eindeutige statistische Abgrenzungen nur schwer durchführbar sind.

Die aufgeführte Statistik läßt erkennen, daß bestimmte Sportarten, ähnlich wie bei den Sportunfallverletzungen, eine besondere Disposition für Sportschäden haben. Die Häufigkeit der Sportschäden hat in der jüngeren Zeit erheblich zugenommen. Dies wird durchaus erklärlich, wenn man bedenkt, daß heutige Amateursportler Trainingsbelastungen auf sich nehmen, die vor zwanzig Jahren im Leistungssport gefordert wurden, oder daß Olympiasieger von vor zwanzig Jahren heute in einigen Sportarten international nicht mehr wettbewerbsfähig wären.

Jedoch nicht nur die Trainingsintensität allein ist verantwortlich für das Auftreten von Sportschäden, sondern auch Faktoren wie Sportgerät und Bodenbeschaffenheit. So führt ein moderner Hochsprungstab zu erheblich höheren Beschleunigungswerten für die Bewegungssegmente der Wirbelsäule, und auf Kunststoffböden müssen größere Geschwindigkeiten und höhere Abstoßkräfte von Muskeln, Sehnen und Gelenkknorpel verkraftet werden. Schließlich haben sich auch in einigen Sportarten die Bewe-

Tab. 11: Trainingsumfang im modernen Hochleistungssport

Sportart	Trainingsumfang
Gewichtheber – Federgewicht	7−20 t/Tag − 7 t Tag/Jahr
Gewichtheber – Schwergewicht	70−100 t/Tag − 40 t Tag/Jahr
Trampolinturner	bis 2500 Sprünge/Tag
Kunst- und Turmspringer	40−120 Sprünge/Tag; ca. 35 000/Jahr
Schwimmer	bis 20 km täglich
Langstreckenläufer	30−40 km täglich und mehr
Speerwerfer	5000 Speerwürfe/Jahr
	5000 Würfe mit Bällen, Kugeln etc.
Ruderer	8000−12 000 km/Jahr,
	im Ostblock darüber
Eiskunstläufer	bis 70 Sprünge/Tag bei Intensivtraining
diverse Sportarten	30−40 Stunden Training wöchentlich

gungsabläufe geändert, daß höhere Belastungen toleriert werden müssen. Dies wird offenbar bei den technischen Disziplinen mit der heute üblichen Vorspannung und Vordehnung der Muskulatur und Gelenkbänder sowie der ausgeprägteren Rotation in der Wirbelsäule. Beispielhaft soll hier auch der moderne Skirennsport mit den erheblichen Kraftbeanspruchungen der Oberschenkelmuskulatur und der damit verbundenen Kniegelenkbelastung genannt werden.

Ursachen von Sportschäden

Allgemein läßt sich sagen, daß überall dort, wo ein *Mißverhältnis zwischen Belastung und Belastbarkeit* vorliegt, ein Sportschaden auftreten kann. Das kann einerseits bedeuten, daß eine absolute Über- und Fehlbelastung für einen gesunden Bewegungsapparat besteht, oder aber die Belastbarkeit des Sportlers durch Gewebsveränderungen und -schwächen gemindert ist. Anders formuliert läßt sich auch sagen, daß äußere, exogene oder sportartspezifische Faktoren zu einer *absoluten Überlastung* führen, endogene, sportlerspezifische Faktoren lassen dagegen auch eine geringe Belastung zu einer *relativen Überlastung* werden.

Absolute Fehlbelastung und Überbelastung

Die *Intensität und die Dauer der Trainingsbelastungen* im Leistungssport konnten in den letzten Jahren unterstützt von intensiver sportmedizinischer Forschung auf schier märchenhafte Werte gesteigert werden. Die extremen Belastungen des modernen Hochleistungssports rufen bei Laien wiederholt Kopfschütteln und Erstaunen hervor, und Mediziner und Physiologen äußern sich skeptisch zu ihrer Tolerierbarkeit.
Belastungsspitzen führen sportartspezifisch zu Überlastungsschäden in bestimmten Bereichen des Bewegungsapparats, so daß sich eingebürgert hat, von der sog. Werferschulter, dem Speerwerfer- und Tennisellbogen, dem Schwimmerknie, der Fußballerleiste und dem Flopperfuß zu sprechen (Abb. 99).
Auch das *Sportgerät* kann einen wesentlichen Einfluß auf das Entstehen von Sportschäden haben. Es wird beispielhaft auf den Tennisschläger mit variablem Material, variabler Bespannung und Griffstärke verwiesen. Auch im Wintersport kann ein in Stabilität und Länge falsch gewählter Ski überlastend wirken.

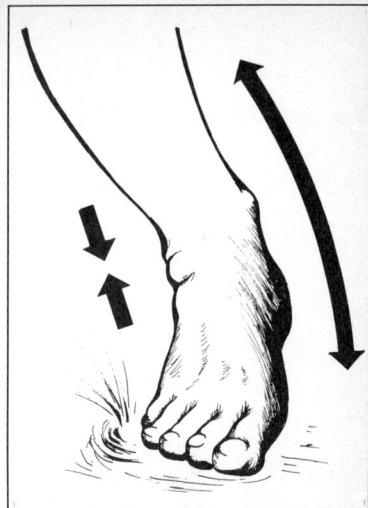

Abb. 99: «Flopperfuß»

Seitdem moderne *Sportböden* wie Kunststoffbahnen, Kunstrasen und Parkettbeläge aus dem modernen Sportbetrieb nicht mehr fortzudenken sind, haben sich parallel zu deren Entwicklung auch vermehrt Sportschäden im Bereich der unteren Extremitäten gezeigt. ‹Gewachsene› Böden – Aschenbahnen, Naturrasenflächen – sind in der Lage, einen Teil der Bewegungsenergie sowohl in der Stützphase als auch in der Abstoßphase beim Laufen zu absorbieren. Auf den modernen Sportböden dagegen wird die Verformungsenergie durch gesteigerte Elastizität und erhöhte Bremswirkungen auf den Fuß ‹reflektiert›, was zu Schwingungen der belasteten Gewebe, Muskeln, Sehnen, Knochen und Knochenhaut um 100 Hertz führt. Berechnungen haben ergeben, daß die negative Beschleunigung (Verzögerung) des Fußes auf Kunstböden bis zu $10\,g$ ($1\,g = 10\,\text{m}/\text{sec}^2 = $ Erdbeschleunigung) beträgt, auf Rasenböden dagegen nur $2-3\,g$ (PROKOP). Die Industrie ist seit Jahren, teilweise mit Erfolg, bemüht, belastungsmindernde Bodenbeläge und auch Schuhwerk zu entwickeln. Es ist hierbei notwendig, daß die Sohle des Sportschuhs einerseits die Bremsenergie und den Aufprallschlag der Ferse mit der fortgeleiteten Schockwelle zu absorbieren, andererseits die Haftung des Schuhs zu erniedrigen und seine Gleiteigenschaften zu erhöhen vermag. Auch das Material für Einlagen oder Fersenpolster, z. B. das visco-elastische Sorbothane® (BERKEMANN), zeigt hervorragende Dämpfungseigenschaften. So ergaben Messungen, daß 94 %

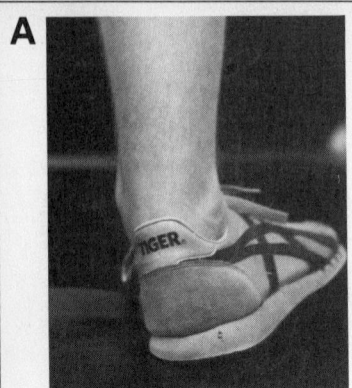

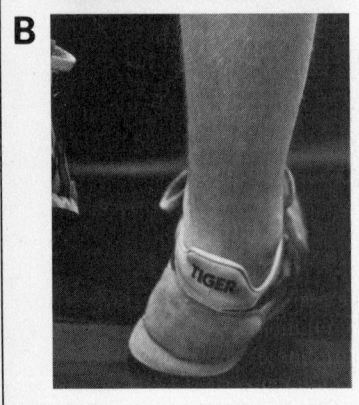

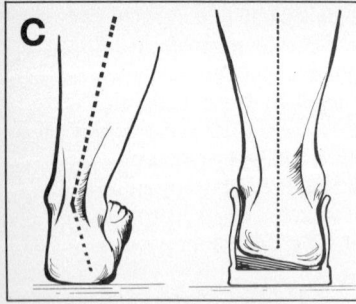

Abb. 100: Fersenstellung beim Lauf
A Falsch   B Aktive Korrektur
C Passive Korrektur durch Fersenkeil
(Supinationskeil)

der Energie des Aufprallschocks durch Verformung absorbiert wird (Luftkissen-Sohle 58,2 %) und daß die Schockwelle um ca. die Hälfte reduziert und auf eine längere Zeit verteilt wird, nämlich von 15 auf 25 Millisekunden. Sorbothane® mit einer Schichtdicke von 6 mm erreicht z. B. die gleiche Dämpfung wie 30 mm Crepe-Gummi.

Ein typischer primärer Sportschaden, der durch derartige Böden verursacht wird, ist die schmerzhafte Schienbein-Periostitis, auch «Tartan-Syndrom» genannt. Erstmals trat es gehäuft während der Olympischen Sommerspiele in Melbourne auf den Asphaltböden der Aufwärmbahnen auf und führte zu dem Namen «Melbourne-Syndrom».

Wie sehr das *Schuhwerk* zu Sportschäden führen kann, zeigen die Aussagen von Sportmedizinern, daß etwa ein Drittel der derzeitigen Sportlaufschuhe und Skischuhe praktisch unbrauchbar seien und daß z. B. der Fußballschuh einer der am meisten unterentwickelten Schuhe überhaupt sei. Biomechaniker und Sportmediziner weisen wiederholt auf die Notwendigkeit einer festen Fersenfassung und Verstärkung der Innenseite des Schuhs hin und fordern eine physiologische Konstruktion des Fußbetts im Schuh, bei dem der Fersenbereich so konstruiert sein sollte, daß die Fersenaußenseite beim Aufsetzen des Fußes belastet wird. Der richtig konzipierte Laufschuh muß den Fuß in der Landung dämpfen, die Sprunggelenke derart stützen, daß ein Umknicken der Ferse nach innen vermieden wird und der Fuß in der Abrollbewegung auf die Innenseite des Vorfußes geführt wird. Bei der idealen Laufform befindet sich also der Rückfuß beim Aufsetzen in Supination (Einwärtsdrehung) und der Vorfuß beim Abstoßen in Pronation (Auswärtsdrehung). Diese Lauftechnik ist einerseits erlernbar, andererseits durch einen stabilen und nicht weichen Fersenteil der Sohle unterstützbar.

Typische primäre Sportschäden, die durch falsches Schuhwerk verursacht werden können, sind Reizungen und Veränderungen im Bereich der Achillessehne (Achillodynie) und der Sehne des hinteren Schienbeinmuskels (Tibialis-Posterior-Syndrom) sowie Überlastungen der inneren Kapsel und der Innenbänder des oberen Sprunggelenks und auch des Kniegelenks.

Relative Fehlbelastung und Überbelastung

Konstitution
Es steht außer Zweifel, daß die Belastbarkeit des Bewegungsapparats von genetisch bedingten Faktoren abhängig ist. Die klassischen Konstitutionstypen nach KRETSCHMER, Leptosomer, Pykniker und Athletiker, sind in unterschiedlicher Weise für sportliche Höchstleistungen prädestiniert (wie Abb. 101). So kann z. B. der Leptosomer eine ausgezeichnete funktionelle Entwicklung des Bewegungsapparats für Ausdauersportarten herbeiführen, es ist ihm jedoch nicht möglich, ein ausreichend schützendes Muskelkorsett zum Schutz der Wirbelsäule bei Sportarten mit erheblicher stati-

Abb. 101: Die Körperbautypen (Konstitutionstypen) nach Kretschmer. Von links nach rechts: Leptosomer, Athletiker, Pykniker (MÖRIKE / BETZ / MERGENTHALER, Biologie des Menschen 1959)
(Copyright © Quelle & Meyer Verlag Heidelberg · Wiesbaden)

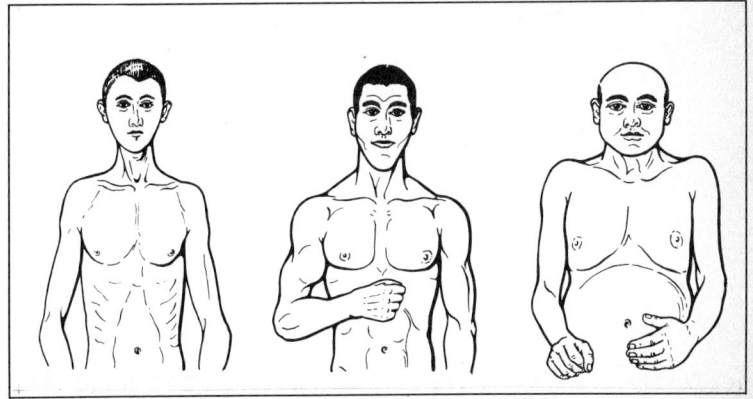

scher Belastung wie Ringen oder Schwerathletik aufzubauen. Zwangsläufig werden bei ihm derartige Sportarten zu Sportschäden führen. Auch die konstitutionsbedingten Größenrelationen Extremitäten- zu Rumpflänge und Körpergewicht zu Körpergröße können sich bei bestimmten Sportarten nachteilig auswirken.

Eine gezielte Sporteignungsuntersuchung und Selektion stellt somit im Hochleistungssport eine wesentliche prophylaktische Maßnahme dar.

Geschlecht

Ob das weibliche Geschlecht in erhöhtem Maß von Sportschäden bedroht ist, wird heute nach wie vor heftig diskutiert. Zweifelsohne besteht eine teilweise genetisch bedingte Unterschiedlichkeit des weiblichen Bewegungsapparats gegenüber dem Mann mit besonderen Eigenschaften der Gewebsstrukturen. So wird die extreme Flexibilität der Gelenke und der Wirbelsäule durch eine natürlich gegebene höhere Elastizität des Bindegewebes möglich. Wie sehr diese Eigenschaften im Leistungssport ausgenutzt werden, zeigt z. B. die Entwicklung im Frauenturnen in den letzten Jahren. Es bleibt abzuwarten, in welchem Maß spätere Untersuchungen eine Zunahme der Sportschäden bei der jüngeren Turnerinnen-Generation zeigen werden. Es zeichnet sich jedoch die Tendenz ab, daß mit Schädigungen zu rechnen ist, wie sie bei männlichen Turnern bisher nicht beobachtet wurden.

Auch gilt es abzuwarten, wie sich die Emanzipation des Frauensports auf bisher männliche Sportarten wie Fußball und Krafttraining (Bodybuilding), ja sogar Boxen, auswirken wird.

Die extreme Langlaufbelastung im Frauensport in den letzten Jahren hat bereits wissenschaftlich gesichert zu einer Sportschädigung anderer Art geführt. So zeigte nicht nur der Körperbau Veränderungen durch den geringen Anteil an Körperfett, sondern es stellte sich auch durch Hormonverschiebungen ein Ausbleiben der Periode ein. Diese sog. «sekundäre Amenorrhoe» zeigt sich in vielen Fällen als nicht reversibel. In einer amerikanischen Veröffentlichung wurde Langläuferinnen mit Kinderwunsch ein wöchentliches Training von höchstens 15–25 km empfohlen.

Alter

Auf das Alter des Sporttreibenden bezogen, können *schon* zu hohe Belastungen den Heranwachsenden schädigen, *noch* zu hohe Belastungen den Älteren.

Beim Jugendlichen bis zur Pubertät beträgt die Muskelmasse etwa 30 % des Körpergewichts gegenüber 40 % des ausgewachsenen Menschen. Hierdurch wird bereits natürlich eine Grenze für muskuläre Überlastungen beim Kind und beim Jugendlichen vorgegeben. Jedoch zeigen bestimmte Skelettstrukturen während des Wachstums eine hohe Empfindlichkeit gegenüber Kraft- und Gewichtsbelastungen. Ein physiologisches Gesetz (Murk-Jansen) besagt, daß die Empfindlichkeit der Gewebe proportional der Schnelligkeit des Wachstums ist. Diese Gesetzmäßigkeit wird im modernen Hochleistungstraining von Kindern und Jugendlichen oft erheblich überschritten, wie das Vorkommen von Sportschäden bei jugendlichen Leistungssportlern immer wieder beweist. Soll die sportliche Betätigung im Kindes- und Jugendalter einem überwiegend gesundheitlichen Zweck dienen, so sollte eine rücksichtslose Ausschöpfung der Leistungsreserven durch verantwortliche Lehrer, Trainer und Ärzte vermieden werden.

Das Wachstum des Kindes unterliegt bis zur Pubertät bestimmten Gesetzmäßigkeiten, wobei unterschiedliche Belastungstoleranzen vor allem für Kraftbeanspruchungen bei Knochen- und Knorpelgewebe auftreten können. Die Muskulatur des Heranwachsenden ist histologisch (Gewebe) gesehen ausgereift, im weiteren Wachstum ändert sich lediglich das Dickenwachstum und das numerische Wachstum. Gleiches trifft für das Sehnengewebe zu, wobei im Wachstumsalter noch eine höhere Elastizität gegeben ist. Die Flexibilität der Gelenke ist aufgrund der ebenfalls hohen Elastizität des Band-Kapsel-Apparats im Alter von 10–12 Jahren am höchsten und ebenfalls gut trainierbar. Dagegen sind Knorpel- und Knochengewebe, vor allem deren Wachstumszonen, hoch empfindlich.

Wie aus der Anatomie bekannt ist, findet das Längenwachstum der meisten Knochen in Wachstumszonen oder -fugen statt. Sie stellen Abschnitte dar, in denen breitflächig Wachstumsknorpel zu den Knochenenden (Epiphysen) hin verknöchern. Im Bereich der Sehnenansätze finden sich ebenfalls Zonen aus Wachstumsknorpel, die Apophysen. Dieser Wachstumsknorpel unterliegt anderen Gesetzen als der ausgewachsene Knochen: Übermäßige Belastung führt zur Wachstumsbremsung, übermäßige Entlastung zur Wachstumsbeschleunigung. *Mechanischen Schädigungen* gegenüber stellen sie einen Schwachpunkt dar, vor allem dann, wenn vor Abschluß der knöchernen Fugendurchbauung die Elastizität des Knorpels nachläßt, dagegen die Festigkeit des Knochens noch nicht erreicht ist.

Die größte Gefahr bei einer mechanischen Schädigung ist das *Verrutschen der Epiphyse,* wenn die Wachstumsfuge nachgiebig wird, was im Alter zwischen 10 und 15 Jahren auftreten kann, wobei eine erbbedingte Anlage nicht ausgeschlossen wird. Typische Lokalisationen eines solchen Epiphysenrutsches sind im Schultergelenk, am Hüftgelenkkopf und am Schienbeinkopf bekannt (Abb. 102, Seite 158).

Ebenso gefährdet sind die Übergangsbereiche der Sehnen zum Knochen (Apophysen). Unter ungünstigen Belastungsformen, bei bereits ausgeprägter Muskelkraft und fehlender Verknöcherung der Apophysen, können *Apophysenabrisse* auftreten (Abb. 103, Seite 158).

Bekannt sind Abrisse am:
– vorderen unteren Darmbeinstachel (Sprinterfraktur), dem Ursprung

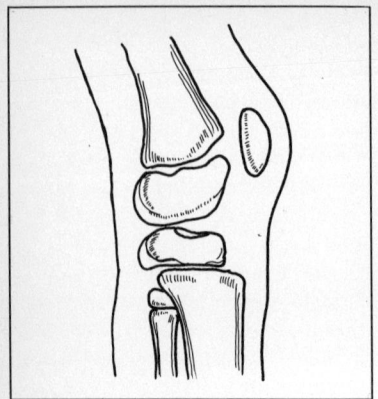 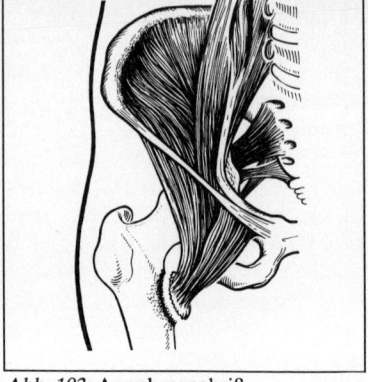

Abb. 102: Epiphysenrutsch   *Abb. 103:* Apophysenabriß

des geraden Oberschenkelmuskels (M. rectus femoris);
– Sitzbeinhöcker, dem Ursprung der Kniegelenkbeuger: beim Sprinten, bei Sprüngen, beim Skilauf und Fußball;
– großen Rollhügel des Oberschenkels als Ansatz der Gesäßmuskulatur;
– kleinen Rollhügel, dem Ansatz des Lendendarmbeinmuskels;
– Ansatz des Kniescheibenbands;
– inneren und äußeren Oberarmknorren des Ellbogengelenks, dem Ansatz der Unterarmbeuge- und streckmuskulatur.

Auch der eigentliche Gelenkknorpel zeigt eine hohe Empfindlichkeit. So können sich vorwiegend bei männlichen Kindern und Jugendlichen im Bereich von Gelenkköpfen (nie Gelenkpfannen) unter schädigendem Einfluß begrenzte *Knorpelabtrennungen* zum gesunden Knochen hin bilden. Die dann isolierten Bereiche verbleiben entweder in der Gelenkfläche oder sie werden in das Gelenkinnere als freie Gelenkkörper abgestoßen. Der Gelenkkörper wird als Gelenkmaus, die Aushöhlung der Gelenkfläche als Mausbett bezeichnet. Die Ursache dieser als Osteochondrosis dissecans bezeichneten Wachstumserkrankung ist noch nicht exakt geklärt, mechanische Faktoren und damit der Sport sind nicht allein verantwortlich zu machen (Abb. 104).

Auch bei der Entstehung einer Wachstumserkrankung, dem *spontanen Knochenzerfall* (aseptische Knochennekrose) wird als Ursache neben anderen Faktoren wie hormonelle Störungen und lokale Durchblutungsstörungen die mechanische Überlastung diskutiert. Die Veränderungen, die mit einem lokal begrenzten vollkommenen Zerstörungsprozeß des Knochens einhergehen, treten nicht nur im Bereich der Apophysen und Epi-

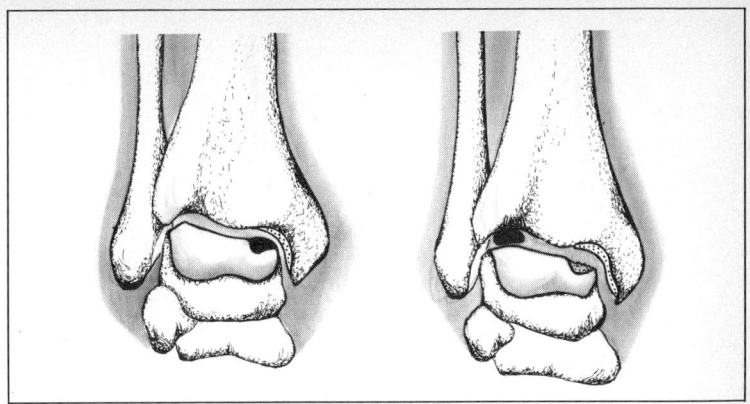

Abb. 104: Osteochondrosis dissecans: «Gelenkmaus»

physen auf. Aseptische Knochennekrosen finden sich auch an den Hand- und Fußwurzelknochen, an den Schäften der langen Röhrenknochen, an Wirbelkörpern und am Beckenknochen, nicht jedoch an Knochen, die keiner ständigen mechanischen Beanspruchung ausgesetzt sind, wie den Rippen oder dem Schädeldach. Die feststellbaren äußeren Veränderungen, wie Druckschmerz und Belastungsschmerz sowie Funktionsstörung, gehen den röntgenologischen Veränderungen oft voraus, so daß Alarmzeichen für eine ärztliche Untersuchung bereits früh gegeben sind. Typisch für diese Erkrankungen ist, daß sie nur in einem bestimmten Alter auftreten, teilweise geschlechtsspezifisch sind und nach einem fast gesetzmäßigen Ablauf verheilt oder «ausgebrannt» sind, d. h., daß der Knochen wieder belastungsfähig wird, wenn es nicht zu einer Defektheilung gekommen ist, die bestimmte Einschränkungen der Sportfähigkeit bedingen.
Eine typische derartige, nach ihrem Erstbeschreiber benannte aseptische Knochennekrose ist die «Schlattersche Erkrankung». Es handelt sich hierbei um eine Osteonekrose (Absterben von Knochengewebe) im Bereich der Schienbeinrauhigkeit, dem Ansatz des Kniescheibenbands, die überwiegend beim männlichen Jugendlichen im Alter zwischen 8 und 14 Jahren auftritt (Abb. 105, Seite 160). Die Krankheitssymptome sind: Druckschmerz, ziehender Schmerz bei Belastung des Kniegelenks im Streckvorgang sowie Schwellung. Meist bringt eine sportartspezifische Schonung, teilweise mit vorübergehender Ruhigstellung im Gipsverband, eine Besserung der Beschwerden, nur selten wird eine Operation notwendig. Ausgleichssportarten können während der Behandlung durchgeführt werden. Nach der Ausheilung, die entweder mit oder ohne Defekte verlaufen kann, ist eine volle Belastbarkeit wieder möglich.

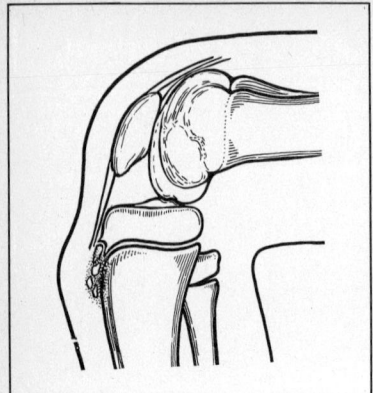

Abb. 105: Schlattersche Erkrankung

Weitere aseptische Knochennekrosen können an folgenden Lokalisationen auftreten (in Klammern die Namen der Erstbeschreiber, nach denen die Krankheiten jeweils benannt wurden):
– Hüftgelenkkopf (Perthessche Erkrankung): 3.–9. Lebensjahr;
– Köpfchen des zweiten und dritten Mittelfußknochens (Köhler II): 10.–18. Lebensjahr;
– Kahnbein des Fußes (Köhler I): 3.–8. Lebensjahr;
– Mondbein des Handgelenks (Kienböck): 20.–30. Lebensjahr;
– unterer Kniescheibenpol (Sindig-Larsen): 8.–11. Lebensjahr.

Auch die bekannte *Scheuermannsche Erkrankung* der Wirbelsäule wird zu den aseptischen Knochennekrosen gerechnet und stellt eine Verknöcherungsstörung der Wirbelgrund- und -deckplatten in der Streckphase der Pubertät dar (Abb. 106). Sie tritt im Alter zwischen 10 und 14 Jahren überwiegend bei Jungen auf und führt im ungünstigsten Fall über Defektbildungen an den Vorderkanten der Wirbelkörper, insbesondere im Bereich der Brustwirbelsäule, zu Keilwirbeln mit einem vermehrten und eingesteiften Rundrücken (Kyphose). Die Erkrankung wird auch Adoleszentenkyphose oder juvenile (jugendliche) Kyphose genannt. In der bezeichneten Wachstumsphase sind die Wachstumszonen an den Randkanten der Wirbelkörper (Randleisten-Ansätze des Wirbelsäulen-Längsbands) gegen Belastungen besonders empfindlich. Auch hat die Elastizität des Bandscheibenknorpels abgenommen, die Druckfestigkeit der Wirbelkörper ist dagegen noch nicht ausreichend gefestigt, so daß Bandscheibengewebe in die Bodenplatten der Wirbelkörper gedrückt werden kann (Schmorlsche Knorpelknötchen). Entsprechend dem Auftreten dieser Erscheinungen und ihrem Niederschlag im Röntgenbild unterscheidet man vier Stadien, in denen unterschiedliche Belastungen noch möglich sind:
– *Stadium 1:* Dumpfe, nicht nur belastungsabhängige Rückenschmerzen. Keine wesentlichen röntgenologischen Veränderungen. Eine ärztliche Überwachung ist notwendig, Reduzierung der Trainingsbelastung.
– *Stadium 2:* Beginnende Veränderungen an den Wirbelkörperkanten und -grund- und -deckplatten. Erhebliche Belastungsminderung, vor allem bei Sportarten mit hoher axialer und mit hoher Kraftbelastung wie Sprungdisziplinen, Rudern, Turnen. Laufen und Schwimmen sind möglich. Gleichzeitig krankengymnastische Behandlung.

– *Stadium 3:* Erhebliche ständige Rückenbeschwerden. Röntgenologische, klassische Veränderungen der Scheuermannschen Erkrankung. Absolute Sportpause von mindestens drei Monaten mit gezielter krankengymnastischer Behandlung. Wiederaufnahme des Trainingsprogramms nur zögernd und nach ärztlicher Beurteilung.

– *Stadium 4:* Endzustand der Erkrankung mit teilweise fixiertem Rundrücken. Weitere sportliche Belastung entsprechend der verbliebenen Veränderungen. Die Erkrankung ist mit Beendigung des Wachstums ausgeheilt.

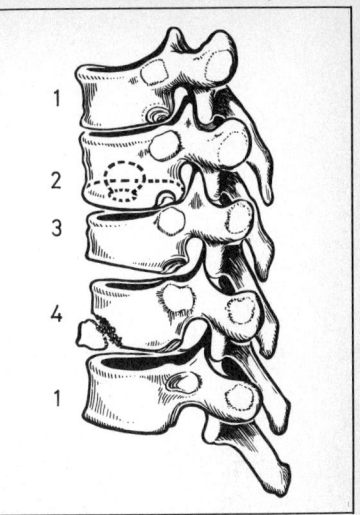

Jede Schmerzangabe eines Kindes oder Jugendlichen im Bereich der Wirbelsäule oder der Gelenke, jede erkennbare Funktionsstörung und Abweichung von der normalen Form sollte die Gedanken des Lehrers, Betreuers und

Abb. 106: Scheuermannsche Erkrankung
1 normale Wirbelkörper
2 Schmorlsche Knorpelknötchen
3 Keilwirbel
4 Randleistenabbruch

Trainers auf das Vorliegen einer derartigen Wachstumserkrankung lenken und eine frühzeitige ärztliche Untersuchung anregen. Allzuoft gehen frühe Alarmzeichen, vor allem durch jugendlichen Ehrgeiz und Verharmlosung sowie durch die gefährliche Annahme von «Wachstumsbeschwerden», unter. Rechtzeitige Behandlung oder Trainingsänderung können einen Sportschaden vermeiden.

Der Bewegungsapparat des *älteren Sporttreibenden* und *Alterssportlers* unterliegt einer naturgegebenen, altersbedingten Strukturveränderung, insbesondere des Bindegewebes, die die Belastbarkeit reduziert. Ist der Sportler, aus welchen Gründen auch immer, nicht bereit, seinen Trainingsumfang zu reduzieren, so kann die gewählte Belastungsintensität zu einem forcierten Fortschreiten der Altersveränderungen und damit zur Arthrose führen. Regelmäßige ärztliche Untersuchungen, vor allem auch in Anbetracht der Herz- und Kreislaufverhältnisse, sollten bei über dreißigjährigen Sportlern konsequent durchgeführt werden. Während der Arzt beim Alterssportler erfahrungsgemäß oft nur als leidiger Berater fungiert, sollte er in Gemeinsamkeit mit den Betreuern beim Kind und dem Heranwachsenden als Anwalt gegen Überforderung und Überlastung auftreten.

Gewebeveränderungen

Die Überlastung entsteht durch regelmäßige und übermäßige Druck-, Zug-
und Biegebeanspruchungen, die vor allem bei stereotypen Bewegungsabläufen auf den Bewegungsapparat einwirken. Derartige mechanische Beanspruchungen können entweder kontinuierlich als *ultraphysiologische*
Belastungen oder vereinzelt, aber summierend als *Mikrotraumen* auftreten. Von den dadurch entstehenden Veränderungen bleibt kaum eine
Gewebeart des Körpers verschont. In besonderem Maße sind jedoch die
bradytrophen (stoffwechselträge und durchblutungsarm) Gewebe wie Sehnen, Bänder, Knorpel und Narbengewebe betroffen, die bereits natürlicherweise den Alterungsprozessen vorrangig ausgesetzt sind. Diese Gewebe können sich nur verzögert auf eine Belastungsänderung einstellen,
eine Überlastung führt auf die Dauer zu einer ‹Materialermüdung›, und bei
einer eingetretenen Schädigung wird die Heilung bedeutend länger dauern
als bei einem gut durchbluteten Gewebe. Jedoch auch bei den ausgesprochen stoffwechselaktiven Gewebsarten wie Muskulatur, Knochen, Haut
und Gefäßen sind primäre Sportschäden durchaus möglich. Die feingeweblich festzustellenden Veränderungen sind nicht einheitlich. So finden sich
Entzündungen, lokalisierte Gefäßschäden mit Durchblutungsstörungen,
Knochenbrüche, Altersveränderungen mit Gewebsauflösungen, Fett- und
Kalkeinlagerungen sowie Narbenbildungen.

Hautschäden

Bei den Sportschäden der Haut handelt es sich überwiegend um Veränderungen, die zu keiner Belastungsminderung führen.
Schwielenbildungen sind Hornhauthypertrophien (Zellenwachstum), die
als Anpassungswachstum auf vermehrten Druckreiz anzusehen sind. Sie
finden sich bevorzugt in den Hohlhänden von Turnern, Kanuten, Ruderern
und Windsurfern. Ob die krankhafte Verschwielung der Fingerbeugesch-
nen in der Hohlhand (Dupuytrensche Kontraktur) mit Aufhebung der Fin-
gerstreckung auf mechanische Reize zurückzuführen ist, ist wissenschaftlich nicht eindeutig nachgewiesen. Hauthypertrophien finden sich auch
über dem Fußrücken und oberhalb der Knöchelgabel bei Eiskunstläufern
und Eisschnelläufern, hervorgerufen durch die notwendige enge Schuh-
schnürung.

Auch bei Kampfsportarten sind Schwielenbildungen im Bereich erhöhter Beanspruchung, wie z. B. durch die Fußfegertechnik an den Vorfüßen zu beobachten. Als vorbeugende Maßnahme ist die Pflege der Haut mit Hirschtalgcreme anzuraten. Schwielen mit Schrunden- und Borkenbildung lassen sich mit Salicyl-Vasogen® günstig behandeln. Zu warnen ist wegen der Infektionsgefahr vor unsachgemäßem Abschneiden und Abreißen.

Eine weitere Form eines Sportschadens der Haut stellen die *Dehnungsstreifen* (Striae) dar. Es handelt sich hierbei um zunächst blaurötlich, später weiß gefärbte Streifen in Längsrichtung der Haut, die nach Zerreißung der elastischen Hautfasern durch mechanische Einflüsse entstehen. Sie können physiologischerweise bei schnellem Wachstum im unteren Rückenanteil und an den Oberschenkeln auftreten, sie sind auch anzutreffen im Bereich des Schultergürtels nach starkem Muskeltraining. Sie haben keinen Krankheitswert.

Auch *Hautinfektionen* (vgl. S. 42 ff), die für einige Sportarten als typisch zu bezeichnen sind, können unter den Hautschäden eingereiht werden. Das gleiche gilt für die *Pilzinfektionen,* die nicht nur bei Wassersportlern (Fußpilz), sondern auch bei Läufern und Radfahrern in Form des sogenannten Wolfes (Erythrasma) anzutreffen sind. Hierbei kommt den synthetischen Geweben mit mangelnder Schweißresorption eine ursächliche Bedeutung zu. Regelmäßige Körperpflege mit Warmwasserbädern und zurückhaltender Seifen- und Shampooanwendung sind neben sauberster Bekleidung als prophylaktische Maßnahmen zu sehen.

Vollständigkeitshalber soll auf die Hautveränderungen hingewiesen werden, die unter regelmäßiger Sonneneinstrahlung bei Bergsportlern und Wassersportlern entstehen können. Es handelt sich einerseits um eine *Verlederung* mit Atrophie (Verminderung) der Unterhaut, um ekzematöse Veränderungen und schließlich auch um Hautkarzinombildungen.

Muskelschäden

Zu den Sportschäden der Muskulatur ist in erster Linie die Muskelverkalkung (Myositis ossificans) (vgl. S. 77) zu rechnen. Als Folgen von Überlastungssyndromen sind jedoch auch der Muskelhartspann (vgl. S. 79), der Muskelkrampf (S. 78) und die Muskelhärte (Myogelose) (S. 80) einzureihen.

Sehnen- und Bänderschäden

Sehnen und Bänder bestehen aus straffem Bindegewebe, das durch den
Reichtum an parallel verlaufenden zugfesten kollagenen Fasern gekennzeichnet ist. Die Sehnen sind als Erfolgsorgane des Muskels anzusehen und
zum aktiven Teil des Bewegungsapparats zu rechnen, die Bänder haben
dagegen passive Aufgaben der Gelenksicherung. Eine Überlastung dieser
Strukturen ist durch eine Überzahl an ultraphysiologischen Zugbeanspruchungen möglich und wird durch unphysiologische Voraussetzungen gefördert. Als Beispiel hierzu seien für die Bänder die Achsenfehlstellungen der
Gelenke und für die Sehnen ein Ungleichgewicht zwischen Muskelkraft
und Sehnenfestigkeit genannt, wie dies bei umfangreichem Krafttraining,
insbesondere unter Anabolikagaben auftreten kann. Ein Trainingseffekt
der Sehnen und Bänder ist möglich, tritt jedoch deutlich verzögert gegenüber der Muskulatur auf. Dies spielt eine besondere Rolle nach längerer
z. B. verletzungsbedingter Sportpause.

Nicht nur allein die Sehnen und Bänder, sondern auch ihre Anhangsorgane
wie z. B. Sehnenscheiden und Schleimbeutel, aber auch das Gleitgewebe
scheidenloser Sehnen (Achillessehne) können betroffen sein. Die Krankheitserscheinungen des Sehnen- und Bandleidens (Tendopathie, Ligamen-
topathie) sind nicht einheitlich, so finden sich reine *Entzündungszustände*
(-itis) und reine *Aufbrauchveränderungen* (-ose) und fließende Übergänge. Die Entzündungen der Sehnen (Tendinitis), des Sehnengleitgewebes (Peritendinitis), der Sehnenscheiden (Tendovaginitis) sowie der
Schleimbeutel (Bursitis) äußern sich meist durch akute und heftige Schmerzen bei Bewegungen, sie können aber auch schleichend mit Schwellungen
und Fibrinabsonderungen entstehen, wie dies bei den Sehnenscheidenent-
zündungen auftreten kann, die klinisch mit einem «Sehnenknarren» und
einem «Schneeballknirschen» deutlich werden. Die Veränderungen treten
bevorzugt an den Unterarmen bei Rückschlagsportarten (Tennis, Tischtennis, Badminton, Squash) auf, werden jedoch auch im Schultergelenkbe-
reich vor allem beim Werfen und Überkopfschlagen angetroffen. Bei Lauf-
und Sprungdisziplinen sind vor allem die Achillessehne und die Strecksehn-
nen der Zehen betroffen.

Bei nicht ausreichender Behandlung und Belastungspause werden diese
Veränderungen *chronisch* und führen zu typischen Veränderungen und anhaltender Belastungsminderung. Bei den Beugesehnen der Finger z. B. bei
Kanuten und auch Ruderern können dadurch Schwellungen der Sehnenscheiden auftreten, die zu einem Engpaß werden, durch die die Sehne
selbst hindurchschnellen muß («Schnellender Finger»). Eine typische Veränderung findet man auch bei den chronischen Schleimbeutelentzündun-

gen, bei denen sich nach Rückgang der primären entzündlichen Schwellung kleine verschiebliche Fremdkörper (Reiskörner) im Schleimbeutel tasten lassen. Diese aus geronnenem Fibrin bestehenden Körper führen bei mechanischen Reizungen wiederholt zu weiteren Entzündungen.

Chronische Entzündungszustände des Sehnengleitgewebes greifen mit der Dauer auf das eigentliche Sehnengewebe über und führen so zu Aufbrauchschäden (Tendinosen), wie dies bei dem häufigen Überlastungsschaden der Achillessehne (Achillodynie) zu beobachten ist. Feingeweblich findet sich hierbei eine Auflockerung des Sehnengewebes mit Unterbrechung und Auflösung der kollagenen Fasern, im weiteren tritt Gewebszerfall mit nachfolgender Verkalkung auf. Bei der operativen Behandlung derartiger Sehnen findet sich mitunter nur noch ein dünner Sehnenmantel bei zerstörtem zentralen Gewebe. Bei rechtzeitiger und ausreichender Behandlung wurden feingewebliche Bezirke festgestellt, bei denen es nach Einsprossen von bestimmten Zellen zu neuer Kollagenfibrillenbildung gekommen ist. Mit dieser Art der sogenannten Gewebsproliferation versucht man auch den Trainingseffekt von Sehnen zu erklären.

Typisch für das Erscheinungsbild von Sehnen- und Bandschäden ist die Beobachtung, daß Beschwerden zunächst nur zu Beginn des Trainings bei verminderter Durchblutung auftreten, bei zunehmender Aktivität jedoch rückgängig sind. Um spätere, irreversible sekundäre Sportschäden zu vermeiden, sollte bei solchen Beobachtungen frühzeitig eine Belastungsreduktion und eine Behandlung durchgeführt werden.

Schäden der Sehnenansätze

Die Überlastungsfolgen im Bereich der Sehnenansätze (Insertionstendopathien, Insertionstendinosen) bilden das Hauptkontingent der primären Sportschäden. Die Gewebsveränderungen zeigen ebenso wie bei den Sehnen fließende Übergänge zwischen Reiz- und Entzündungszuständen sowie degenerativen Veränderungen. Sie gehen teilweise mit heftigem Druck-, Spontan- und Belastungsschmerz einher; weiterhin sind Schwellungen zu beobachten, und schließlich wird vorübergehend oder bleibend die Funktionsfähigkeit gestört.

Die periostfreien (Periost = Knochenhaut) Sehnenansätze zeigen einen charakteristischen Aufbau, bei dem die kollagenen parallel geordneten Sehnenfibrillen sich mit dem räumlichen, scheinbar ungeordneten Netz der kollagenen Knochenfibrillen vereinigen und dort ihren Halt finden. Durch die Zwischenschaltung einer unverkalkten und einer verkalkten Knorpelzone zwischen reinem Sehnengewebe und reinem Knochengewebe können

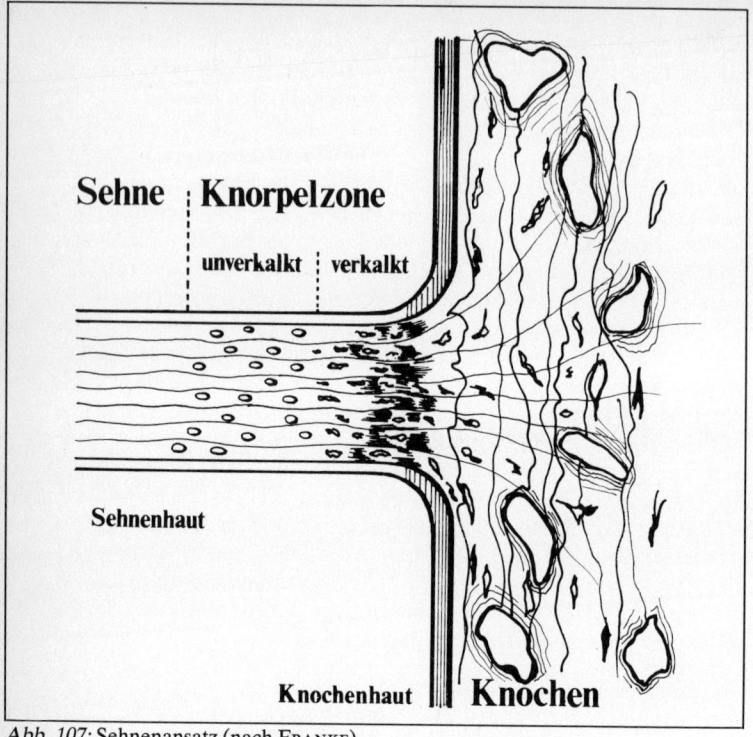

Abb. 107: Sehnenansatz (nach FRANKE)

einerseits hochelastische Federungseffekte erzielt und andererseits eine
zunehmende Verzahnung mit dem Knochen gewährleistet werden
(Abb. 107).
Der Federungseffekt wird durch Abb. 108 verständlich. Im Ruhezustand
sind die kollagenen Fibrillenbündel durch Knorpelpartikel großbogig voneinander getrennt, unter Zuganspannung führen sie zu einer Bremsung des
Elongationsvorgangs. Schädigungen durch Überlastungen, wiederholte
Mikrotraumatisierungen, ständig erhöhte Muskelspannung sowie lokale
Gewebsveränderungen treffen somit nicht nur das Sehnengewebe für sich,
sondern auch die Knorpelgrundsubstanz der zwischengeschalteten Knorpelzone. Feingeweblich lassen die degenerativen Veränderungen Unter-
brechungen der kollagenen Fibrillen mit Nekrosen und Verfettungsberei-
chen im Sehnenanteil erkennen. In der zwischengeschalteten Schicht des
Faserknorpelgewebes ist eine Auflösung der Knorpelgrundsubstanz er-

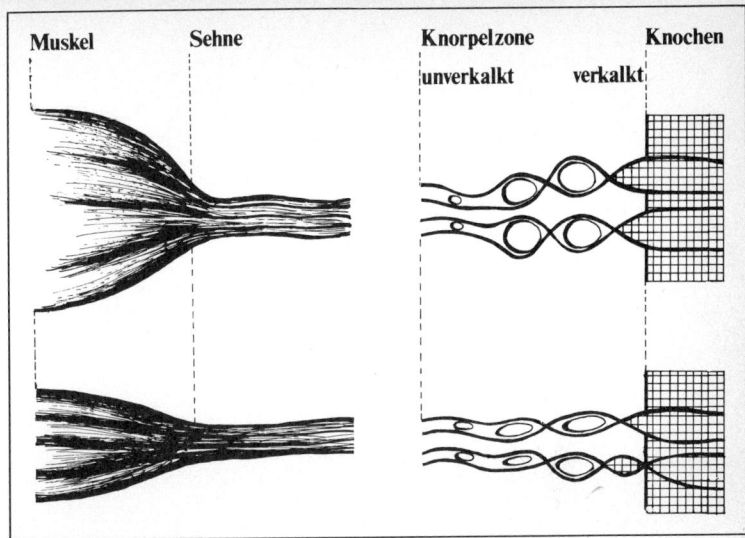

Muskel **Sehne** **Knorpelzone** **Knochen**
unverkalkt verkalkt

Abb. 108: Federungseffekt der unverkalkten Knorpelzone (nach BECKER)
Oben: ohne Belastung
Unten: mit Zugbelastung

kennbar, so daß die Sehnenfibrillen nicht mehr geschützt sind und Mikroausrisse in der verkalkten Knorpelzone vorkommen. Die herausgerissenen Kalkkristalle führen zu einer Schädigung der kollagenen Sehnenfibrillen. Diese Mikrotraumatisierungen des Gewebes und auch damit verbundene typische Gewebsentzündungen sind Ursachen des Schmerzes.
Durch gezielte Behandlung und ausreichende Belastungspausen sind in gewissem Umfang wiederherstellende (regenerative) Prozesse möglich, bei denen bestimmte Zelltypen in das geschädigte Übergangsgewebe einströmen, die schließlich wieder kollagenes Fasergewebe bilden können. Werden jedoch durch Überlastung vor allem die knorpeligen Bereiche des Sehnenübergangs stärker geschädigt, so kommt es zu einer zunehmenden Verkalkung, die sich im Röntgenbild durch Zackenbildungen an den Sehnenansätzen zeigen kann (Abb. 109, Seite 168). Derartige Veränderungen des gleichen Mechanismus findet man auch an Ansätzen von Bändern.
Die *Behandlung der Insertionstendopathien* ist heute nach wie vor ein vielfach diskutiertes Thema der Sporttraumatologie. Sie gehört nicht nur allein in die Hände des Arztes und des Physiotherapeuten; einfache, nicht traumatisierende Behandlungsmaßnahmen können vom Sportler selbst durchgeführt oder auch vom Trainer oder Lehrer empfohlen werden.

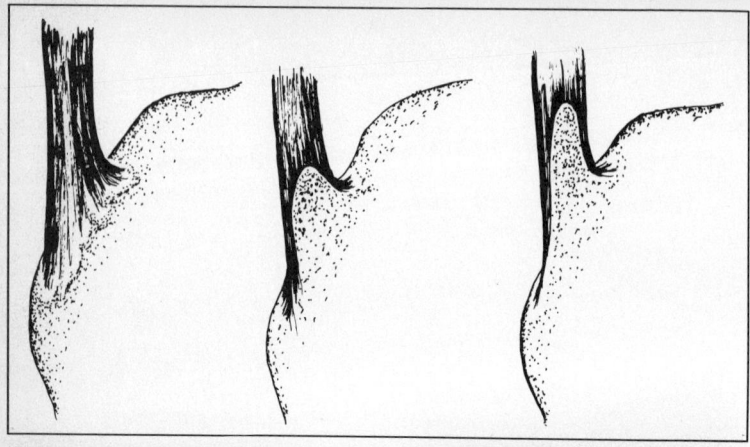

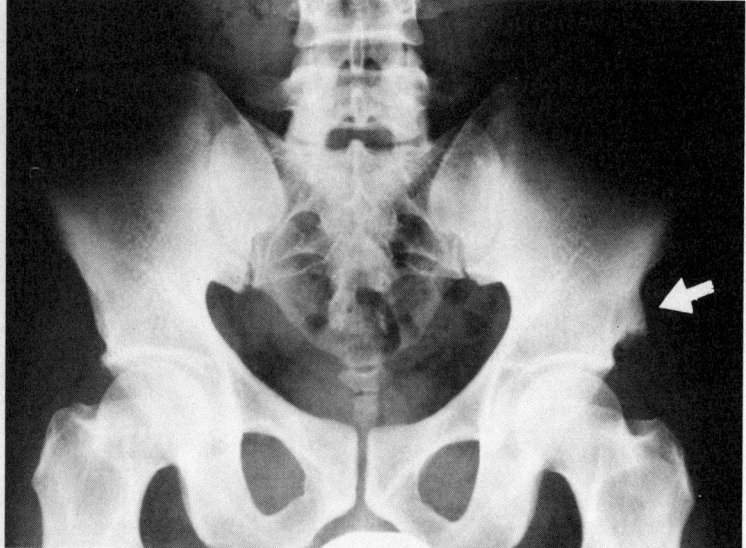

Abb. 109: Zunehmende Verkalkung eines Sehnenansatzes

– *Schonung bzw. Ruhigstellung*

Arzt: Schienenverbände (auch «indirekte» Schienung: Beim Tennisellbogen führt z. B. die Schienung und Ruhigstellung des Handgelenks
zu einer Inaktivierung der Strecker des Unterarms, so daß die Zugbe-

anspruchung der Muskulatur im Sehnenansatzbereich fortfällt. Hiermit ist eine Schienung des gesamten Ellbogengelenks mit möglichen Knorpelschäden des Gelenks vermeidbar).

Trainer: Trainingsänderung, Belastungspause.

– *Entspannung der Muskulatur*
  Arzt, Physiotherapeut: Wärmeanwendungen, Massagen, Entspannungsübungen durch Dehnen, Stretching und Aktivierung der Antagonisten.
  Trainer: Lockerungsübungen, Belastung der Antagonisten.
  (Die verspannte Muskulatur führt dazu, daß eine Zugbeanspruchung ständig auf den Sehnenansatz einwirkt und eine weitere Zugbelastung sofort ungemindert und ohne Abstufung auf den Ansatz trifft und diesen überlastet.)

– *Örtliche übererwärmende (hyperämisierende) Maßnahmen*
  Arzt, Physiotherapeut: Anwendung von physikalischen Maßnahmen wie elektromagnetische Bestrahlungen, Ultraschall-Bestrahlungen oder auch Gewebsaktivierung durch Lichttherapie.
  Trainer: Empfehlung von feuchten Warmpackungen und entzündungshemmenden Salbenpackungen. Eismassage für 5–10 Minuten zur Erzeugung einer reaktiven anschließenden Mehrdurchblutung (reaktive Hyperämie) (vgl. S. 225).
  Die Anwendung von übererwärmenden Salben ist kritisch zu betrachten, da sie überwiegend zu einer gesteigerten Durchblutung der Haut und weniger der darunter liegenden Gewebe führen (vgl. S. 234).

– *Örtliche und allgemein entzündungshemmende Maßnahmen*
  Arzt: Verordnung von lokalen Antiphlogistika und allgemeinen Antiphlogistika (entzündungshemmende Medikamente).
  Lokale Injektionen mit Betäubungsmitteln (Heilanästhesie) und entzündungshemmenden Medikamenten.
  Die Injektion von Cortisonpräparaten ist nur unter strenger Indikation durchzuführen. Da Cortison die Regenerations-(Wiederherstellungs-)fähigkeit des Ansatzgewebes hemmt, handelt es sich mehr um eine symptomatische als um eine ursächliche Therapieform.
  Passive physikalische Maßnahmen mit dem Ziel der Entzündungshemmung und Durchblutungsvermehrung («Bestrahlungen»).
  Trainer: Empfehlung von feuchten Salbenpackungen auch über Nacht (Salbe, feuchtwarme Wattelage, lockerer zirkulärer Verband, Wolltuch als Abschluß), täglich mehrfache Salbeneinreibungen.

– *Schonender und stufenweiser Trainingsaufbau*
  Im Vordergrund des Trainingsaufbaus hat das Muskeltraining zu stehen, wobei über die Muskulatur auch die Sehnen und Muskelansätze trainier-

bar sind, der Trainingseffekt jedoch hier erst ein bis zwei Monate nach dem Trainingseffekt der Muskulatur eintritt.

Physikalische und lokale Maßnahmen sind weiterhin durchzuführen. Außerdem sind gegebenenfalls Fehlbelastungen durch fehlerhafte Technik oder falsches Gerät abzustellen.

– *Operative Maßnahmen*
Bei Erfolglosigkeit der konservativen Therapie haben operative Maßnahmen zum Ziel, das belastungsunfähige, degenerative oder entzündete Gewebe auszuräumen und durch straffes, belastungsfähiges Narbengewebe zu ersetzen.

Knochenschäden

Das Knochengewebe ist unter körperlicher Belastung ständigen Druck-, Dehnungs-, Zug- und Erschütterungswirkungen ausgesetzt. An Orten, an denen sich Kräfte summieren und überlagern, können zunächst Veränderungen anorganischer Kristalle im Knochengewebe und Rißbildungen in sogenannten Gleitlinien auftreten. Unter ständiger Mikrotraumatisierung treten nach bestimmter Zeit Risse und Brüche, *Ermüdungsbrüche* auf. Erstmals wurden derartige Bruchformen im Bereich der Mittelfußknochen der Soldaten der Infanterie festgestellt und danach «Marschfrakturen» genannt. Im Sport begegnet man solchen Brüchen bei Langläufern an den Röhrenknochen der unteren Extremität, nicht nur an den Mittelfußknochen, sondern auch am Waden- und sogar am Schienbein (Abb. 110). Weiterhin werden derartige Bruchformen bei Läufern im Sehnenansatzgebiet der Adduktoren am Schambeinast und der Ischiocruralen Muskulatur (Kniegelenkbeuger) am Sitzbein des Beckens gefunden. Oft werden sie nur zufällig aufgedeckt, wenn nach lang anhaltenden Beschwerden eine Röntgenuntersuchung veranlaßt wird.

Sportschäden besonderer Art mit *Gefügestörungen der Knochen-Knorpel-Grenzen* finden sich vor allem an den Rippenübergängen zum Brustbein. Sie treten als Verletzungsfolgen nach Thoraxquetschungen auf, aber auch bei besonderer Beanspruchung der Brustmuskulatur. Die Veränderung des Brustbeinknorpelbereichs der zweiten Rippe ist hierbei besonders schmerzhaft und kann sich leistungsmindernd auswirken (Tietze-Syndrom).

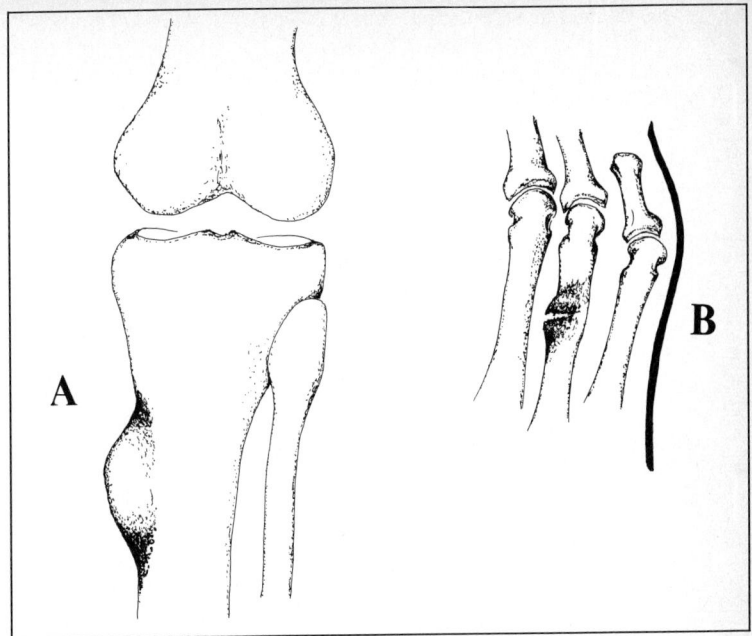

Abb. 110: Ermüdungsbruch
A   des Schienbeins – erkennbar an einer starken Knochenneubildung
B   eines Mittelfußknochens – erkennbar am Bruchspalt

Knorpelschäden

Überlastungserscheinungen können nicht nur schädigend auf den besonderen anatomischen Aufbau des Knorpels einwirken, sondern auch zu tiefgreifenden Störungen seiner Ernährung führen. Wie aus der Anatomie bekannt ist, stellt der Knorpel ein gefäßloses, elastisches Stützgewebe aus Knorpelzellen (Chondrocyten) und der von ihnen synthetisierten Grundsubstanz dar. Der unterschiedliche Reichtum an kollagenen Fibrillen innerhalb der Grundsubstanz bedingt die verschiedenen Knorpelarten mit unterschiedlichen mechanischen Eigenschaften.

Im *hyalinen* Knorpel, der die Gelenkflächen überzieht, sind die kollagenen Fasern in einer tangential und in einer radial verlaufenden Schicht angeordnet, so daß sie Zug- und Druckbeanspruchungen aufnehmen können. Im *Faser*knorpel stehen eine Vielzahl an parallel verlaufenden kollagenen Fibrillen im Vordergrund, die sich hauptsächlich durch Zugbeanspruchung auszeichnen. Dieses Gewebe ist z. B. in den Zwischenwirbelscheiben, den Menisci des Kniegelenks und in den Sehnenansätzen vorhanden. Im *elastischen* Knorpel finden sich anstelle der kollagenen Fasern elastische Fasern, die ein elastisches Netz bilden und in der Ohrmuschel und im Kehlkopfdekkel vorkommen.

Die Knorpelzellen synthetisieren nicht nur die kollagenen Fasern, sondern auch Anteile der Knorpelgrundsubstanz, die aus einem Netz Hyaluronsäuremoleküle besteht, auf denen Eiweißmoleküle, die Proteoglykane, aufgereiht sind. Auch diese Proteoglykane zeigen eine weitere Aufteilung mit zweigartigen Trägerproteinen und blattförmig an ihnen fixierten Mucopolysacchariden (Schleimsubstanzen). Diese zeichnen sich durch die Fähigkeit aus, Wasser zu binden, und bestimmen damit die Elastizität und Belastbarkeit des Knorpels. Jede Störung der Synthesetätigkeit der Knorpelzellen und jede Störung der Ernährung der Knorpelzellen führt zu erheblichen Veränderungen der mechanischen Eigenschaften des Knorpels.

Die Knorpelzelle des hyalinen Gelenkknorpels benötigt für ihre Syntheseleistungen Glucose, die sie über einen Diffusionsvorgang aus der Gelenkschmiere (Synovialflüssigkeit) aufnehmen kann. Die Abgabe der Glucose in die Synovialflüssigkeit erfolgt über Zellen der Gelenkschleimhaut. Die Syntheseleistung der Knorpelzelle geschieht über anaerobe Glykolyse, bei der Milchsäure (Laktat) frei wird, die als Rückkoppelungsfaktor die Glucoseabgabe der Gelenkschleimhaut steuert.

Ebenfalls eine aktive Leistung von Zellen der Gelenkschleimhaut ist die Synthese der Hyaluronsäure, die in die Synovialflüssigkeit abgesondert wird und dort mit einer biologischen Halbwertszeit von zwei Tagen verbleiben kann. Unter Gelenkflächenbelastung wird sie in den Knorpel eingepreßt (Knorpelschmierung) und verbindet sich dort mit den von den Knorpelzellen synthetisierten Mucopolysacchariden und Trägereiweißen. Messungen haben ergeben, daß diese Form der Ernährung des Knorpels bis zu einer Schichtdicke von 3 mm unter wechselndem Druck erfolgen kann, bei Entlastung jedoch nur bis zu einer Schichtdicke von 1,7 mm durch Diffusion.

Im physiologisch gesunden Knorpel bleiben die kollagenen Fasern ständig erhalten, die Proteoglykane (Eiweiß) unterliegen dagegen einem Abbau, dem der Neuaufbau durch Knorpelzellen im Gleichgewicht gegenübersteht. Die Spaltprodukte des Abbaus geraten in die Synovialflüssigkeit, so daß diese durch Beteiligung am Aufbau und am Abbau des Knorpels einer doppelten Aufgabe gerecht wird. Der Satz: «Die Synovialflüssigkeit ist Nährlauge und Kloake zugleich», bezeichnet diesen Umstand charakteristisch.

Der Schlüssel einer möglichen *Knorpelschädigung* ist in der *Störung der Stoffwechselaktivität* der Knorpelzelle zu sehen, die sich in veränderten Syntheseleistungen für Proteoglykane äußert und auf folgende drei Arten herbeigeführt werden kann:

1. *Durchblutungsveränderungen der Gelenkschleimhaut* mit nachfolgender quantitativer und qualitativer Änderung der Synovialflüssigkeit. Derartige Durchblutungsstörungen kommen natürlicherweise im Alter vor, sind weiterhin bei Stoffwechselerkrankungen (Zuckerkrankheit) möglich und sind schließlich Folge einer jeden Gelenkschleimhautentzündung, die sowohl krankhaft bedingt, wie z. B. beim Rheumatismus, oder aber posttraumatisch auftreten kann.

   Eine *Durchblutungsverminderung* der Gelenkschleimhaut führt zu einer verminderten Synovialflüssigkeitsbildung mit unzureichendem Gehalt an Nahrungssubstraten für die Knorpelzelle. Nach einer vorübergehenden Phase vermehrter Aktivität und anschließendem Erschöpfungszustand folgt schließlich eine Zellverarmung der Knorpels, da Knorpelzellen nie nachgebildet werden.

   Eine *Entzündung* der Gelenkschleimhaut führt dagegen zu einer vermehrten Synovialflüssigkeitsbildung (Ergußbildung), wobei auch Fermente freigesetzt werden, die in der Lage sind, sowohl Knorpelgrundsubstanz aufzulösen als auch toxisch auf die Aktivität der Knorpelzelle einzuwirken. Auch ein blutiger Gelenkerguß enthält derartige Fermente, so daß sich jede Form einer Gelenkergußbildung knorpelzerstörend auswirken kann.

2. Bei einer *vermehrten Druckbelastung* des Knorpels, wie diese bei hohen Belastungen im Sport gegeben ist, aber auch bei Achsenfehlstellungen von Gelenken auftreten kann, reagiert die Knorpelzelle mit einer Vermehrung der Proteoglykanbildung, die durch die Wasseraufnahme zu einem Dickenwachstum des Knorpels und damit schlechteren Ernährungsbedingungen der Knorpelzelle führt, aber auch von einem verstärkten Abbau von Proteoglykanen beantwortet wird. Bei der Notwendigkeit, weiterhin eine gesteigerte Proteoglykansynthese durchzuführen, aktiviert die Zelle Prozesse, um aus der vorhandenen Grundsubstanz erforderliche Aufbausubstrate zu gewinnen, die schließlich zu einer Knorpelzerstörung führen.

3. Ein *zu geringer Flächenanpreßdruck,* wie dieser z. B. bei der Ruhigstellung des Gelenks besteht, führt ebenfalls zu einer Unterversorgung der Knorpelzelle mit Aufbausubstraten. Dies erklärt das Auftreten von Knorpelschäden bei zu langer Ruhigstellung eines Gelenks im Verlauf der Behandlung einer Gelenkverletzung, z. B. im Gipsverband.

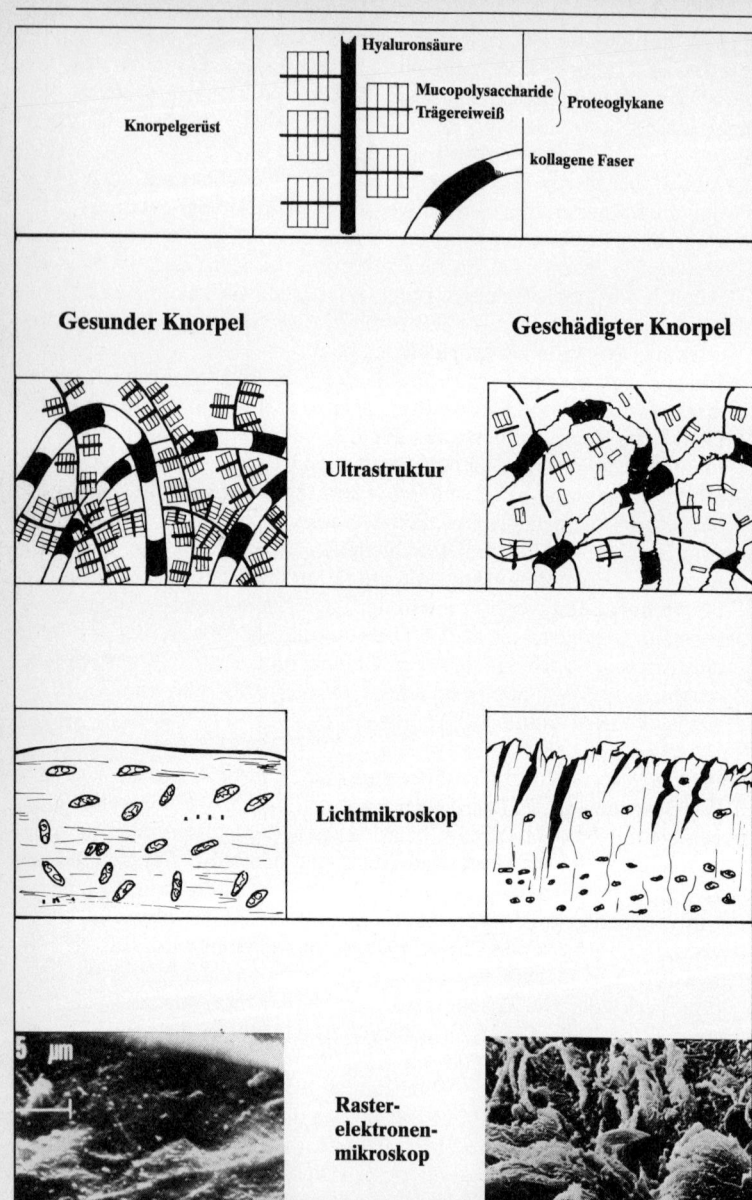

Abb. 111: Gesunder und geschädigter Knorpel (Chondropathie)

Im Verlauf der Schädigungsprozesse des Knorpels nehmen die Abbauvorgänge der Proteoglykane überhand, wobei die Mucopolysaccharide von den Trägerproteinen abbrechen und aufgelöst werden. Die verbleibenden Hyaluronsäuremoleküle werden ebenfalls abgebaut, so daß schließlich die kollagenen Faserbögen an der Oberfläche des Knorpels freigelegt (demaskiert) werden und dem mechanischen Abrieb bei der Bewegung ausgesetzt sind. Auch die kollagenen Fasern unterliegen schließlich einem fermentativen Abbau, so daß morphologisch das geschwächte Stützgerüst zusammenbricht und Abschilferungen, Platzfurchen, Gleitrinnen und schließlich eine fetzige Aufrauhung der ehemals glatten Knorpeloberfläche entstehen. Der Knorpelabrieb (Detritus) führt wiederum zu Reizreaktionen der Gelenkschleimhaut mit entsprechender Ergußbildung und erneuter Freisetzung knorpelauflösender Fermente, so daß ein Teufelskreis geschlossen wird. Der Knorpelabrieb kann schließlich zum völligen Knorpelschwund auf dem Knochen erfolgen, so daß man von einer «Knochenglatze» spricht.

Der Verlauf dieser Schädigungsvorgänge zeigt fließende Bilder, so daß eine exakte Trennung zwischen primärem und sekundärem Sportschaden nie zu treffen ist. Den sekundären Sportschaden stellt schließlich die *Arthrose,* der Gelenkverschleiß, dar.

Schäden des Gefäßsystems

85 Prozent des gesamten Blutvolumens befinden sich im venösen Stromgebiet, 90 Prozent davon fließen über das tiefe Venensystem ab. Durch den Sport wird allgemein die Muskelpumpe mit ihrem Druck-Saugmechanismus aktiviert und hat einen positiven Einfluß auf das Venensystem.

Durch besonders hohe Muskelanspannung können Abflußbehinderungen der tiefen Venen hervorgerufen werden, so daß erhebliche *Blutrückstauungen* die Folge sind. Ein derartiges Krankheitsbild ist bei extremer Anspannung der Schultermuskulatur z. B. beim Kugelstoßen und beim Tennisaufschlag bekannt, wobei die Armvenen so stark gestaut werden, daß eine rasche Anschwellung des Arms mit bläulicher Hautverfärbung und Schweregefühl folgen kann (Paget von Schrötter-Syndrom).

Bei Sportarten, die mit plötzlichen und kräftigen Muskelkontraktionen verbunden sind, wie z. B. beim Hochsprung, beim Fußball, beim Fahrradfahren, beim Gewichtheben, aber auch bei Laufdisziplinen, können die tiefen Venen derart komprimiert werden, daß das Blut über die oberflächlichen Venen ablaufen muß und dort mit der Zeit *Krampfadern* (Varizen) entstehen. Dies wird besonders im Bereich der Unterschenkel deutlich. Eine gleichartige Kompression der tiefen Venen tritt jedoch auch bei bestimmten Sitzpositionen wie z. B. im Kanusport, besonders beim Kanadierfahren auf.

Eine gute vorbeugende Maßnahme gegen das Entstehen von Krampfadern ist das Tragen von festen kniehohen Stützstrümpfen, die jedoch nicht mit Kompressionsstrümpfen zu verwechseln sind. Derartige Stützstrümpfe eignen sich darüber hinaus auch als Schutz gegen Stauungserscheinungen nach Verletzungen im Bereich der Sprunggelenke. Das Material ist dünn und trägt nicht auf.

Solange die Krampfadern keine Entzündungserscheinungen (Varikosis) mit Druckschmerz, Rötung, Schwellung und Belastungsschmerz zeigen, haben sie keinen Krankheitswert und bedürfen keiner ärztlichen Behandlung. Im Krankheitsbild unterscheidet man eine konservative Behandlung mit feuchten, entzündungshemmenden Salbenverbänden in der Anfangsphase und stützenden Verbänden in der Folgephase und operative Maßnahmen, bei denen die Krampfadern entweder verödet oder aber chirurgisch entfernt werden können.

Sportschäden bei Veränderungen des Bewegungsapparats

Schädigend können sich nicht nur Fehl- und Überbelastungen für den natürlich alternden Bewegungsapparat auswirken, sondern auch auf den kranken Menschen. Hierbei zeigen posttraumatische Gewebsveränderungen, Mißbildungen und Fehlentwicklungen, Durchblutungsstörungen, entzündliche Gewebsveränderungen wie z. B. Rheumatismus und Stoffwechselerkrankungen wie Gicht und Zuckerkrankheit eine hohe Anfälligkeit. Die ärztliche Beratung hinsichtlich des Umfangs der Belastbarkeit ist in solchen Fällen unumgänglich.

Viele Veränderungen des Bewegungsapparats, beispielhaft die Haltungsvarianten der Wirbelsäule können durch Überlastung oder Fehlbelastung entstehen oder aber sportartspezifisch vergrößert oder verschlimmert werden. Das bezieht sich nicht nur auf die erkennbaren *morphologischen Veränderungen*, sondern auch auf die daraus resultierenden *Beschwerden* und *funktionellen Einschränkungen,* wobei zwischen den einzelnen Faktoren keine gesetzmäßige Beziehung besteht. Dies macht die Einschätzung des Schweregrades eines Sportschadens und der daraus resultierenden Konsequenz oft sehr schwierig.

Hypermobilität
(vermehrte Beweglichkeit)

Die Hypermobilität der Gelenke oder der Wirbelsäule kann zum einen anlagebedingt oder krankheitsbedingt als Folge einer *Bindegewebsschwäche* auftreten, zum anderen durch intensives *Flexibilitätstraining* erreicht werden. Erkennbar wird eine angeborene Bindegewebsschwäche z. B. durch überstreckbare Kniegelenke und Ellbogengelenke, durch die Überstreckbarkeit des Daumens und des Handgelenks (Abb. 112).

Derartige Bindegewebsschwächen bedürfen eines besonderen Muskeltrainings zur Sicherung der Gelenkführung und zur Vermeidung von gewohnheitsmäßigen Distorsionen (Verstauchung, Zerrung) oder gar Luxationen (Verrenkung). Besonders gefährdet sind die Sprunggelenke, Schultergelenke und das Kniescheiben-Oberschenkelgelenk.

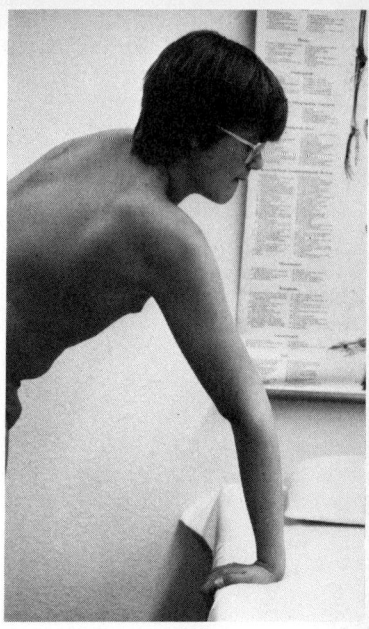

Abb. 112: Hypermobilität

In einigen Sportarten wird die Hypermobilität bereits vom frühen Kindesalter an systematisch trainiert, in besonders extremer Form bei den Kontorsionisten. Das sind Akrobaten, die sich durch besondere Lordosierungseigenschaften (Hohlkreuz oder Kautschuk-Kontorsionisten) und Kyphosierungseigenschaften (Rundrücken oder Klischnigg-Torsionisten) auszeichnen. Die Überdehnung der Wirbelsäulen-Längsbänder sowie die Überdehnung der Wirbelgelenkkapseln und -bänder oder die Stauchung der kleinen Wirbelgelenke führen zu oft erheblichen Wirbelsäulenschäden. Im heutigen Sportbetrieb kann die Hypermobilität einerseits hindernd sein, andererseits wird sie Voraussetzung für Höchstleistungen in vielen Sportarten. So bedeutet eine *allgemeine,* auf alle Gelenke bezogene Hpyermobilität im Kraftsport, Ringen und bei Ballspielen eine besondere Gefährdung. Ebenfalls für den Schwimmsport kann eine allgemeine Hypermobilität problematisch werden, wenn der zu fordernde kompensatorische Muskelmantel zu einer Leistungsschwächung führen würde. Laufdisziplinen sind dagegen durchaus durchführbar. Ohne eine allgemeine Hypermobilität sind Sportarten wie Wettkampfgymnastik, Turnen sowie Wasserspringen heute undenkbar.

Eine *lokale* Hypermobilität, d. h. auf einzelne Gelenke bezogene Überbeweglichkeit wird bei Wurfdisziplinen für das Schulter- und Ellbogengelenk
gefordert. Eine mangelnde lokale Hypermobilität, z. B. die Überstreckbarkeit des Handgelenks, kann sich dagegen beim Turnen nachteilig auswirken, da dann Bogengänge ‹gemogelt› und mit einer Torsion durchgeführt werden müssen.

In der Gesamtbevölkerung wird der Anteil der konstitutionell Hypermobi-
len auf 5–9 % geschätzt. Zur Vermeidung von Unfallverletzungen und
Sportschäden ist ein besonderes Muskeltraining mit dem Ziel der muskulären Sicherung der Gelenkführung notwendig. In krassen Fällen, bei Luxa-
tionsneigung, sind operative Behandlungen möglich.

Achsenfehlstellungen

Ein Gelenk ist optimal dann angelegt, wenn es zu einer möglichst breitflä-
chigen Knorpelberührung zwischen Gelenkpfanne und Gelenkkopf
kommt. Die Ursachen einer Störung für den harmonischen Gelenkaufbau
sind vielfältig und führen zu Inkongruenzen der Gelenkflächen, so daß unter Belastung bestimmte Knorpelareale vermehrt belastet werden.

Ein typisches Beispiel zeigen die Formvarianten der Hüftgelenke, wobei
zwischen Schenkelhals und Schenkelschaft sowie zwischen Körperquer-
achse und Schenkelhals für jedes Alter bestimmte Winkel ausgeprägt sind.
Diese Winkel verändern sich im Lauf des Wachstums unter dem Einfluß
des Körpergewichts und der Körperproportionen. Bei einer *Steilhüfte*
(Coxa valga) wird der Winkel gegenüber dem Normalwinkel vergrößert,
der Hüftkopf wandert aus der Hüftpfanne heraus. Eine ähnliche Erscheinung tritt auf, wenn die Hüftpfanne nur verkleinert angelegt ist (Hüftdys-
plasie). Wird z. B. ein normales Hüftgelenk von einem normalgewichtigen
Erwachsenen beim Gehen mit ca. 200 kp belastet, so resultiert eine Knorpelbelastung von etwa 15 kp/cm^2. Wird die Druckaufnahmezone dagegen
bei einer Steilhüfte verkleinert, so kann sich je nach Ausmaß die Druckbelastung bis auf das Zehnfache, also 150 kp/cm^2, erhöhen. Unter dynamischen Bedingungen des Laufens und Springens kann es darüber hinaus zu
einer Steigerung der Belastungsspitzen des Knorpels kommen, so daß
Schädigungen zwangsläufig auftreten werden (Abb. 113).

Bei den *Kniegelenken* sind in analoger Weise Schädigungen bei X-Bein und
O-Bein möglich. Das O-Bein des Kleinkindes sowie das X-Bein des Kindes
zwischen zwei und fünf Jahren ist physiologisch, ebenso wie der Knickfuß
des Kleinkindes (Abb. 114).

Durch verschiedene Ursachen entstehen auch hier Formvarianten in
der Entwicklung, so daß X-Knie (Genu valgum) und das O-Knie (Genu

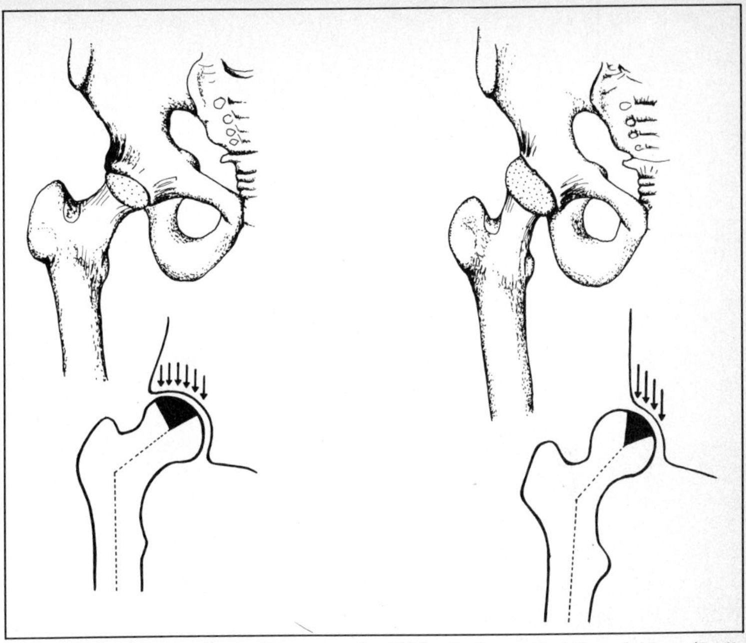

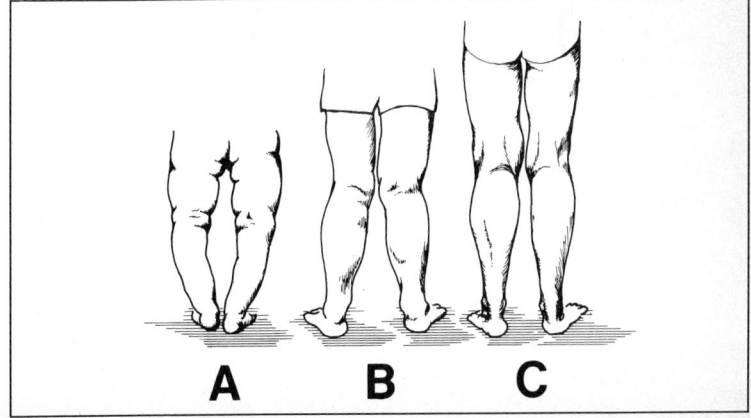

Abb. 113: Druckverteilung eines normalen Hüftgelenks und bei Formfehlern (Steilhüfte und kleines Pfannendach)

Abb. 114: Entwicklung der Beinachsen
A   O-Bein des Kleinstkindes
B   X-Bein und Knickfuß des Kleinkindes
C   Spontankorrektur beim Schulkind

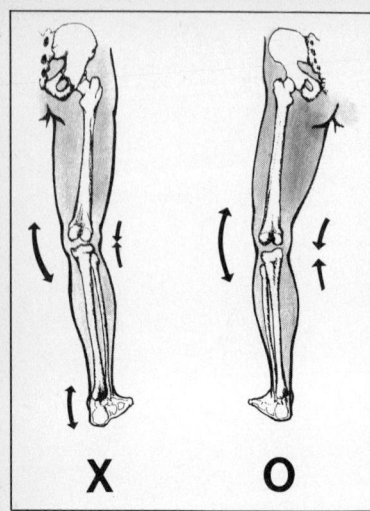

X   O

Abb. 115: Fehlbelastung der Kniegelenke bei Achsenfehlstellungen

varum). Die Entwicklungsstörungen können sich ebenfalls auf die Gestaltung der Kniescheibe und des Gelenks zwischen Kniescheibe und Oberschenkel ausdehnen. Beim O-Knie kommt es zu einer Überlastung der inneren Knorpelanteile, beim X-Knie zu einer Überlastung der äußeren Knorpelanteile. Ähnliche Erscheinungen treten auf, wenn das X-Knie durch eine Lockerung der inneren Seitenbänder, z. B. nach einer Unfallverletzung, herbeigeführt wird. Beim X-Knie tritt gleichzeitig im Beugevorgang eine Verschiebung der Kniescheibe nach außen auf, was mit einer Fehlbelastung des Kniescheibenknorpels einhergeht (Abb. 115).

Gleiche Veränderungen sind ebenfalls durch *Fußfehlstellungen* möglich. Die Verwringung des Fußes mit Supination (Einwärtsdrehung) des Rückfußes und Pronation (Auswärtsdrehung) des Vorfußes garantiert ein ausreichendes Längsgewölbe. Bei einer Aufhebung der Rückfuß-Supination oder gar Umkehrung in eine Pronation resultiert die Knickfuß-Stellung mit einer gleichzeitigen Abflachung des Fußlängsgewölbes (Abb. 116). Tritt dazu auch noch eine Abflachung des Quergewölbes auf, so spricht man von einem ausgeprägten Plattfuß. Von wesentlicher Bedeutung ist es hierbei, daß nicht nur lokale Überlastungsschäden auftreten können, sondern auch Schäden in der weiteren Gliederkette Kniegelenk, Hüftgelenk, Wirbelsäule.

So führt z. B. die X-Stellung des Rückfußes nicht nur in der Frontalebene zu einer Mehrbelastung der Innenbereiche des Kniegelenks, sondern gleichzeitig auch zu einer Innenrotation der Beinachse. Dieses Phänomen läßt sich beobachten: Senkt man selbständig den Fußinnenrand ab, so drehen die Knöchelgabel und das Kniegelenk nach innen, richtet man dagegen das Fußgewölbe aktiv auf, so drehen Knochelgabel und Kniegelenk nach außen. Eine gezielte Einlagenversorgung und eine im Training durchgeführte regelmäßige Fußmuskelstärkung stellen eine gute vorbeugende Maßnahme gegen die aus den Fehlstellungen resultierenden Schäden dar.

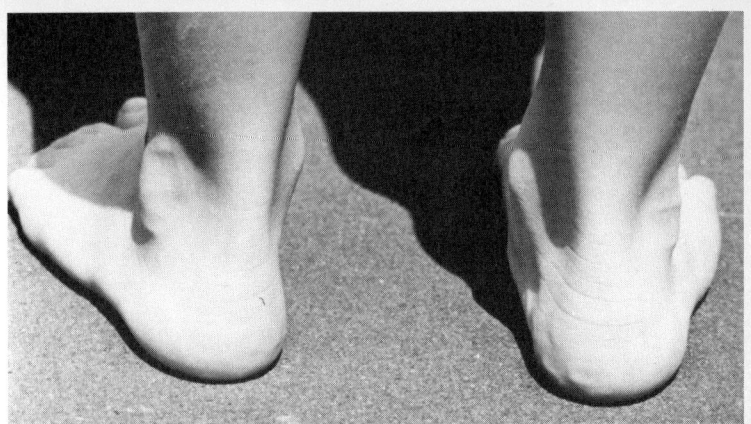

Abb. 116: Knick-Senk-Fuß

Haltungsfehler der Wirbelsäule

Auch die gesunde Wirbelsäule des Menschen zeigt bei seitlicher Betrachtung physiologische Krümmungen, wobei die Krümmungen bauchwärts als Lordose und die Krümmungen rückenwärts als Kyphose benannt werden. So unterscheidet man eine Halslordose, eine Brustkyphose und eine Lendenlordose. Bei Vermehrung der Krümmung des Brustteils spricht man von einem *Rundrücken,* des Lendenteils von einem *Hohlrücken,* in Kombination von einem *Hohlrundrücken.* Sind dagegen die natürlichen Krümmungen abgeflacht, so liegt ein *Flachrücken* vor. Sind diese Haltungsveränderungen fixiert, bezeichnet man sie als *Haltungsschaden,* handelt es sich um eine habituelle Haltung, die durch Kraftaufwand korrigierbar ist, liegt eine *Haltungsschwäche* vor (Abb. 117, Seite 182).
Vermehrte kyphotische oder lordotische Fehlhaltungen können durch Wirbelkörperveränderungen, z. B. Keilwirbelbildungen nach Scheuermannscher Erkrankung oder nach Wirbelkörperverletzungen, hervorgerufen werden. Auch die Rachitis kann entsprechende Formveränderungen entwickeln. Schädigende Umwelteinflüsse wie z. B. schlechtes Sitzen, falsches Tragen und fehlende Haltungskorrekturen durch Rückenmuskeltraining führen im Verlauf des Wachstums zur Fixierung einer Haltungsschwäche.
Bei der Betrachtung der Wirbelsäule von hinten zeigt diese normalerweise einen geraden Aufbau. Verbiegungen zur Seite werden generell als *Skoliose* bezeichnet, wobei fixierte Fehlhaltungen als echte Skoliosen und aus-

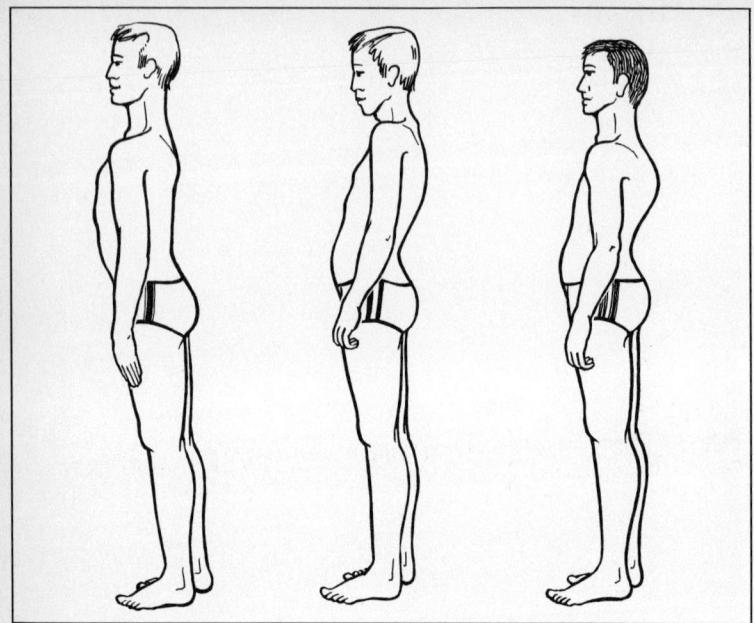

Abb. 117: Haltungsfehler

gleichbare als skoliotische Fehlhaltungen bezeichnet werden. Skoliosen können durch unterschiedliche Ursachen hervorgerufen werden:
- «Scheinbare» Skoliose bei bequemer Körperhaltung, wenn das Körpergewicht allein vom Standbein getragen wird;
- statische Skoliose bei einseitiger entweder angeborener oder durch Krankheit erworbener Beinverkürzung;
- idiopathische, krankheitsbedingte Skoliose, die durch einen deutlich fortschreitenden Verlauf im Jugendalter ausgezeichnet ist;
- Schmerzskoliose, die durch schmerzhafte Rückenmuskelverspannung hervorgerufen wird;
- professionelle Skoliose, wie sie z. B. im Sport bei Stabhochspringern, Hockeyspielern oder Kanusportlern auftreten kann.

Nicht immer fallen skoliotische Wirbelsäulenverbiegungen sofort ins Auge, oft sind sie erst erkennbar, wenn bei der Rumpfbeuge ein Rippenbuckel oder ein Lendenwulst sichtbar wird (Abb. 118).

Eine Beinverkürzung mit nachfolgender statischer Skoliose sollte ab 1 cm nach Möglichkeit durch Einlagen oder Fersenerhöhung ausgeglichen werden, wenn dies die Sportart zuläßt (Abb. 119).

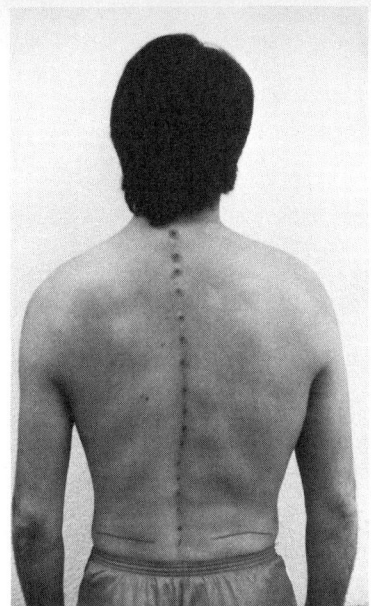

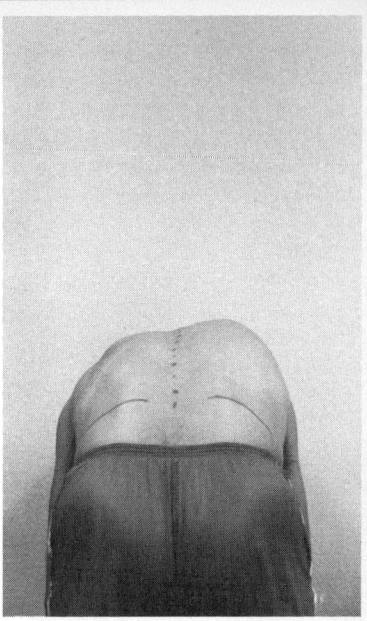

Abb. 118: Darstellung einer Skoliose bei der Rumpfbeuge

Abb. 119: Verkürzungsausgleich bei Beinverkürzung

Da alle Wirbelsäulenverkrümmungen bis zum Wachstumsende und in geringerem Maß auch darüber hinaus zunehmen können, sind bei Erkennung ärztliche Untersuchungen einschließlich Röntgenaufnahmen notwendig, um zusätzliche sportartspezifische Schädigungsmöglichkeiten auszuschließen.

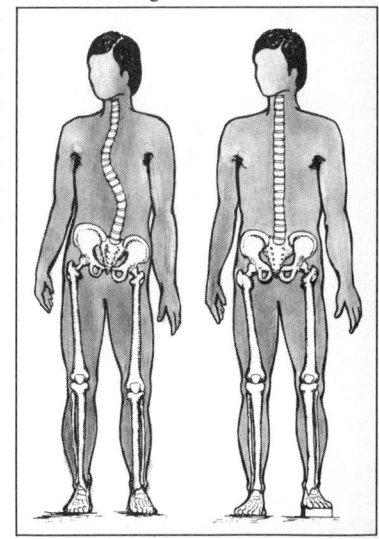

Leichte Formen von Haltungsschwächen und skoliotischen Fehlhaltungen
sind durch Behandlungsmaßnahmen beeinflußbar. So lassen sich z. B. bei
statischen Skoliosen Beinlängendifferenzen durch *Einlagen* oder *Absätze*
ausgleichen. Andere Schwächen sind durch ein gezieltes *Training der
Bauch- und Rückenmuskulatur* entweder eingebaut in das tägliche sportliche Training oder im Rahmen einer krankengymnastischen Behandlung
abzubauen. Die krankengymnastische Behandlung der Skoliose ist darauf
ausgerichtet, die gedehnte, konvexseitige Muskulatur zu stärken und die
geschrumpfte, konkavseitige Muskulatur zu dehnen.
Wird eine gerade Wirbelsäule in axialer Richtung belastet, so liegt eine
gleichmäßige Druckbelastung auf den einzelnen Wirbelkörpern. Liegt jedoch eine skoliotische Formveränderung vor, so treten an den Wirbelkör-
perrändern neben der Druckbelastung auch Zugbeanspruchungen auf, die
zu deutlichen Verformungen der Bandscheiben führen. Auch die Formveränderungen der Wirbelsäule im Sinn einer Kyphose und Lordose führen
bereits bei axialer Belastung zu einer erheblichen Mehrbeanspruchung
(Abb. 120). So haben biomechanische Berechnungen ergeben, daß bei
einer starken Brustkyphose eine Mehrbelastung unter statischen Bedingungen von 50 % auftritt, die sich unter dynamischen Bedingungen noch
erhöhen kann. Eine weitere Belastung entsteht durch die gleichzeitige Rotation der Wirbelkörper gegeneinander, so daß Sportarten mit kombinier-
ter Stauch-, Rotations- und Beuge- bzw. Überstreckbelastung bei Fehlhaltungen der Wirbelsäule besonders skeptisch zu betrachten sind. Hierzu gehören Sportarten wie Stabhochspringen, Trampolinspringen, Badminton
und Turmspringen.

Störungen des Wirbelsäulenaufbaus

Spaltbildungen (Spondylolyse) in den Wirbelbögen können im Sinn von
Entwicklungsstörungen in voller Ausbildung vorhanden sein oder aber aus
schwach angelegten Bögen entstehen. Hierbei werden aseptische Knochennekrosen oder Ermüdungsbrüche diskutiert (vgl. auch S. 170f) (Abb. 121).
Insbesondere bei doppelseitiger Ausprägung findet der betreffende Wirbel
keinen ausreichenden knöchernen Halt an den Gelenkfortsätzen des darunter liegenden Wirbelkörpers, so daß die gesamte Wirbelsäule oberhalb
des geschädigten Abschnitts nach vorn gleitet und man von einem *Wirbelgleiten* (Spondylolisthese) spricht. Gehäuft ist die Spondylolisthese bei
Sportarten mit Kombination zwischen Dreh-, Stauch- und Biegebeanspru-
chung zu finden, z. B. beim Turnen, Trampolinspringen und Turmspringen, aber auch beim Gewichtheben (Abb. 122).
Die Symptome zeigen sich in Form von tiefen und bohrenden Schmerzen,
die spontan, aber vor allem nach Aufsprüngen oder Abgängen vom Gerät

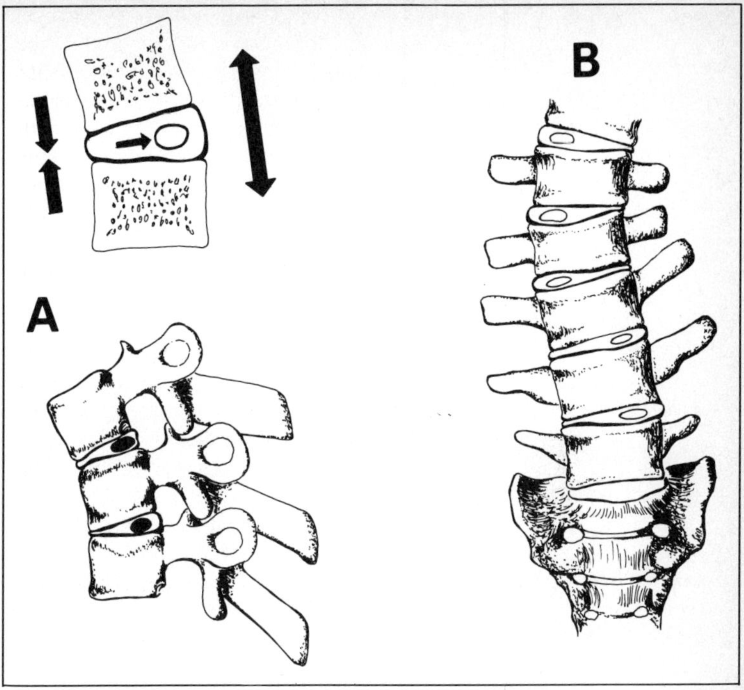

Abb. 120: Bandscheibenbelastung bei Wirbelsäulenfehlhaltung
A Kyphose = Rundrücken
B Skoliose = Seitliche Verbiegung

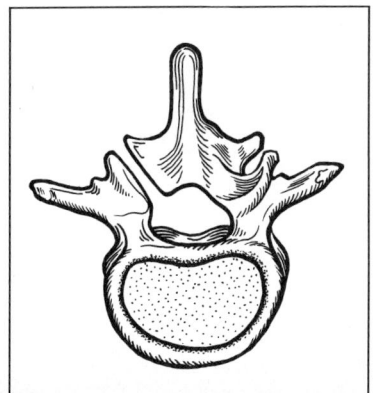

Abb. 121: Spaltbildung

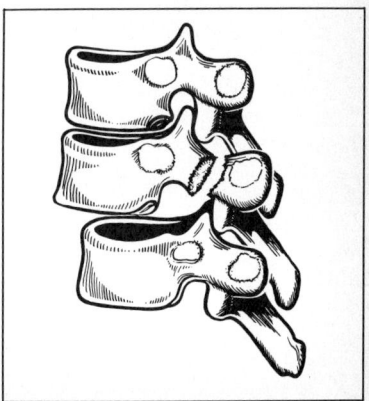

Abb. 122: Wirbelkörpergleiten

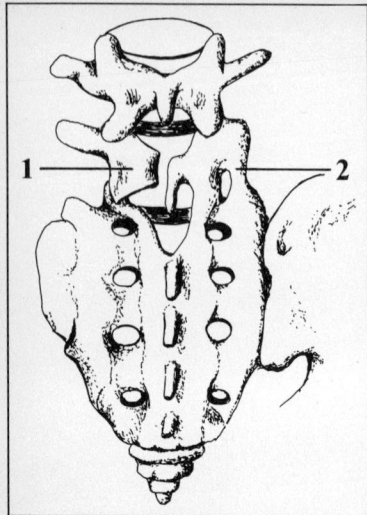

Abb. 123: Übergangswirbel mit Bogenspalt
1 Lendenwirbel
2 Kreuzbeinwirbel

auftreten. Wird eine derartige Spaltbildung röntgenologisch aufgedeckt, so muß das keinesfalls zum Sportverbot führen. Es entstehen im Lauf der Zeit ausreichende bindegewebige, abstützende Narbenbildungen, die von einer gut ausgebildeten Rückenmuskulatur unterstützt werden können. Bei anhaltenden Beschwerden ist ein Sportartwechsel in Betracht zu ziehen.

Vermehrt werden Sportschäden im Bereich der Wirbelsäule auch beim Auftreten von sog. *Übergangswirbeln* angetroffen. So finden sich z. B. im lumbosakralen Übergang Wirbelkörper, die zur Hälfte dem Kreuzbein und zur Hälfte der Lendenwirbelsäule zuzurechnen sind. Derartige Veränderungen führen zu einer unterschiedlichen Bewegungsfreiheit zwischen rechter und linker Seite (Abb. 123).

Zusammenfassend kann aus den aufgeführten Schädigungsmöglichkeiten abgeleitet werden, daß sich hinter jeder Formvariante und hinter anhaltenden Beschwerden eine Veränderung des Achsenskeletts verbergen kann und eine ärztliche Untersuchung erfolgen sollte. Trainer und Lehrer seien aufgefordert, Kinder in der Bewegung exakt zu beobachten und registrierte Veränderungen nicht zu bagatellisieren.

Sportschäden der Wirbelsäule

Durch Überlastung oder Fehlbelastung der Wirbelsäule können alle Abschnitte eines Bewegungssegments getroffen werden. So lassen sich in unterschiedlicher Ausprägung degenerative Veränderungen an allen anteilig vertretenen Gewebearten, Knochen, Knorpel und Bindegewebe finden. Im medizinischen Sprachgebrauch bezeichnet man

- die Knorpelschädigung als Chondrose,
- die gemeinsame Schädigung von Wirbelkörper und Knorpel als Osteochondrose,
- die Schädigung der kleinen Wirbelgelenke als Spondylarthrose,
- eine Formveränderung der Wirbelkörper als Spondylosis deformans.

Veränderungen der beschriebenen Art lassen sich nicht immer eindeutig auf dem Röntgenbild feststellen und führen zu Beschwerdebildern, die in keiner Relation zu den objektiven Veränderungen, gestörter Funktion und Röntgenbild stehen. So findet man bei ausgeprägten röntgenologischen Zeichen eines Verschleißes nicht selten einen beschwerdefreien Sportler, und wiederum wird über Beschwerden geklagt, wenn sich röntgenologisch keine Veränderungen feststellen lassen.

Von besonderem Interesse hinsichtlich der Schäden durch Sport ist in der entsprechenden Literatur immer wieder die Bandscheibe. Die Messungen der Bandscheibenelastizität haben ergeben, daß diese 10- bis 15mal größer ist als die des Knochens. Druckfestigkeitsmessungen innerhalb eines Bandscheibengewebes ergaben Toleranzgrenzen bei axialer Belastung bis 1500 kp, das entspricht bis zu 60 kp/cm². Die Belastungstoleranzen sinken bei Beugung und gleichzeitiger Torsion auf 500 kp, bei Überstreckung traten Schädigungen bereits bei 100 kp auf. Für die fünfte Lendenbandscheibe wurden unter statischen Bedingungen sehr unterschiedliche Druckbeanspruchungen in verschiedenen Körperpositionen errechnet und festgestellt, wie dies Tab. 12, Seite 188, zeigt.

Jüngste Berechnungen haben ergeben, daß unter dynamischen Bedingungen die Druckbelastungen bis zu 50 % weiter ansteigen können (DEIGENTESCH), jedoch durch einen erhöhten Druckanstieg im Brust- und Bauchraum toleriert werden.

Wie Tab. 12 zeigt, wachsen die Belastungen in vorgebeugter Körperhaltung deutlich, was biomechanisch mit dem großen Lastarm und dem dazu im Verhältnis kleinen Kraftarm der Rückenmuskulatur zu begründen ist. Durch eine gestreckte Körperhaltung mit axialer Wirbelsäulenbelastung wird der Lastarm möglichst kurz gehalten, wie dies von Gewichthebern in ausgeprägter Form demonstriert wird (Abb. 124, Seite 188).

Als erstes Zeichen einer *Bandscheibenschädigung* tritt eine Höhenminde-

Körperposition	Druckbelastung
4. Lendenbandscheibe	
auf der Seite liegend	80 kp
stehend	100 kp
sitzend	120 kp
stehend vorgebeugt	150 kp
sitzend vorgebeugt	180 kp
5. Lendenbandscheibe	
Anheben eines 50 kg Gewichts mit gestreckten Armen in leichter vorgebeugter Oberkörper-haltung	um 360 kp
in deutlicher vorgebeugter Oberkörperhaltung	bis 630 kp
bei waagerecht vorgebeugtem Oberkörper	bis 720 kp

Tab. 12: Belastungsverhältnisse der Lendenbandscheiben bei 70 kg Körpergewicht (nach Matthias und Nachemson) (siehe dazu auch Abb. auf S. 131)

rung auf mit verminderter Pufferkapazität und Führungsfunktion zwischen den Wirbelkörpern. Die verminderte Führungsfunktion führt wiederum zu einer Mehrbelastung der Wirbelgelenke und seiner Bandverbindungen, so daß es auf die Dauer zu einer Instabilität des Bewegungssegments und zu Wirbelkörperkantenreaktionen mit Verdichtungen und Zackenbildungen kommen kann. Derartige Randkanten können z. B. in den Wirbelkanal oder in die Zwischenwirbellöcher hineinragen und zu schmerzhaften Nervenwurzelreizungen führen. Die meist vorhandenen Rückenmuskelverspannungen treten dann als Folge auf. Die resultierenden Schmerzen können anhaltend sein, sind oft besonders morgens sehr stark (schlechte Durchblutungsverhältnisse, Bandscheibenhöhe morgens größer als abends durch nächtliche Wasseraufnahme unter Druckentlastung im Liegen)

Abb. 124: Gestreckte Körperhaltung mit axialer Wirbelsäulenbelastung (Foto: Horst Lichte)

und bessern sich im Lauf des Tages. Die Schmerzen treten aber ebensooft ganz plötzlich bei bestimmten Bewegungen auf (Hexenschuß, Lumbago), wobei Stauchungen der kleinen, gelockerten Wirbelgelenke und eine plötzliche Reizung der Nervenwurzel verantwortlich gemacht werden müssen. Schreitet die Schädigung der Bandscheibe fort, so kommt es zu einer zunehmenden Zerrüttung des Faserrings, so daß unter bestimmten Belastungsbedingungen, insbesondere bei der Rumpfbeuge, der Gallertkern nach hinten heraustreten und auf das Rückenmark bzw. auf die Nervenwurzel drücken kann. Dieses als *Bandscheibenvorfall* (Prolaps) bezeichnete Krankheitsbild geht mit Schmerzausstrahlungen in ein Bein (Ischiasverlauf), Lähmungserscheinungen und Gefühlsstörungen im ausgeprägten Stadium einher (Abb. 125).

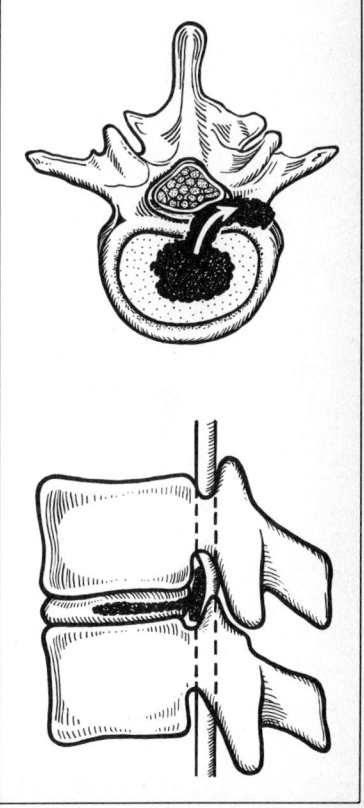

Abb. 125: Bandscheibenvorfall

Wegen der Gefahr bleibender Schäden ist die sofortige Behandlung in derartigen Fällen notwendig, wobei neben der klassischen Operation heute auch Injektionsverfahren angewandt werden, bei denen entweder medikamentös das Kollagen des Bandscheibengewebes oder die Substanz des Gallertkerns aufgelöst wird (Chemonucleolyse), wenn diese noch nicht aus dem Faserring herausgetreten ist, sondern ihn nur vorwölbt (Protrusio).

Bei Rückenschmerzen jeder Art, auch beim Hexenschuß, können folgende *Behandlungsmaßnahmen* empfohlen werden:

- Muskelentspannung durch Massage, Wärme in Form von Bestrahlungen, Packungen und Bädern;
- Muskelentspannung durch Aktivierung der Antagonisten (Bauchmuskelspannung);
- lokale Entlastung der kleinen Wirbelgelenke / Intervertebrallöcher durch sog. «Aushängen» z. B. an der Sprossenwand oder auf einer speziellen Extensionsliege;

- lokale oder allgemeine ärztlich verordnete entzündungshemmende
  Behandlung;
- Chiropraktik, wenn diese angezeigt ist;
- prophylaktisch regelmäßiges Rückenmuskeltraining als kompensieren-
  des Stützkorsett;
- optimale Vorbereitung und Pflege der Rückenmuskulatur.

Bei den bereits besprochenen Haltungsfehlern können sich aufgrund bio-
mechanischer Gesetze die Belastungen zusätzlich schädigend auswirken.

Für den *Flachrücken* eignen sich daher keine Sportarten, bei denen der
Sportler hohen Gewichtsbelastungen oder Sprungbelastungen mit verminderter Federungsmöglichkeit ausgesetzt ist. Schädigungsarm sind dagegen
alle Schwimmstilarten und bedingt auch das Turnen.

Beim *Rundrücken* (Kyphose) sollte von Sportarten abgeraten werden, die
die Gefahr einer vermehrten Rundrückenbildung in sich bergen, wie z. B.
das Rudern oder der Kanusport. Zu vermeiden sind Übungen, die dem
fixierten Rundrücken stark entgegenwirken, wie Nesthang oder Bogen-
gang rückwärts.

Beim *Hohlrundrücken* können sportartspezifische Ratschläge nur in geringem Maß erteilt werden, da jede Sportart mit dem Ergebnis einer Rücken-
und Bauchmuskelstärkung sich günstig auswirken wird. Besonders geeignet sind Laufdisziplinen und Kraulschwimmen.

Für *Skoliosen* nachteilig gestalten sich alle Sportarten mit vermehrter, vor
allem ruckartiger Beanspruchung der Beugung oder Überstreckung bei
gleichzeitiger Rotation und Stauchung, wie dies beim Trampolinspringen,
beim Gewichtheben, beim Stabhochsprung, Badminton und Delphin-
schwimmen gegeben ist. Besondere Vorsicht ist auch im Rudersport beim
Riemenrudern gegeben. Bei sauberer Technik ist dagegen Skullen oder
Kajakfahren möglich. Abzuraten ist ebenfalls von technischen Wurfdisziplinen, vom Fechtsport und bei einer nach rechts ausgeprägten skoliotischen Verbiegung der Brustwirbelsäule vom Hockeysport.

Während man in der Gesamtbevölkerung der dritten Dekade das Auftreten
von *degenerativen Wirbelsäulenveränderungen* auf 10 % schätzt, zeigen die
röntgenologischen Untersuchungen der Wirbelsäulen von Leistungssportlern eine deutlich höhere Arthroserate, jedoch nicht in einheitlichem Maß.
So zeigten 100 % der ausgewerteten Röntgenbilder von ehemaligen Hoch-
leistungs-Badminton-Spielern pathologische Befunde (LUDEMANN 1984).
Bei aktiven Turmspringern betrug der Prozentsatz 82 % (GROHER 1970).
Eine Bandscheibenerniedrigung fand sich bei aktiven Trampolinturnerinnen zu 35 % (RIEHLE und GROH, 1972). Bei Turnerinnen variieren die Angaben zwischen 12 und 24 % im aktiven Alter. Interessanterweise konnten
bei 20 professionell trainierenden Gewichthebern der Spitzenklasse 1965

(Jaross und Cech) keine Wirbelsäulenaufbrauchschäden festgestellt werden. Unter der bis heute erheblichen Zunahme des Trainingsumfangs dürfte diese Zahl jedoch nicht mehr haltbar sein. Eigene Untersuchungen fanden bei 62 Röntgenuntersuchungen von Kanusportlern des A, B und C Kaders im Jahre 1980/81 zu 24,2 % degenerative Wirbelsäulenveränderungen.

Besonders fällt in den statistischen Untersuchungen das Auftreten von Haltungsfehlern und Formvarianten der Wirbelsäule im Hochleistungssport auf. Während idiopathische *Skoliosen* in der Gesamtbevölkerung auf 2 % und statische, durch Beinlängendifferenz verursachte Skoliosen auf 10 % geschätzt werden, zeigt sich ein deutliches Ansteigen der Fehlhaltungen bei 70 % der Speerwerfer (Rompe und Steinbrück 1980) sowie gehäuft bei Schützen, Tischtennisspielern und Riemenruderern. Die Skolioserate bei Stabhochspringern (Theiss 1980) lag bei 48 %. Eigene Untersuchungen ergaben skoliotische Fehlhaltungen bei 100 % der untersuchten Kanadiersportler und bei 82 % der untersuchten Kajakfahrer. Der ursächliche Zusammenhang mit dem Sport wird in der Literatur mit erheblichem Vorbehalt beurteilt, wobei jedoch dem Sport eine richtungsweisende Verstärkung der Fehlhaltung zugesprochen wird. Im allgemeinen handelt es sich jedoch um Minimalskoliosen, denen kein hoher Krankheitswert zugemessen werden kann.

Interessant ist das Auftreten der *Scheuermannschen Erkrankung*, die in der Gesamtbevölkerung mit 20–30 % vertreten ist, dagegen bei Rennruderern mit 51 % (Querg 1958). Dieser Wert dürfte heute eher noch höher liegen. Bei den bereits angesprochenen Untersuchungen der Trampolinturnerinnen betrug der Anteil 40 %. Ähnliche Angaben werden auch für aktive Leistungsturnerinnen der Schweiz im Jahr 1975 gemacht.

Eine besondere Häufung in den Statistiken von Sportschäden der Wirbelsäule zeigt das Auftreten der *Spaltbildung* im knöchernen Zwischenstück des Wirbelbogens (Spondylolyse) und das damit verbundene Wirbelgleiten (Spondylolisthese), das in der Bevölkerung bis 5 % als normal geschätzt wird. Bei der Auswertung von 300 Röntgenbefunden fand Groher bei Kunstspringern, Turnern, Trampolinspringern und Gewichthebern einen Prozentsatz von 26,5 %. Weitere Angaben: Trampolinturner 25 % (Riehle), Turner 26 % (Schwertner), Speerwerfer 40 % (Rompe), Stabhochspringer 39 % (Theiss).

Ungeklärt ist trotz vieler Untersuchungen, ob eine sportliche Über- und Fehlbelastung maßgeblich an der Entstehung der Spondylolyse beteiligt ist oder nur eine anlagebedingte Veränderung manifest macht. Die Angaben über Beschwerden aufgrund von Sportschäden sind erheblichen subjektiven Maßstäben unterworfen, so daß sich eine wissenschaftlich fundierte statistische Untersuchung als nicht sinnvoll erweist.

Zusammenfassend ist jedoch festzustellen, daß für wirbelsäulenbelastende
Sportarten mit hoher Beanspruchung der Flexibilität und axialer Stauchung besondere Risikofaktoren bestehen bei
- angeborenen Form- und Achsenabweichungen, vor allem, wenn diese
  fixiert sind,
- Aufbaustörungen wie z. B. Scheuermannsche Erkrankung,
- Entwicklungsstörungen wie z. B. Wirbelbogenspaltbildungen (Spondylolyse) und Übergangswirbel,
- Aufbrauchschäden der Bandscheiben, der Wirbelkörper und Wirbelgelenke.

Sportschäden der Gelenke

Die primären Sportschäden der Gelenke manifestieren sich bei den bereits
geschilderten Ursachen der Überlastung (vgl. S. 152 ff) vor allem an den Sehnen und ihren dazugehörigen Organstrukturen wie Sehnenscheiden, Seh-
nengleitgewebe und Schleimbeutel sowie an den Sehnenansätzen. Betroffen
sind ebenfalls die Gelenkbänder, ihre Ansätze und die Gelenkkapsel.
Derartige Schäden zeigen sich an einigen Gelenken in typischer Weise, so
daß sich eigene Krankheitsbezeichnungen eingebürgert haben wie z. B. der
Begriff der Werferschulter, des Tennisellbogens oder des Fußballknöchels.
Charakteristisch ist oft für diese Veränderungen im Anfangsstadium, daß
die Betroffenen einen *Initialschmerz* bei beginnender sportlicher Belastung angeben, der im aufgewärmten Stadium rückgängig ist und nach der
Belastung erneut einsetzt. Für die Behandlung gelten die Richtlinien, wie
sie in dem Kapitel der Insertionstendopathien (Schäden an den Sehnenansätzen) angegeben wurden (vgl. S. 167 ff).
Weitere Schädigungsmöglichkeiten durch den Sport, wobei fließende
Übergänge zwischen primärem und sekundärem Sportschaden bestehen,
zeigen sich am *Gelenkknorpel.* Nicht nur die bereits beschriebenen Merkmale der absoluten Überlastung, abhängig von der Trainingsweise und den
Bodenbelägen, sondern auch biomechanisch veränderte Belastungsverhältnisse der Gelenkflächen spielen ursächlich eine Rolle. Jede angeborene
oder erworbene Fehlstellung eines Gelenks, jede Instabilität durch angeborene oder verletzungsbedingte Bänderschwäche und Muskelschwäche
führt zu Störungen im Bewegungsablauf und zu verminderter bzw. vermehrter Knorpelbelastung mit dem Resultat der Schädigung über den bereits geschilderten Mechanismus.
Im Sport besonders gefürchtet ist der verletzungsbedingte *Bänderschaden*

mit resultierender Bänderschwäche, der sich vor allem am Kniegelenk und oberen Sprunggelenk nachteilig bemerkbar macht und in einem Unsicherheitsgefühl beim Gehen mit gehäuftem Umknicken und wiederholten Schwellungszuständen äußert. Oft erfolgt dieses Umknicken spontan und ohne erkennbare Ursache und hat zu dem Namen «Givingway-Syndrom» geführt. Auf die Dauer gesehen zeigen sich die Schädigungsfolgen in Form einer Arthrose der Gelenke. So haben z. B. Reihenuntersuchungen bei noch aktiven über dreißigjährigen Leistungssportlern zu 84% röntgenologische, arthrotische Veränderungen an den oberen Sprunggelenken gezeigt.

In der Diagnostik der Gelenkschäden nehmen neben den klassischen Untersuchungsmethoden, klinischer und röntgenologischer Untersuchung, moderne Verfahren wie Kontrastmitteldarstellung (Arthrographie) oder Kaltlichtspiegelung (Arthroskopie) in den letzten Jahren einen breiten Umfang ein.

Schultergelenk

Das Schultergelenk zeichnet sich durch eine ausgiebige Bewegungsfreiheit aus, die in vielen Sportarten, vor allem beim Werfen und Schlagen in und über Schulterhöhe, extrem ausgenutzt wird. So stellen wiederholte und langanhaltende intensive Spannungen der Bindegewebsstrukturen Schädigungsmöglichkeiten dar, sie sind jedoch auch möglich bei unzureichender Ausheilung von Verletzungen. Im folgenden werden einige typische Sportschäden aufgeführt.

Sehnen

Betroffen ist oft die lange Bicepssehne und ihre Sehnenscheide, die über den Oberarmkopf in einer dafür bestimmten Rinne gleitet und am oberen Schulterblattpfannenrand ansetzt. Die Schmerzen machen sich beim Anheben des Arms und beim Anspannen des Biceps bemerkbar. Reizzustände und Entzündungen können so weit führen, daß in die Sehnenscheide Kalk eingelagert wird, der sich deutlich im Röntgenbild zeigt. Ursache der Entzündungserscheinungen ist häufig die räumliche Einengung der Sehne beim Anheben des Arms unter der Schulterblatthöhe und dem Band zwischen Schulterblatthöhe und Rabenschnabelfortsatz (Lig. coraco-acromeale). Dieser Mechanismus hat auch zu der Bezeichnung *Engpaß-Syndrom* geführt.

Auch der Engpaßmechanismus läßt eine Entzündung der Sehne des Obergrätenmuskels (N. supraspinatus) entstehen, die sich durch die Erscheinung des *Schmerzhaften Bogens* zeigt. Das seitliche Anheben des Arms gelingt hierbei bis 60 Grad, bereitet bis 120 Grad erhebliche Beschwerden

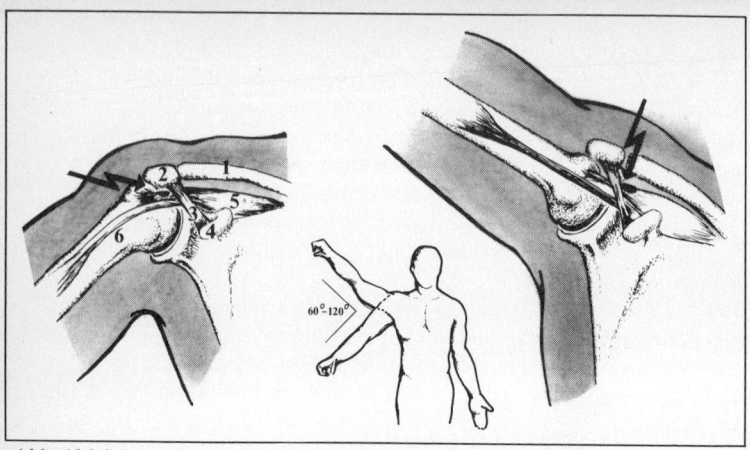

Abb. 126: Schmerzhafter Bogen, Engpaßsyndrom

1 Schlüsselbein
   (Clavicula)
2 Schulterblatthöhe
   (Acromeon)
3 Schulterhöhenband
   (Lig. coraco-acromeale)

4 Rabenschnabelfortsatz
   (Proz. coracoideus)
5 Obergrätenmuskel
   (M. supraspinatus)
6 lange Bicepssehne

Abb. 127: Schleimbeutelentzündung mit
Kalkkörper

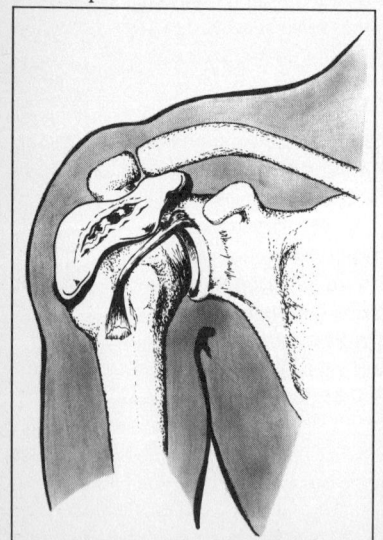

und ist anschließend wieder frei möglich. Wird der Arm innerhalb des Schmerzhaften Bogens nach außen rotiert, so ist ebenfalls freie Beweglichkeit möglich, da die Supraspinatus-Sehne aus ihrer Beengung heraustritt (Abb. 126).

Schleimbeutel
Über den gleichen Schädigungsmechanismus kann ebenfalls eine Entzündung des Schleimbeutels hervorgerufen werden, der zwischen dem Obergrätenmuskel und der Schulterblatthöhe liegt (Bursa subacromealis). Auch hier sind im Folgestadium einer anfänglichen Entzündung chronische Schadenbilder mit Kalkeinlagerungen möglich (Abb. 127).

Sehnenansätze (Insertionstendopathien)

Von Überlastungsschädigungen sind die Sehnenansätze des M. supraspinatus, aber auch der übrigen Rotationsmuskeln betroffen, so daß man von einem *Rotatorenmanschetten-Syndrom* spricht. Auch an der kurzen Bicepssehne mit ihrem Ansatz am Rabenschnabelfortsatz ebenso wie am Ansatz des Deltamuskels an der Außenseite des Oberarms sind Überlastungsschäden gängig.

Kapsel und Bänder

Sowohl Unfallverletzungen als auch anhaltende Dehnungsüberlastungen können zu chronischen Entzündungen der Gelenkkapsel führen, die in einer Kalkbildung enden kann. In der Folge treten nicht nur Bewegungsschmerzen, sondern auch nächtliche Spontanschmerzen auf, und das Bewegungsausmaß wird zunehmend eingeschränkt (Frozen-shoulder, Kalkschulter).

Ärztliche Behandlung bei anhaltenden Schultergelenkbeschwerden ist unerläßlich, um bleibende Bewegungsschäden zu vermeiden. Sowohl Engpaß-Syndrome als auch Kalkablagerungen lassen sich heute operativ erfolgreich behandeln.

Knorpel

Eine Schultergelenkarthrose mit Knorpelschäden ist vielfach Folge einer Schwäche des stabilisierenden Bindegewebes, das sowohl anlagebedingt als auch durch Unfallverletzungen bestehen kann. Nicht nur das eigentliche Schultergelenk, sondern auch das Schultereckgelenk ist betroffen. Gefürchtet ist vor allem die gewohnheitsmäßige Verrenkung und die Fast-Verrenkung (Subluxation), wobei zur Erhaltung der Sportfähigkeit eine operative Behandlung notwendig werden kann.

Ellbogengelenk

Sehnenansatzschäden (Insertionstendopathien)

Diese Schäden der Beuge- und Streckmuskulatur der Hand und der Finger sind die am häufigsten beobachteten Sportschäden am Ellbogengelenk und haben sportartspezifisch zu typischen Bezeichnungen geführt. Mit dem Begriff *Tennisellbogen* (Epicondylitis humeri lateralis) wird die Insertionstendopathie der Streckmuskeln der Hand und der Finger im Bereich des äußeren Oberarmknorrens bezeichnet. Sie tritt als Folge einer Überlastung des Muskelansatzes auf, ist jedoch keineswegs nur beim Sport, insbesondere beim Tennisspiel anzutreffen. In überwiegendem Maß, fast zu 90% tritt dieses Krankheitsbild im Berufsleben auf und hat zu Bezeichnungen wie Hausfrauenellbogen geführt. Ursächlich werden *wiederholte stereotype*

Abb. 128: Tennisellbogen

Belastungen genannt, die z. B. beim Handhaben eines Schraubenziehers oder auch beim Stricken auftreten können. Beim Tennisspiel wird vor allem eine falsche Technik beim Rückhandschlag verantwortlich gemacht, wenn der Schlag nicht aus der Schulter und aus dem gesamten Körper, sondern nur aus dem Unterarm und aus dem Handgelenk geführt wird. Der Schaden zeigt sich mit einem lokalen Druckschmerz über dem Oberarmknorren außen und mit schmerzhafter Anspannung der Unterarmstreckmuskulatur. Die Schädigung kann so stark werden, daß die Haltefunktion der Hand aufgehoben wird und Gegenstände beim Zufassen aus der Hand fallen. Von wesentlicher Bedeutung hinsichtlich der Behandlung ist die gleichzeitige Betroffenheit der Streckmuskulatur selbst und die Mitbeteiligung der Gelenkkapsel, die das Radiusköpfchen umgibt. Oft liegt eine erhebliche Beeinflussung durch gleichzeitige Verschleißerkrankung der Halswirbelsäule vor. Als vorbeugende Maßnahme beim Tennissport sind die exakte Rückhandtechnik und das dosierte Anwenden der Topspin-Technik zu nennen. Auch das Wechseln des Schlägermaterials, der Stärke der Bespannung und die richtige Wahl der Griffstärke können sowohl vorbeugend als auch heilend angeführt werden. Als Richtlinie gilt, daß der Abstand zwischen Fingerspitze Mittelfinger zur mittleren Mittelhandlinie dem Umfangmaß des mittleren Griffs entspricht.

Über Mikroausrisse und abheilende Entzündungszustände erscheinen oft spornartige Ausziehungen im Sehnenansatzbereich.

Beim *Golferellbogen* und *Werferellbogen* handelt es sich um gleichartige Veränderungen und Erscheinungsbilder an der Innenseite des Ellbogens (Epicondylitis humeri medialis) im Ursprungsbereich der Beugemuskeln der Finger und der Hand. Beim Werferellbogen tritt zusätzlich durch die

extreme Verdrehung des Ellbogengelenks ein Sportschaden im media-
len Kollateralband auf, der durch
Zerrungen in Form von Mikrotraumen bei heutiger Wurftechnik entsteht (Abb. 129).

Weitere Insertionstendopathien mit
späteren spornartigen Ausziehungen können im Ansatzbereich des
dreiköpfigen Oberarmmuskels (M.
triceps) am Ellenhaken und im Ansatzbereich des Bicepsmuskels am
Radiusköpfchen auftreten. Überla-
stende und wiederholte Beugungen
bzw. Streckungen im Ellbogengelenk sind ursächlich zu nennen
(Abb. 130).

Durch wiederholte Druckbelastungen insbesondere bei Sturzverletzungen ist die Entstehung einer
Schleimbeutelentzündung über dem
Ellenhaken (Bursitis olecrani) möglich, wobei im chronischen Zustand
verschiebliche Fremdkörper innerhalb des Schleimbeutels zu tasten
sind, die bei erneuter mechanischer
Reizung zu akuten Schleimbeutelentzündungen mit Ergußbildungen
führen können (Abb. 73, Seite 117).
Degenerative Veränderungen als
Folge von Kapsel-Mikro-Ausrissen
mit knöchernen Ausziehungen sind
vor allem am Ellenhaken, an der inneren Gelenkfläche der Elle und am
Kronenfortsatz der Elle vorhanden,
wo sie regelmäßig bei Handball- und
Wasserballtorwarten   anzutreffen
sind. Oft sind diese Ausziehungen
unbedeutend und bedürfen keiner
Behandlung, nur bei mechanischen
Störungen sind operative Eingriffe

Abb. 129: Ellbogengelenksstellung beim
Speerwurf

Abb. 130: Verknöcherung des Ansatzes
des dreiköpfigen Oberarmmuskels (M.
triceps brachii)

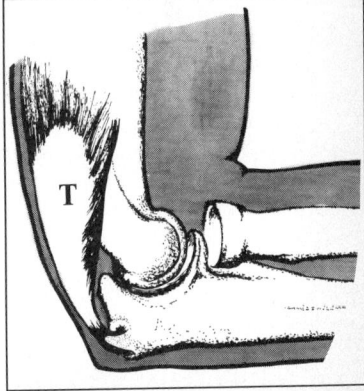

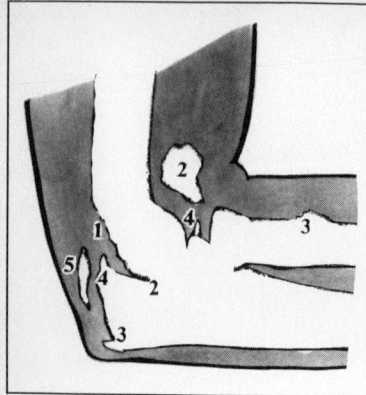

Abb. 131: Verschleißerkrankung des Ellbogengelenks, wie sie auf einem Röntgenbild erscheint
1 Gelenkflächenzerstörung
2 Freie Gelenkkörper
3 Sehnenansatzverkalkungen
4 Gelenkkantenausziehungen
5 Sehnenverkalkung

notwendig. Operative Maßnahmen werden dagegen erforderlich, wenn in Überlastungszonen des Knorpels Knorpelknochenpartikel aus dem Gelenkflächenverband herausgelöst werden (Osteochondritis dissecans) und als freie Gelenkkörper die Bewegungsfreiheit des Ellbogengelenks blockieren können. Derartige freie Gelenkkörper können durch Appositionswachstum erhebliches Ausmaß annehmen und führen zu dem Bild der Chondromatose (Knorpelgeschwulst) (Abb. 131).

Handgelenk und Unterarm

Die *Sehnenscheidenentzündung* der Strecksehnen des Handgelenks treten bei Sportarten auf, die mit einem übermäßigen Einsatz der Streckbewegung des Handgelenks verbunden sind, wie z. B. beim Rudern, beim Kanusport aber auch im Tischtennis durch die hierbei bevorzugte Topspin-Technik. Die Verletzung macht sich bemerkbar durch ein fühlbares Reiben bei schmerzhafter Bewegung des Handgelenks und durch einen typischen Tastbefund, der als «Schneeballknirschen» bezeichnet wird. Eine deutliche Schwellung wird sichtbar.

Reizzustände der Handgelenkkapsel sind bei wiederholt überlastenden Handstreckungen bekannt, wie dies z. B. beim Kugelstoßen auftreten kann. Das Kapselgewebe auf der Streckseite des Handgelenks kann hierbei erheblich schmerzhaft und entzündlich anschwellen, so daß Belastungen vorübergehend nicht weiter möglich sind und eine gezielte Behandlung mit Ruhigstellung und Entzündungshemmung notwendig wird.

Durch die Überlastung und die chronischen Reizzustände können sich auch hohlräumige Ausstülpungen der Sehnenscheiden und Gelenkhöhlen bilden, die mit gallertigem Inhalt angefüllt sind. Sie finden sich als *Ganglien* überwiegend über der Streckseite des Handgelenks und können zu schmerzhaften Belastungen führen. Bei mechanischen Störungen ist die operative Entfernung angebracht, wobei ein Wiederauftreten der Ganglien (Rezidive) durchaus bekannt ist.

Degenerative Veränderungen der Finger- und Daumengelenke sind nach Unfallverletzungen mit Kapsel- und Bandbeteiligungen bekannt und führen oft zu einer sportartspezifischen Belastungsminderung. Stabilisierende Verbände werden notwendig, um weitere Schädigungen zu vermeiden. Typisch ist eine auffallende Gelenkschwellung der Fingermittelgelenke wie z. B. beim «Jammed-finger» im Basketballsport oder beim «Skidaumen» nach Sturzverletzungen auf den abgespreizten Daumen (vgl. S. 124f).

Zu den primären Sportverletzungen zählen auch die Ansatzbeschwerden der seitlichen Handgelenkbänder, die an den Griffelfortsätzen von Elle und Speiche ansetzen und bei Turnern, Fechtern und Tischtennisspielern überwiegend anzutreffen sind.

Becken und Hüftgelenk

Im Vordergrund der primären Sportschäden stehen zahlreiche *Insertionstendopathien*, von denen beispielhaft folgende genannt werden:
- Ischiocrurale Muskulatur im Bereich des Sitzbeins, vor allem bei Sprintern und Weitspringern auftretend;
- Adduktorenmuskulatur und Schlankmuskel (M. gracilis) im Bereich des Sitzbein- und Schambeinastes, hauptsächlich bei Fußballern auftretend und unter dem Namen Gracilis-Syndrom, Adduktorenzerrung und Fußballerleiste bekannt;
- Lendendarmbeinmuskel (M. iliopsoas) am kleinen Rollhügel bei wiederholten schnellkräftigen Hüftgelenksbeugungen, wie sie beim Laufen, beim Schußtraining im Fußball sowie beim Hürdenlauf auftreten;
- gerader vorderer Oberschenkelmuskel (M. rectus femoris) und Schneidermuskel (M. sartorius) am vorderen unteren Darmbeinstachel, ebenso beim Schußtraining und beim Krafttraining auftretend.

Auch der innere Ansatz des Leistenbands am Symphysenrand kann zu schmerzhaften Belastungsbeschwerden führen, wobei sich im Sprachgebrauch der Begriff *Leistenzerrung* eingebürgert hat.

Ein weiterer typischer Sportschaden besteht in der *Schleimbeutelentzündung* über dem großen Rollhügel (Bursitis trochanterica), wo sie nach Stürzen, aber auch durch übermäßige mechanische Belastung des Oberschenkelbindenmuskels (M. tensor fascia lata) hervorgerufen werden kann. Hier sind im chronischen Zustand Kalkeinlagerungen möglich, so daß Laufbewegungen schmerzhaft werden.

Mit einer *Arthrose* des Hüftgelenks ist vor allem bei Entwicklungsstörungen der Hüftgelenke im Sinne einer Steil- oder Flachhüfte zu rechnen, da es hierbei zu erheblichen Steigerungen der Knorpelbelastung kommt (vgl. S. 178).

Alle über mehrere Tage anhaltenden Beschwerden im Bereich der Hüftgelenke und des Leistenbereichs bedürfen einer exakten ärztlichen Untersuchung, da sich hinter den vermuteten Überlastungsschäden Leistenbrüche und auch Tumoren verbergen können.

Kniegelenk

Auch am Kniegelenk treten in Verbindung mit sportlicher Aktivität zahlreiche *Insertionstendopathien* auf, deren Ursache auch in Überlastungen, vor allem unter dem Einfluß hohen Krafttrainings und extrem schnellkräftiger Bewegungsabläufe zu sehen ist. So ist der Ansatz der Endsehne des vierköpfigen Oberschenkelmuskels (M. quadriceps), die Kniescheibensehne, über der Schienbeinrauhigkeit des Unterschenkels betroffen. Bei einem Krankheitsbild, das als *Patellaspitzensyndrom* bezeichnet wird, ist die Kniescheibenspitze betroffen. Auch am oberen Rand der Kniescheibe sind Insertionstendopathien bekannt, die nach Übergang in einen sekundären Sportschaden durch eine knöcherne Ausziehung am oberen Kniescheibenpol sichtbar werden (Abb. 132).

Abb. 132: Insertionstendopathie der Kniescheiben- und der Quadricepssehne (1)
2   Schleimbeutel
3   Fettkörper und Meniscus

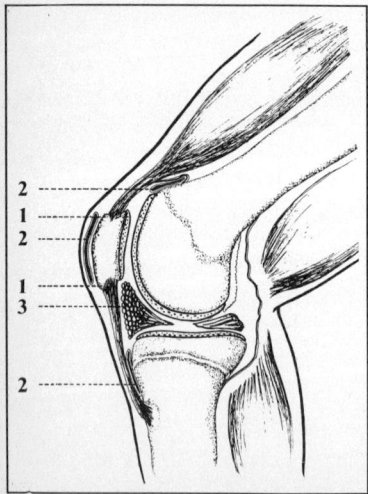

Insertionstendopathien gibt es auch im Ansatzbereich der Unterschenkel-Beugemuskulatur, z. B. am Ansatz des zweiköpfigen Oberschenkelmuskels (M. biceps femoris) am Wadenbeinköpfchen und am Ansatz der ischiocruralen Muskulatur auf der Innenseite des Schienbeinkopfs im Bereich des sog. Gänsefußes (Pes anserinus). Laufdisziplinen und Krafttraining sind besonders betroffene Sportarten.

Schädigungen der *Kniescheibensehne* kommen bevorzugt bei Sportarten mit hoher Sprungbelastung, also auch beim Volleyball und Basketball, vor und haben zur Bezeichnung «Springer-Knie» geführt. Fließende Übergänge zwischen Entzündungserscheinungen der Sehne (Tendinitis) bis zu lokalen degenera-

tiven Veränderungen mit Gewebs-
untergang und Verfettungen (Tendinose) sind histologisch vorhanden.
Ebenfalls sind Reizzustände des
Sehnengleitgewebes an den seitlichen Rändern der Kniescheibensehne wie bei der Achillessehne
möglich.

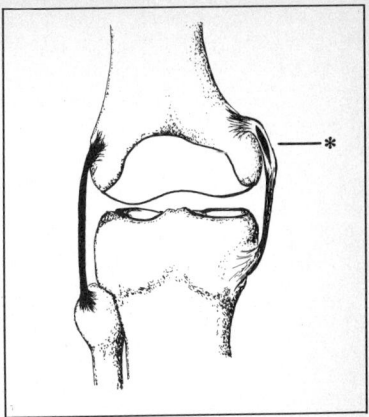

Bandschädigungen entstehen vor
allem am inneren Seitenband und
hier im Ansatzbereich am Oberschenkelknorren   («Skipunkt»).
Auffallend ist ein gemeinsames Auftreten bei Achsenfehlstellungen im
Sinn eines X-Knies (vermehrte Zugbeanspruchung) und eines Senk-
Knick-Fußes zusätzlich (Innenrota-

Abb. 133: Weichteilverkalkung des Knie-
innenbands (Stieda-Schatten)

tionsstellung) zu beobachten. Nicht nur nach Verletzungen des inneren Sei-
tenbands sind Weichteilverkalkungen am oberen Ansatz (Stieda-Schatten)
zu erkennen. Im allgemeinen ist die Kalkbildung symptomlos und wird bei
einer gelegentlichen Röntgenuntersuchung festgestellt (Abb. 133).
Auch die seitlichen Kniescheibenbänder und Bindegewebszüge (Retinaculae) zeigen Veränderungen im Sinn eines primären Sportschadens,
hauptsächlich an der Innenseite. Das überwiegend seitliche Abgleiten der
Kniescheibe nach außen (Lateralisation) während der Beugung ist verantwortlich zu nennen.

Schleimbeutelentzündungen sind im Bereich des Kniegelenks zahlreich
möglich, am häufigsten ist der Schleimbeutel vor der Kniescheibe betroffen
(Bursitis praepatellaris). Die Entzündung tritt nach Schlägen oder nach
Stürzen auf die Kniescheibe auf. Bei tastbaren, bis zu tennisballgroßen
Schwellungen in der Kniekehle handelt es sich nicht um Schleimbeutelentzündungen, sondern um ausgedehnte *Gelenkkapselausbuchtungen* (Ba-
ker-Zyste), die als dringender Hinweis auf eine Kniebinnenschädigung mit
reaktiver Ergußbildung anzusehen ist. Auch das Anschwellen des Kniege-
lenkbereichs oberhalb der Kniescheibe ist im gleichen Sinn zu deuten, wobei die vermehrt abgesonderte Gelenkflüssigkeit in den sogenannten oberen Recessus hineingedrückt wird.

Knorpelschäden
Knorpelschäden des Kniegelenks werden bevorzugt an der Kniescheiben-
rückfläche angetroffen und dort je nach Ausmaß als Chondropathia patel-

lae oder als Retropatellararthrose bezeichnet. Knorpelveränderungen der Kniescheibe finden sich jedoch auch bei nicht Sporttreibenden im dritten Lebensjahrzehnt in über 50 % der Fälle und bei über Vierzigjährigen in 80 % der Fälle. Solche Befunde werden oft zufällig an operierten Kniegelenken festgestellt, wobei die Schäden zu keinen nennbaren Schmerzen geführt haben.

Ursache der Schädigung sind die biomechanisch errechenbaren hohen Druckwerte, mit denen die Kniescheibe mit zunehmender Beugung gegen die Oberschenkelrollen gepreßt wird. Dieser Anpreßdruck ist bei vollständiger Streckung des Kniegelenks praktisch unbedeutend, nimmt bis zur 90-Grad-Beugung erheblich zu (Fahrradfahren!) und bei vollständiger Beugung wieder ab, da in dieser Stellung die Kniescheibe in einen Baufettkörper (Hoffascher Fettkörper) gebettet liegt, und die Quadricepssehne die Belastung zwischen den Oberschenkelrollen im Oberschenkelgleitlager übernimmt. So wurde für die 90-Grad-Beugestellung ohne besondere Belastungen ein Anpreßdruck von 500 kp gemessen, der jedoch bei Schnellkraftbewegungen (schnelle Streckung aus der Kniebeuge, z. B. Vorschnellen der Unterschenkel im Jetstil beim Skilauf) bis zu 2000 kp gesteigert werden kann. Umgerechnet auf die Kniescheibenfläche bedeutet dies Druckwerte von 150 kp/cm², die deutlich über der Schädigungstoleranz des Knorpelgewebes liegen, die bei 50 kp/cm² angenommen wird (Abb. 134).

Die wirksamen Anpreßdrücke werden dadurch verstärkt, daß die Kniescheibengelenkfläche nicht in ihrer gesamten Ausdehnung belastet wird, sondern es werden nur bestimmte Areale, abhängig vom jeweiligen Beugungsgrad, gegen die innere und äußere Oberschenkelrolle gepreßt.

Abb. 134: Position der Kniescheibe bei verschiedenen Beugegraden

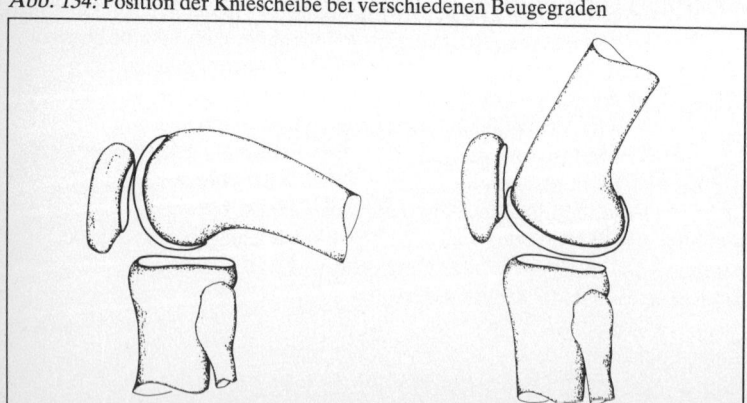

Drei mechanische *Ursachen* sind an der Knorpelschädigung beteiligt:

- *Hohe* und *häufige* Belastungen dynamischer und statischer Art, die durch Zusatzgewichte beim Krafttraining gesteigert werden und zu regelrechten Verletzungen des Knorpels führen. Hierdurch werden Knorpelschäden bei Fußballspielern (Schußmechanik), Gewichthebern, Ringern, Brustschwimmern und bei allen Sprungsportarten, ob in der Leichtathletik oder bei Ballspielen, erklärt.

- *Langandauernde* statische Belastungen in Beugestellungen mit hohem Anpreßdruck führen zu einer Verdrängung der Synovialflüssigkeit und damit zur Aufhebung der Knorpelernährung. Hierdurch lassen sich Knorpelschäden bei Skiabfahrtsläufern, Eisschnelläufern, aber auch bei Kanuten erklären. Auch das isometrische Krafttraining der Oberschenkelmuskulatur in anhaltender Kniebeugestellung übt einen schädigenden Einfluß aus. – Andererseits kann auch eine Ruhigstellung des Kniegelenks, z. B. im Gipsverband, zur Störung der Knorpelernährung führen, da die Synovialflüssigkeit weder im Gelenk bewegt wird noch die Nahrungssubstrate durch Druckänderung in den Knorpel gepreßt werden können (vgl. S. 171 ff). Die moderne rehabilitative Therapie nach Kniegelenksoperationen ist daher bemüht, eine möglichst baldige, belastungsniedrige Mobilisierung der Gelenke einzuleiten.

- Wiederholte Stürze auf das Kniegelenk führen zu Kleinstverletzungen (Mikrotraumen), die in ihrer Summation einen Knorpelschaden hervorrufen können. Derartige Stürze sind bekannt im Handball, Volleyball und bei Kampfsportarten. Schwere Stürze können Knorpelfrakturen herbeiführen (Makrotrauma).

Bei idealen anatomischen Bedingungen mit symmetrischer innerer und äußerer Gelenkfläche der Kniescheibe und symmetrischem Aufbau der Oberschenkelrollen wird eine Knorpelschädigung trotz der Belastungsspitzen gering bleiben. Zahlreiche *Formvarianten* der Kniescheibe (Abb. 135) und des Oberschenkelgleitlagers führen jedoch zu Druckverteilungsstö-

Abb. 135: Formvarianten der Kniescheibe nach WIBERG

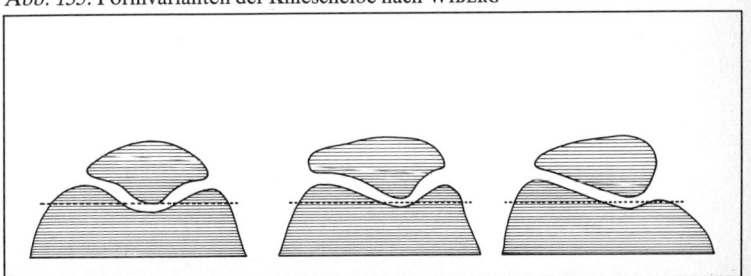

rungen, die Schädigungsmöglichkeiten wahrscheinlicher machen (vgl.
S. 178). Hierbei sind zu nennen: Kniescheibenasymmetrie, kleine Kniescheibe (Patella parva), hochstehende Kniescheibe (Patella alta), mehrfach geteilte Kniescheibe (Patella bi-, tripartita), Dellenbildung der Knie-
scheibenrückfläche (Haglund-Delle).

Ebenfalls die Gleitrollen (Condylen) und das Gleitlager des Oberschenkels
zeigen Symmetriestörungen mit steiler innerer und flacher äußerer Gleit-
rollenfläche, so daß beobachtet werden kann, daß unter Beugung die Kniescheibe nach außen wandert (Lateralisation). Dies kann in schweren Fällen
bei hohen Belastungsspitzen sogar zum *Ausrenken* der Kniescheibe nach
außen führen. Begünstigt wird die Lateralisation der Kniescheibe bei der
X-Stellung des Kniegelenks (Genu valgum). Derartige Asymmetrien führen einerseits zu erhöhten Anpreßdrücken, andererseits bei den Beugungs-
vorgängen zum Abreißen des Schmierfilms der Gelenkflüssigkeit mit Ernährungsstörungen (Abb. 136).
Eine weitere wesentliche Rolle beim Zustandekommen von Knorpelschäden der Kniescheibe spielen verletzungsbedingte *Stabilitätsminderungen*
des Kniegelenks, wodurch schädigende Knorpelbelastungen hervorgerufen
werden. Ebenfalls biochemische (enzymatische) Schädigungen des Knorpels sind bei verbleibenden entzündlichen Kniegelenksergüssen oder Blutergüssen bekannt, so daß die Beseitigung des Kniegelenksergusses ein vor-
rangiges Therapieziel jeder Kniegelenksverletzung sein muß (vgl. S. 171 ff).

Abb. 136: Druckverteilungssteuerung
bei Kniescheibenasymmetrie
A   gleichmäßige Schmierfilmverteilung
B   abreißender Schmierfilm

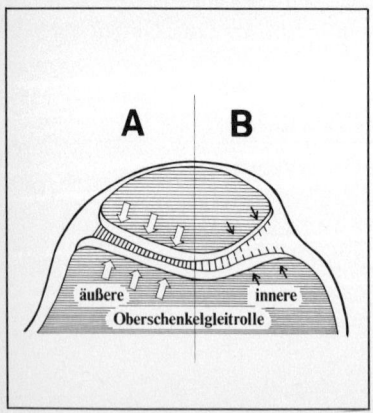

Anzeichen einer Knorpelschädigung
machen sich in folgender Weise
bemerkbar:

- Schmerzen beim Treppensteigen
  und Treppabgehen sowie beim
  Bergauf- und Bergablaufen;
- Schmerzen während der Beuge-
  belastung und nach für längere
  Zeit eingehaltenen Kniebeugen,
  z. B. nach langen Autofahrten
  oder beim Sitzen mit übergeschla-
  genen Kniegelenken (sogenann-
  tes cinema-sign = Kinozeichen);
- Schmerzen beim Anheben des gestreckten Beins unter der mit der
  Hand nach fußwärts verschobenen Kniescheibe (Zeichen nach
  ZOHLEN).

Vermeidung und Heilung von Knorpelschäden

Maßnahmen zur Vermeidung und Heilung des Knorpelschadens der Kniescheibe nehmen heute in der Sportmedizin einen breiten Raum ein. Sie lassen sich in selbständige, medikamentöse, physikalische und operative Verfahren unterteilen.

Selbständige Maßnahmen

- *Ausschalten der Überlastungen:* Änderung des Krafttrainings unter Vermeidung von Beugewinkeln mit hohem Anpreßdruck, Reduzierung des Körpergewichts bei Übergewicht, Vermeidung von anhaltender statischer Belastung, wie z.b. dem oft geübten Quadricepstraining in 90-Grad-Beugestellung während der Skigymnastik.
- *Allgemeines Oberschenkelmuskeltraining* zur Stabilisierung des Gelenks, spezielles Training des inneren Anteils des vierköpfigen Oberschenkelmuskels (M. vastus medialis) zur Vermeidung des Nach-außen-Gleitens der Kniescheibe (Lateralisation). Ein Oberschenkelmuskeltraining läßt sich auch bei vorliegender Knorpelstörung mit gestrecktem Kniegelenk durchführen.
- Optimierung der Durchblutungsverhältnisse der Gelenkkapsel und Gelenkschleimhaut durch warme Sportkleidung.
- Verminderung des Kniescheibenanpreßdrucks mit Verlagerung des Körperschwerpunkts nach vorne durch Tragen von *Schuhen mit flachem Absatz* (flat-heal), z. B. Canadian roots.
- Tragen spezieller *Bandagen* mit Beeinflussung des Kniescheibengleitwegs nach ärztlicher Verordnung.
- Mögliche und schädigungsfreie Knorpelernährung durch tägliche Einnahme von einem Eßlöffel granulierter Gelatine, aufgelöst in Vitamin-C-haltigem Saft, z. B. Sanddornsaft.
- Belastungsänderung, Belastungspause und ärztliche Beratung je nach Ausmaß der Beschwerden.

Medikamentöse und physikalische Therapie

Bekämpfung von Entzündungserscheinungen und Ergußbildungen jeglicher Art zur Vermeidung einer entzündlichen Knorpelschädigung:

- «Knorpelschutz-Therapie» mit Knorpelernährungssubstraten, die mit Tabletten, Muskelspritzen oder Gelenkspritzen zugeführt werden können (Dona 200®, Arumalon®, Arteparon®, AHP 200® u. a.).
- Physikalische Maßnahmen mit Durchblutungsvermehrung der Gelenkkapsel und -schleimhaut bei nicht entzündetem, überwärmtcm Gelenk sowie Kühlung bei entzündlich veränderter Schleimhaut und geschwollenem, überwärmtem Gelenk.

Derartige Maßnahmen gehören in die Hand des Arztes.

Operative Maßnahmen
Die operativen Maßnahmen haben folgende Ziele:
- Änderung des Gleitwegs der Kniescheibe,
- Änderung der Form der Kniescheibe,
- Änderung der Beschaffenheit des Knorpelgewebes.

An einen *Meniscusschaden* ist zu denken, wenn bei Drehbewegungen im Kniegelenk (z. B. Drehen des Körpers bei feststehendem Fuß) Schmerzen auftreten, aber auch beim Entengang oder bei Twist-Tanz-Bewegungen. Hier sind Oberflächenaufrauhungen oder «Spitzenausfransungen» sowie Meniscusbasislockerungen zu vermuten, die den Sportler vor Eintreten einer höhergradigen Schädigung zum Arzt führen sollten.

Bei frühzeitiger Diagnostik mit den heute zur Verfügung stehenden Mitteln, insbesondere der Kniegelenkspiegelung und rechtzeitig einsetzender Behandlung lassen sich Knorpelschäden auch im Leistungssport durchaus in Grenzen halten oder vermeiden. Einer besonderen Sorgfalt bedarf hierbei die Sportbetreuung der jugendlichen Leistungssportler.

Sportschäden der Unterschenkel

Sowohl am Schienbein als auch am Wadenbein können vor allem bei Langstreckenläufern *Ermüdungsbrüche* auftreten. Belastungsschmerzen und örtliche Druckschmerzen sollten daher Anlaß zu einer exakten Röntgenuntersuchung sein.

Für den *Schienbeinschmerz* sind zwei Mechanismen ursächlich zu nennen:
- Reiz- und Entzündungszustände der Knochenhaut (Schienbein-Periostitis), die durch Erschütterungen und Schwingungen auf harten Sportböden hervorgerufen werden und mit Belastungs- und Druckschmerzen einhergehen (vgl. S. 153). Wichtigste Behandlungsmaßnahmen sind lokale Entzündungshemmung durch Salbenpackungen, Durchblutungssteigerung entweder durch Eismassage (vgl. S. 225), feuchtwärmende Umschläge oder physikalische Maßnahmen, Wahl des richtigen, dem Sportboden angepaßten Schuhwerks, langsame Gewöhnung an harte Böden bzw. vorübergehende Meidung dieser Böden.
- «Engpaß-Syndrom» der Unterschenkelmuskelfaszie. Die Muskeln des Unterschenkels werden von einer kräftigen bindegewebigen Hülle eingefaßt, die sich in vier Kammern gliedert und an den Knochen des Unterschenkels ansetzt. Bei einer trainingsbedingten erheblichen Mus-

kelvermehrung können Reizzustände der Muskelfaszie, an ihren Knochenansatzbereichen aber auch Faszieneinrisse auftreten. Eine operative Spaltung der Muskelfaszie führt sehr oft zum Erfolg, da die Muskulatur aus ihren beengenden Umhüllungen befreit wird und der Zug auf den Knochenansatzbereich entfällt.

Muskelschmerzen und -krämpfe sind nicht nur Folge von Elektrolyt- und Ernährungsstörungen der Muskulatur, sondern sehr oft liegt ihre Ursache in einer Koordinationsstörung der Fuß- und Zehenbeuge- bzw. -streckmuskulatur, die teilweise sportartbedingt ist und sich in einem tastbaren erhöhten Muskeltonus äußert. Ein ausgewogenes Training der Beuge- und Streckmuskulatur sollte vorbeugend durchgeführt werden. So zeigt sich z. B. bei Laufsportarten ein deutliches Überwiegen der Wadenmuskulatur mit Neigung zu schmerzhaftem Muskelhartspann. Das zusätzliche Training des vorderen Schienbeinmuskels durch Anheben des Fußes gegen Widerstand oder durch bewußtes Anheben des Fußes in der Schwungphase des Beins kann Abhilfe schaffen.

Sehnenschäden durch Über- und Fehlbelastung treten sowohl im vorderen Abschnitt als auch im hinteren Abschnitt des oberen Sprunggelenks auf. Einen bekannten Sportschaden stellt die Sehnenscheidenentzündung des vorderen und des hinteren Schienbeinmuskels dar, die sportmedizinisch unter den Namen Tibialis-Anterior-Syndrom und Tibialis-Posterior-Syndrom bekannt sind. Es handelt sich einerseits um eine Sehnenscheidenentzündung des vorderen Schienbeinmuskels als Folge eines Engpaß-Syndroms unter der straffen Bindegewebshaut (Retinaculum), unter der die Streckmuskulaturen der Zehen und des Fußes an der Vorderseite des oberen Sprunggelenks hindurchlaufen, und andererseits um eine Sehnenscheidenentzündung des hinteren Wadenbeinmuskels hinter dem Innenknöchel. Diese tritt sehr oft nach langer Ruhigstellung des Fußes im Gipsverband und als Folge nach Sprunggelenk-Bandverletzungen auf.

Bei den Schäden der *Achillessehne* handelt es sich um unterschiedliche Krankheitsbilder, die umfassend unter dem Begriff «Achillodynie» geführt werden.
● Entzündungen und degenerative Veränderungen der Achillessehne (Tendinitis, Tendinose),
● Entzündungen und degenerative Veränderungen des Sehnengleitgewebes (Peritendinitis, Peritendinose),
● Sehnenansatzleiden der Achillessehne am Fersenbein (Insertionstendopathie),
● akute und chronische Entzündung des Achillessehnen-Schleimbeutels (Bursitis) etwas oberhalb des Ansatzes.

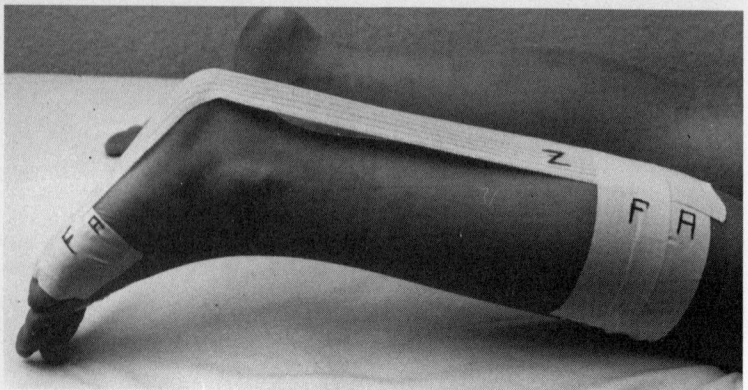

Abb. 137: Funktioneller Verband bei Achillodynie (Prinzip)

Ursache sind neben Überlastungen der Sehne, altersentsprechenden degenerativen Veränderungen und wiederholten Mikrotraumatisierungen sehr oft Fehlstellungen des Rückfußes im Sinn eines Knickfußes oder auch falsche Lauftechnik, bei der in der Aufsetzphase des Fußes nicht der Fußaußenrand, sondern der Fußinnenrand belastet wird (vgl. S. 155). Wichtigste prophylaktische Maßnahme ist hier die Korrektur der Rückfußfehlstellung durch Einlagen, stabilisierendes Schuhwerk und vor allem Laufstilschulung. Eine besondere Belastung der Achillessehne besteht sportartspezifisch unvermeidlich beim Ballenlauf im Sprint.

Bei chronischen Beschwerden kann ein funktioneller Verband eine gute Hilfe darstellen, dessen Prinzip eine Annäherung des Muskels an den Sehnenansatz in leichter Spitzfußstellung darstellt (Abb. 137).

Sportschäden an Sprunggelenk und Fuß

Mit Veränderungen an den Band- und Kapselansätzen gehen extreme Bewegungsausschläge im oberen Sprunggelenk einher, wie sie z. B. beim Spannschuß im Fußball an der vorderen Gelenkkapsel gegeben sind und zu knöchernen Ausziehungen im Ansatzbereich führen. Ähnliche Überlastungserscheinungen können im inneren Sprunggelenkbereich beim Flopstil des Hochsprungs in der Absprungphase entstehen. Verursachen bei häufiger Ausführung solche Bewegungen eine Band- und Kapsellockerung, so ist mit Knorpelflächen- und Knochenverschleiß des Gelenks zu rechnen. Knochenausziehungen, freie Gelenkkörper und Kalkeinlagerungen in Kapsel und Bänder sind Zeichen eines solchen Gelenkverschleißes. Häufige *Insertionstendopathien* finden sich im Ansatzbereich des kurzen Wadenbeinmuskels am Köpfchen des fünften Mittelfußknochens und vor allem bei Senkfüßen im Ansatz der Fußbodenmuskulatur und der Fußbodenfascie am vorderen Fersenbeinhöcker, wo es im Lauf der Zeit zur Bildung eines schmerzhaften Fersenbeinsporns kommen kann (Abb. 138).

Ermüdungsbrüche sind bei Langstreckenläufern hauptsächlich im fünften Mittelfußknochen anzutreffen.

Abb. 138: Fersensporn
1   Ansatz der Achillessehne
2   Ansatz der Fußbodenfascie

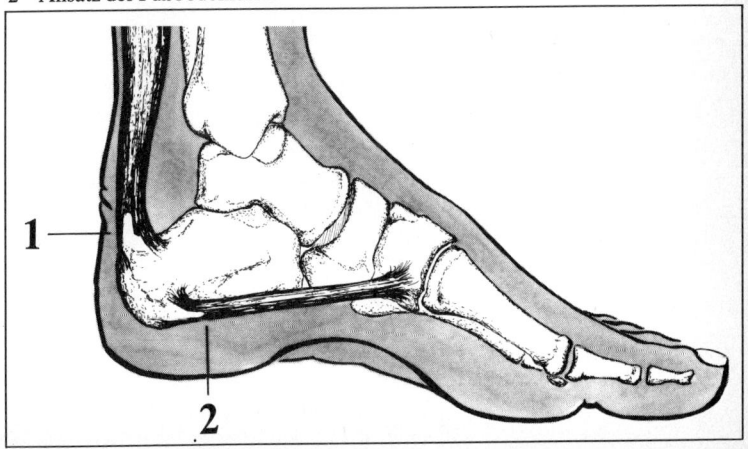

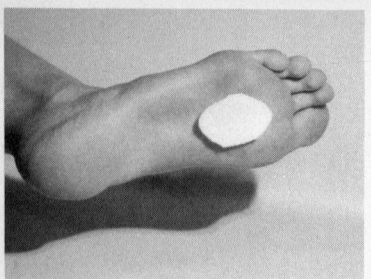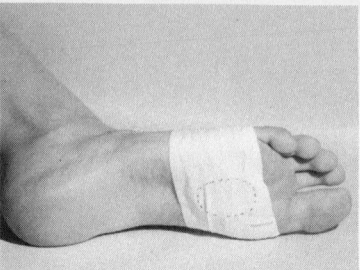

Abb. 139: Spreizfußbandage

Für *Vorfußschmerzen* unter Belastung ist in erster Linie der Spreizfuß verantwortlich zu machen. Es handelt sich hierbei um Entzündungszustände
der Gelenkkapsel der Zehengrundgelenke und um geschwürartige Verdik-
kungen der zwischen den Zehengrundgliedköpfchen liegenden Nerven.
Besonders gefährdet sind Barfußsportarten wie Judo, Ringen und Tanzen
sowie Gymnastik. Mit einer gezielten Spreizfußbandage oder aber einer
guten Sporteinlage im Sportschuh ist Abhilfe zu schaffen (Abb. 139). Auch
entzündungshemmende Maßnahmen wie feucht-kühlende Umschläge,
Eiswürfelmassagen und feuchte kühle Salbenverbände verschaffen Linde-
rung.

Besondere Sportschäden

Nervensystem

Während Spätschäden des Gehirns im Boxsport mit neurologischen und
Persönlichkeitsveränderungen als Folge einer Summierung von Boxtref-
fern bekannt und beschrieben sind, ist dies z. B. für den Fußballsport (wiederholte Kopfstöße) nicht eindeutig nachgewiesen.
Nervenschädigungen sind auch im Bereich des peripheren Nervensystems
bekannt, so durch wiederholte Druck- oder Zugbelastung des Armnerven-
geflechts bei Gewichthebern oder bei anhaltendem Tragen vom schwerem
Gepäck. Nicht nur ausstrahlende Schmerzen im Versorgungsgebiet der betroffenen Nerven (Neuralgien) sind als Folge zu beobachten, sondern auch
Muskellähmungen. Durch chronische Kapselentzündungen und wieder-

holte Kapselzerrungen des Ellbogengelenks bei Tennisspielern und Werfern können auch bleibende Nervenveränderungen des Speichen- und Ellennervs auftreten.

Sportschäden der Sinnesnerven (Lärm-Schwerhörigkeit bei Schützen) und der Sinnesorgane (Bindehautentzündung bei Schwimmern) sollen nicht unerwähnt bleiben.

Seitenstiche

Obwohl Seitenstiche keinen Sportschaden im engeren Sinn darstellen und auch nicht in den Rahmen der Schäden des Bewegungsapparats passen, sollen sie hinsichtlich Ursache und verhütender Maßnahmen wegen der erheblichen Bedeutung für den Sportler besprochen werden:

Bei Seitenstichen handelt es sich um krampfartige Schmerzen in der Milzgegend (unter dem linken Rippenbogen), deren Ursache in einer zu starken Magenfüllung (Trinken und Essen kurz vor sportlicher Betätigung), in Luftansammlungen besonders des Dickdarms, in einer Milzschwellung durch Blutfülle bei bestehender vorrangiger Verdauungsarbeit und in Verspannungen der Bauchmuskulatur liegen können. Bei ständigem und sich wiederholendem Auftreten von Seitenstichen während des Sporttreibens ist eine Vorstellung beim Arzt notwendig.

Als *Sofortmaßnahme* sollte die bewußte Zwerchfellatmung bei weiterem Training oder Wettkampf durchgeführt werden. Weiterhin: wärmendes Reiben der Muskulatur über dem Schmerzbereich zur Entspannung, Vorneigen des Oberkörpers, Tempowechsel z. B. beim Laufen, Öffnen von zu enger Sportbekleidung. Sollte der Schmerz durch diese Maßnahmen nicht zu beseitigen sein: Lagerung in einer Stellung mit geringen Schmerzen, Wärme, auch in Form von feucht-warmen Umschlägen, möglichst keine Speisen und Getränke.

Vorbeugende Maßnahmen: Änderung der Eß- und Trinkgewohnheiten (Vermeidung von blähenden Speisen wie Kohl, Hülsenfrüchten, fetten Speisen, Kohlensäure, Eiern; mehrere kleine Mahlzeiten anstatt einer großen), Änderung der Trainingsgewohnheiten (richtiges Aufwärmen, ausreichend warme Kleidung vor dem Training).

Wiederherstellende und vorbeugende Maßnahmen

Wiederherstellung nach Sportverletzungen (Rehabilitation)

Die Rehabilitationsbehandlung eines verletzten Sportlers verfolgt das Ziel, die Wiederherstellung der Trainings- und Wettkampffähigkeit so vollständig und so rasch wie möglich zu erreichen. In diesem Bestreben werden aktive und passive Behandlungsmaßnahmen herangezogen, die unter dem Begriff der *Physiotherapie* geführt werden und krankengymnastische sowie physikalische Behandlungsmethoden umfassen. Prinzip aller Anwendungen ist es, die physiologischen Abläufe im Körper für Heilungszwecke zu verstärken und andererseits physikalische Gegebenheiten der Wärmelehre, der Elektrizität, der Mechanik und der Wellenlehre nutzbar zu machen. Die physikalischen Behandlungsmethoden stellen hierbei nur begleitende Maßnahmen neben den wichtigen funktionellen aktiven Behandlungen wie Krafttraining, Koordinationsschulung etc. dar. Die Ziele eines Rehabilitationstrainings sind nicht durch einzelne krankengymnastische und physikalische Methoden zu erreichen, sie werden optimal, wenn sie in funktionellen Einheiten durch Arzt, Physiotherapeut und Trainer koordiniert werden.

In diesem Kapitel sollen die Wiederherstellungsmöglichkeiten informativ dargestellt und ihre Wirkungsweisen erläutert werden. Keineswegs wird versucht, für bestimmte Verletzungen Behandlungsschemata festzulegen. Diese sind von Arzt und Physiotherapeuten individuell anzuwenden und zu verordnen. Einige der dargestellten Methoden lassen sich im häuslichen Rahmen durchführen und gewinnen damit nicht nur heilenden, sondern auch vorbeugenden Charakter.

Aktive physiotherapeutische Behandlung (Krankengymnastik)

Als Ziel der krankengymnastischen Behandlung in der Sportmedizin gilt:
- Gelenkmobilisierung nach Verletzungen und nach langen Ruhigstellungen,
- Straffung erschlafften Bindegewebes (Bänder, Kapseln, Sehnen),
- Muskeltraining, Muskellockerung und Muskeldehnung.

Die einzelnen krankengymnastischen Methoden sind keineswegs nur mit der Hilfe eines Physiotherapeuten, sondern in gewissem Umfang auch selbständig durchzuführen, so daß die Krankengymnastik auch zu einem übungsbezogenen Lernprozeß wird, indem die psychische Beeinflussung des Verletzten eine nicht zu unterschätzende Rolle spielt.

Krafttraining

Es ist eine bekannte Tatsache, daß Bewegungsmangel zu einer Abnahme der Muskelmasse und der Kraft führt. Diese «Inaktivitätsatrophie» der Muskulatur ist direkt abhängig von der Dauer der Ruhigstellung. So kommt es z. B. zu einem Kraftverlust von einem Fünftel der Maximalkraft nach einer zweiwöchigen Ruhigstellung im Gipsverband. Der Kraftverlust tritt viermal schneller ein als der Kraftgewinn.

Mit dem Kraftverlust werden an der Muskulatur folgende Vorgänge beobachtet:
- Verlust an Muskelfasern und Muskeleiweiß,
- Abnahme der an der Energiegewinnung beteiligten Muskelenzyme,
- Abnahme der Durchblutungsverhältnisse des Muskels (Kapillarisierung),
- Verlängerung der neuromuskulären Leitungseigenschaften,
- Störung der Koordination von Muskelgruppen durch fehlenden Trainingsreiz der propriozeptiven Reflexe (Muskeleigenreflexe).

In dem Bestreben, entweder verlorene Kraft wieder aufzubauen oder im Verletzungsfall zu erhalten, werden unterschiedliche *Formen des Krafttrainings* durchgeführt, die nicht nur die verletzten Extremitäten selbst betreffen, sondern auch bei Training der unverletzten Extremität über die Erzielung einer «konsensuellen Hyperämie» (Mehrdurchblutung) einen Trainingseffekt für die verletzte Extremität herbeiführen.

Bei dem *dynamischen (isotonischen) Muskeltraining* bewegt der Muskel eine Last mit gleichmäßiger Geschwindigkeit bei gleichbleibender Spannung und unter Verkürzung des Muskels. Bei konstanter Kraft wird also nur die Länge der Muskelfasern verändert. Dieses unter dynamischen Bedingungen ablaufende Muskeltraining führt zu erheblicher Durchblutungssteigerung der Muskulatur. Als Widerstand gilt das Eigengewicht, die ma-

nuelle Kraft des Therapeuten, im weiteren Verlauf Sandsäcke, Gewichte, Deuserband und schließlich Kraftmaschinen.

Beim *statischen (isometrischen) Muskeltraining* werden dagegen keine Bewegungen durchgeführt; die Muskelspannung verändert sich entsprechend dem gesetzten Widerstand. Dieses statische Muskeltraining ist weniger durchblutungsfördernd als das dynamische Training. Ein Trainingseffekt über das isometrische Training wird erreicht, wenn z. B. täglich fünf Übungen von sechs Sekunden Dauer bei einem Kraftaufwand von 60 % der Maximalkraft

Abb. 140: Formen des Muskeltrainings
Foto oben: isometrisch
Fotos unten: isotonisch

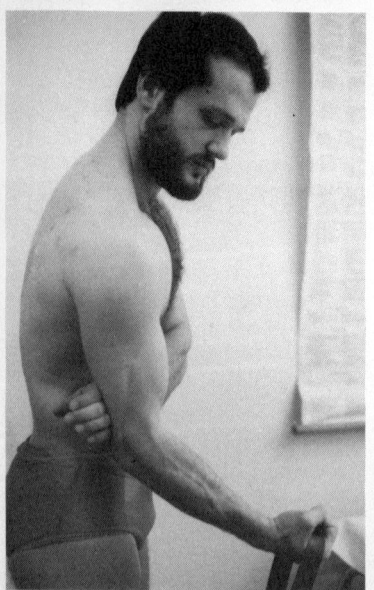

durchgeführt werden. Der Widerstand kann vom Trainer oder Physiotherapeuten gegeben werden, aber auch mit dem Einsatz unverletzter Muskelgruppen erzielt werden. Im übrigen lassen sich auch fest installierte Haus-
einrichtungen wie z. B. Türrahmen, Wände oder Geländer als Widerstand
benutzen.

Für das *isokinetische Krafttraining* werden spezielle Kraftmaschinen benötigt, die in der Lage sind, den durch Hebelwirkung der Extremitäten, durch
Ermüdung und Schmerz veränderlichen Krafteinsatz derart auszugleichen,
daß die Kraft der Muskulatur in jeder Gelenkwinkelstellung bei jeder Be-
wegungsgeschwindigkeit und bei eventuellen Schmerzsituationen optimal
und ohne Überlastung trainierbar ist. Der Widerstand der Kraftmaschine
ändert sich hierbei ständig. Diese Form des Krafttrainings hat sich in den
letzten Jahren zunehmend durchgesetzt und als sehr effektiv hinsichtlich
Kraftzuwachs und Gelenkschonung erwiesen (Abb. 141).

Ein Muskeltraining über *Elektrostimulation* (EMS) stellt ebenfalls eine ge-
bräuchliche Methode innerhalb des Rehabilitationstrainings dar und bietet
die Möglichkeit, auch ein Krafttraining, z. B. im Gipsverband, durchzuführen.

PNF-Komplexbewegungen
(«*p*ropriozeptive *n*euromuskuläre *F*azilitation»)

Die therapeutischen Komplexbewegungen sind mit dem Namen des amerikanischen Wissenschaftlers KABAT verbunden und wurden in den fünfziger
Jahren entwickelt. Diese Methode arbeitet mit Bewegungstechniken, bei
denen neuromuskuläre Überträgerfunktionen durch Reflexe gebahnt und
erleichtert werden.

Abb. 141: Isokinetische Kraftmaschine «Minigym»

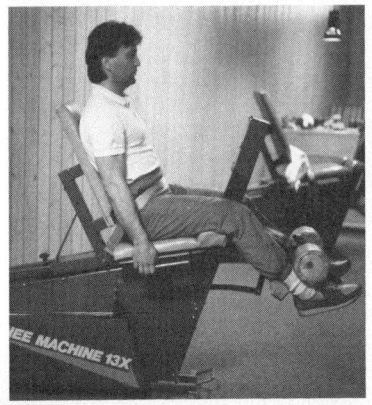

Die Behandlungsmethode basiert im wesentlichen auf folgenden neuro-
physiologischen Vorgängen:
– Nach dem *Sherrington-Gesetz* der reziproken Innervation entspannt sich
  der Gegenspieler (Antagonist) eines Muskels in dem Maß, wie sich der
  Muskel selbst anspannt. Beispiel: Bei Anspannung des Bicepsmuskels
  entspannt sich der Triceps. Daraus ergibt sich die Möglichkeit, entweder
  einen verspannten Triceps zu lockern oder aber eine vorhandene muskulär bedingte Beugungseinschränkung des Ellbogengelenks zu bessern;
– *maximaler Widerstand* erhöht nicht nur die Spannung eines Muskels,
  sondern zieht auch andere Muskeln in den Spannungsprozeß mit ein.
  Beispiel: Bei Widerstandsübungen des Bicepsmuskels werden auch alle
  anderen an der Ellbogengelenkbeugung beteiligten Muskeln trainiert;
– Bahnung von willkürlichen Bewegungen durch Reflexe. Beispiel *Streck-
  reflex*: Wird ein Muskel zunächst gedehnt, dann ist er anschließend auf
  Willensimpulse ansprechbarer. Auch Beugereflexe und Kältereflexe
  können ausgenutzt werden;
– eine aufeinanderfolgende Muskelaktivität (*sukzessive Induktion*) ist zu
  beobachten, wenn nach einer starken Kontraktion des Biceps der Triceps
  für Trainingsreize empfänglicher ist. Es werden therapeutisch rhythmische Wechsel zwischen Beugung und Streckung eines Gelenks gegen Widerstand durchgeführt.

Mit der Durchführung komplexer großbogiger Gesamtbewegungen lassen
sich somit Hemmungen der neuromuskulären Übertragung in der Behandlung von Erkrankungen und Verletzungen abbauen. Als Trainingsform gerade bei koordinativ außerordentlich schwierigen Bewegungsabläufen, lassen sich die PNF-Komplexbewegungen sehr effektiv anwenden.
Die richtige Folge der Bewegungen (Beugung-Streckung, Ab- und An-
spreizen, Innen- und Außendrehung), die Wahl des dosierten Widerstands
und der rhythmische Wechsel zwischen isometrischen und isotonischen
Muskelkontraktionen auf der einen und Agonisten und Antagonisten auf
der anderen Seite erfordern ein hohes Maß an Fertigkeit und Erfahrung des
Physiotherapeuten.

Lockern
Diese Behandlungsmaßnahme kann entweder passiv durch den Physiotherapeuten in Form von Schüttelungen oder aktiv durch den Sportler selbst in
Form von Schwung- und Pendelübungen durchgeführt werden. Die Methode zielt darauf ab, entspannte Muskulatur durch variierende Längen-
veränderung der Muskulatur zu entspannen.
Bei den aktiven Lockerungsübungen können Geräte wie Bälle, Hanteln
und Seile durch Vergrößerung des Hebelarms zu einer wertvollen Hilfe
werden.

Dehnen/Stretching
Die ebenfalls aktiv und passiv durchführbare Behandlungsmethode des Dehnens stellt eine wichtige physiotherapeutische Behandlungsmaßnahme dar, sie gewinnt insbesondere für die Verletzungsprophylaxe eine erhebliche Bedeutung. (s. auch S. 235).

Behandlungsverlauf
Jedes Rehabilitationsverfahren läuft im wesentlichen unter den Gesichtspunkten der *schonenden, dosiert zunehmenden Belastung* bei gleichzeitiger Anwendung von krankengymnastischen und physikalischen Behandlungsmaßnahmen ab. Der Schweregrad der Verletzung und die Individualität des Verletzten erfordern sehr unterschiedliche Therapiepläne, die jedoch im wesentlichen in folgenden Steigerungsstufen ablaufen:
(1) *Geführte* Bewegungsübungen ohne Widerstand bis zur Schmerzgrenze im Wasser und in der Luft, mit gleichzeitigen manuellen Therapieanwendungen wie Lockerungen, Dehnungen, Mobilisierungen.
(2) *Aktive* Bewegungsübungen in Wasser und Luft gegen *Eigenwiderstand* (Schwerkraft).
(3) *Aktive* Bewegungsübungen gegen *Fremdwiderstände* durch den Physiotherapeuten. Zunehmende Behandlung mit PNF-Komplexbewegungen. Krafttraining der verletzten Bereiche, sportartspezifisches Training der unverletzten Bereiche, soweit dies durchführbar ist.
(4) *Aufbautraining* (gezielte Rehabilitation): Training der motorischen Beanspruchungen Kraft, Ausdauer, Schnelligkeit und der sportspezifischen Koordination.
(5) *Sportartspezifische* Gesamtbewegungsabläufe.
(6) *Volltraining:* Steigerung der Belastung. Bei Laufdisziplinen z. B. Erschwernisse durch Laufen auf der Weichmatte, Bewegungen und Sprünge auf Halbkugeln, Laufen in Reitspuren und weichen Bodengegebenheiten.
In allen Phasen des Rehabilitationstrainings können unterschiedliche Arten von passiven physikalischen Behandlungsmaßnahmen angewandt werden.

Passive physikalische Maßnahmen

Wirkungsweisen
Die physikalische Therapie ist *unspezifisch*, d. h. sie kann bei den unterschiedlichsten Verletzungs- und Erkrankungsformen angewandt werden. Sie ist *nicht organspezifisch*, d. h., die gleichen Maßnahmen können an unterschiedlichen Organen und Geweben durchgeführt werden. Schließlich gestalten sich die physikalischen Maßnahmen *individualistisch* unter-

schiedlich, d. h., gleiche Anwendungen bzw. Anwendungsintensitäten wirken bei jedem Patienten unterschiedlich. Das Können eines Physiotherapeuten zeigt sich darin, für jeden Behandlungsbedürftigen die Intensität zu finden, die optimal wirkt.

Die Wirkungsweisen aller physikalischen Maßnahmen bestehen in:

- *Vermehrter Durchblutung* (Hyperämie): Gesteigerte Gewebsernährung, gesteigerter Stoffwechselabtransport (Resorption), Minderung des sauren Gewebsmilieus (Herabsetzung des pH-Wertes) und damit Schmerzminderung.

- *Fernwirkung:* durch die weite Verzweigung des vegetativen Nervensystems gelangen Reize nach lokalen Anwendungen reflektorisch über den Ort hinaus bis zu entfernten Organen (z. B. Massage der Bauchmuskulatur bewirkt Beschleunigung von Verdauungs- und Stoffwechselvorgängen).

- *Ableitende Wirkung:* Maßnahmen wie Kühlung sind in der Lage, Entzündungswärme abzuleiten.

- *Elektrische Wirkung:* durch die unter elektrischem Strom verursachte Ionenverschiebung treten unterschiedliche Wirkungen auf, wie
  - Änderung des Muskeltonus (elektrische Muskel- und Nervenerregbarkeit) und des Gefäßtonus (Entschwellung),
  - Schmerzlinderung: Hierbei kommt ein Überdeckungseffekt zum Tragen, wobei Reize von schnell leitenden Nervenfasern die Reize von langsam leitenden Schmerzfasern überdecken, ähnlich wie z. B. der Schmerzzustand nach einem Insektenstich durch einen anderen Schmerzreiz wie Jucken und Kratzen überlagert und vermindert werden kann.
  - ‹Zerlegung› (Dissoziation, Elektrolyse) von Medikamenten und Einwanderung von wirksamen Ionen durch die Haut.
  - Veränderung des elektrischen Potentialgefälles an der Zellgrenzfläche mit erhöhtem Ionenaustausch.

- *Widerstandsveränderung:* Insbesondere bei Bewegungen und Muskelaktivität bei Bädern und krankengymnastischen Anwendungen.

- *Zellstoffwechselsteigerung* durch Biostimulation innerhalb der Zelle und durch Veränderung der Zellmembran, wie dies als Folge der Licht-Therapie angegeben wird.

Massage

Die *Angriffspunkte* der Massage liegen in den Nervenendigungen der Haut, den kleinsten Gefäßaufzweigungen (Endstromgebiete) des oberflächlichen Bindegewebes und den Organen des Bewegungsapparats. Die Wirkung wird einerseits *mechanisch* auf diese Rezeptoren direkt oder indirekt über Fernwirkung ausgeübt, andererseits *chemisch* durch Freisetzen von gefäßaktiven, histaminähnlichen Substanzen auf die Gefäßmuskulatur herbeigeführt. Die Massage wird im Rahmen einer Rehabilitationsbehandlung als begleitende Maßnahme oder im Sportbetrieb als sportbegleitende Maßnahme durchgeführt, sie ist kein Mittel, um Muskulatur zu kräftigen.

Folgende *Wirkungsweisen der Massage* dürfen als gesichert angesehen werden:

- *Steigerung der arteriellen Durchblutung* durch Vergrößerung des Kapillarquerschnitts um das 6–8fache (Hyperämie). Diese Hyperämie bedingt eine Steigerung der Stoffwechselaktivität und damit die Bereitschaft zum Muskeltraining und zur Muskelarbeit, weiterhin eine Schmerzlinderung durch Verschiebung des pH-Werts.

- Durch die Wirkung auf die Nervenendigungen wird eine *Regulierung des Muskeltonus* erreicht, und zwar im Sinn der Tonussteigerung oder -minderung. Hierfür die entsprechende Reizstärke zu finden ist die Kunst der Massage.

- *Steigerung des venösen Rückflusses und der Lymphbewegung,* wodurch eine Entmüdung des Gewebes und eine ableitende Wirkung im Sinn einer Entschwellung entsteht.

- *Steigerung der Durchlässigkeit der Gewebe* (Permeabilität), wodurch die Wirkung auf ‹Verklebungen› und Narbengewebe erklärbar wird. Dieser Effekt ist teilweise mit der Freisetzung von gefäßaktiven Stoffen und einer Aktivierung von Hormonsystemen der Gewebe zu erklären.

- *Nervös – reflektorische Wirkung* auf innere Organe, auf die Gewebe der Körperdecke direkt (Hautdurchblutung und Muskeltonus) und über Fernwirkung indirekt im Sinn der konsensuellen Wirkungsweise sowie auf das vegetative Nervensystem.

- Mit den Einflüssen auf das vegetative Nervensystem und auf die inneren Organe werden Veränderungen der *Psyche* erklärbar, wobei die Massage zu dem bekannten Effekt der Zufriedenheit und des Wohlbefindens führt.

- Auch die *Körperhygiene* wird durch den mechanischen Abrieb von Hornschichten günstig beeinflußt.

Unter sportlichen Aspekten werden von der Massage folgende *Ziele* erwartet:

- Beseitigung von Muskelverspannungen (Hypertonus),
- Beseitigung von Spannungsminderungen (Hypotonus),
- Beseitigung von Muskelhärten (Myogelosen),
- Beseitigung von Muskelkrämpfen,
- Steigerung der Trainingsbereitschaft,
- Vorbereitung und Wiederherstellung,
- Beseitigung von Schwellungs- und Entzündungszuständen,
- Gesamtumstimmung zur vagotonen Phase.

Folgende *Massagemethoden* werden unterschieden:
– Hautmassage,
– Muskelmassage, Gelotrypsie (Zertrümmerung von Muskelhärten),
– Bindegewebsmassage,
– Reflexzonenmassage,
– Narbenmassage,
– Unterwassermassage.
Die genannten Methoden werden manuell, aber auch mit Stäbchen, Saugglocken und Wasserdruckstrahl durchgeführt.
An klassischen *Handgriffen* der Massage werden unterschieden: Streichungen, Erschütterungen, Reibungen, Knetungen und in gewissem Umfang auch Klopfungen.

Bei der Massage sollten folgende *Regeln* eingehalten werden:
● Massage ist in warmer Umgebung (mindestens 24 Grad C) durchzuführen. Kälte verengt die Gefäße und verhindert die Hyperämie.
● Massage darf nicht bei kalter Muskulatur durchgeführt werden.
● Die Körperoberfläche muß sauber sein, eventuell sind Haare zu entfernen. Die Infektion der Haut durch Massage in Form vieler Eiterbläschen (Pyodermie) ist durchaus nicht selten.
● Die Massage darf keine Schmerzen bereiten, da sonst die Gefahr der reflektorischen Gefäßverengung gegeben ist. Einzige Ausnahme ist die Beseitigung von Muskelhärten durch die Gelotrypsie.
● Bei der Massage ist ein Gleitmittel zu verwenden, das keine Verdunstungskälte hervorruft, wie z. B. Alkohol.
● Die Massagebewegungen sind zum Herzen hin zu führen und damit der venöse Rückstrom zu unterstützen.
● Nach der Massage, insbesondere nach einer Vollmassage, sollte eine Ruhepause eingehalten werden, da das Wirkungsoptimum erst nach 20 Minuten voll eintritt. Lokal ist eine Steigerung der Durchblutung nach 3 bis 4 Minuten erreicht.
Eine Massage darf *nicht durchgeführt* werden bei:
● frischen Verletzungen,
● frischen Entzündungen, bei oder nach Infektionen,
● Verdacht einer Venenentzündung oder -thrombose (Gefahr der Embolie),
● entzündlichen Verschleißerkrankungen von Gelenken.

Die *Sportmassage* ist auf eine Steigerung der muskulären Leistungsfähigkeit und auf eine schnelle Regeneration nach Belastung ausgerichtet. Für diese Zwecke gibt es unterschiedliche Massagevariationen, die sich in Dauer und Stärke unterscheiden:
Die *Trainingsmassage* soll kräftige Stoffwechselreize setzen und eine stark

vermehrte Hyperämie bewirken. Sie wird dementsprechend kräftiger und länger ausgeführt als die *Wettkampfmassage*, die vorsichtiger und weicher durchzuführen ist und gleichzeitig vegetative Reize setzen muß.

Die *Zwischenaktmassage* ist zwischen Trainings- und Wettkampfabschnitten durchzuführen, sie ist ebenfalls weich, überwiegend auf sportartspezifische, lokale Muskelgruppen anzuwenden und soll vor allem entschlackend und tonusmindernd wirken.

Die *Regenerations-* oder *Entmüdungsmassage* soll vor allem der Entschlackung und gesteigerten Durchblutung dienen. Die Massageintensität ist mittelkräftig zu setzen, darf niemals zu Schmerzen führen und nicht lang andauernd sein. In dieser Entmüdungsphase sind alle Praktiken der Regeneration wie Auslaufen, Warmpackungen, Bäder und Sauna gleichwertig durchführbar.

Manuelle Therapie

Die manuelle Therapie oder Chiropraktik kommt insbesondere bei Bewegungsblockierungen von Gelenken zur Anwendung und ist vordergründig darauf ausgerichtet, das freie Gelenkspiel an Wirbelsäule und Extremitäten («joint play») wiederherzustellen. Auch diese Methode, die einerseits das Rollen und Gleiten der natürlichen Gelenkbewegung unterstützt und andererseits durch Ziehen (Traktion) Gelenkspannungen löst, bedarf eines hohen Maßes an Erfahrung und Ausbildung und sollte keinesfalls von Laienhand durchgeführt werden.

Hydrotherapie (Wassertherapie, Bäder)

Die physikalischen Eigenschaften wie spezifisches Gewicht, Widerstand, Wärmekapazität und Wärmeleitvermögen sowie elektrische Leitfähigkeit sind in verschiedenen Milieus wie Luft, Wasser, Lehm, Moor oder Schlick unterschiedlich.

Im Wasser wird einerseits der Außendruck auf den Körper gegenüber Luft erhöht (1 m Eintauchtiefe = 0,1 atü), was sich auf die Niederdrucksysteme des Körpers, das Venen- und Lymphsystem, in Form von Stauungen auswirken kann. Der Auftrieb des Körpers wird im Wasser dagegen größer, so daß bei einer Rehabilitationsbehandlung im Wasser ‹schwerelose› Bewegungsübungen durchgeführt werden können. Ebenfalls die wärmephysikalischen Eigenschaften des umgebenden Kontaktmilieus bewirken einen Behandlungsreiz auf den Körper.

Hier ist der Begriff des *Indifferenzpunktes* (IP) wesentlich, der die Temperatur des Kontaktmilieus kennzeichnet, die vom Körper weder als warm noch als kalt empfunden wird. Dieser Punkt beträgt im *Wasser* 34 bis 36 Grad C, in *Moorbädern* 38 Grad C und in Solebädern 38 bis 40 Grad C. Auf diese Weise gestaltet sich ein Moorbad von der Temperatur des Indifferenzpunktes zu einem Überwärmungsbad, so daß bei kreislaufschwachen Patienten Vorsicht geboten ist. Ein *Kohlensäurebad* mit einem niedrigeren Indifferenzpunkt von 32 bis 34 Grad C ist daher gefahrloser.

Die Anwendungen derartiger Bäder lassen sich mit gleichzeitigen *mechanischen Reizen* wie Strahlbehandlung, Wirbelbäder, Perlbäder, Wellenbäder und Bürstenbäder kombinieren und führen so zu einer verstärkten Mehrdurchblutung (Hyperämie).

Das *Bewegungsbad* bietet durch den Auftrieb den Vorteil einer geringeren Gelenkbelastung. Es wird insbesondere in der frühen Belastungsphase nach Operationen eingesetzt.

Frei- und Seebäder stellen aufgrund der erhöhten wärmephysikalischen und mechanischen Reize (Brandung) eine wertvolle Hilfsmaßnahme in der Sportmedizin dar. Neben dem Auftrieb wird die Stoffwechselaktivität stärker beansprucht, da die Temperatur weit unter dem Indifferenzpunkt liegt und damit auch die Wärmeregulation (Fettverbrennung) aktiviert wird. Wichtig ist hierbei das langsame Eingewöhnen an die relativ tiefe Temperatur, da plötzliches Eintauchen eine starke Kontraktion der peripheren Gefäße und damit eine Überlastung des Herzens bedeutet.

Der Vorteil des *Thermalbads* liegt in dem Wärmereiz auf den Bewegungsapparat. Wegen der Nähe der Wassertemperatur zum Indifferenzpunkt ist Vorsicht bei gleichzeitiger starker, körperlicher Belastung (angestrengtes Schwimmen) geboten, da die Gefahr eines Wärmestaus besteht. Ausreichende Ruhepausen sind nach Thermalbädern erforderlich.

Wannenbäder stellen eine hilfreiche, auch jederzeit im häuslichen Rahmen durchführbare physikalische Behandlungsmaßnahme dar. Beim *Überwärmungsbad* kommt es zu einer Erhöhung der Körperkerntemperatur um 2 bis 3 Grad C mit gleichzeitigem Anstieg der Pulsfrequenz und des Herzminutenvolumens. Damit ist nicht nur eine allgemein entspannende und hyperämisierende Therapie von Muskelverspannungen, Ischiasentzündungen und Rückenschmerzen möglich, auch eine Form der Muskelregeneration nach Belastung wird eingeleitet.

Bei den *Peloidbädern* werden besondere Thermo-Eigenschaften und entzündungshemmende Eigenschaften von durch geologische Vorgänge entstandenen Substanzen wie Moor, Schlamm, Ton oder Fango (Peloide) genutzt.

Wechselbäder stellen ebenfalls eine häuslich durchführbare physikalische durchblutungssteigernde Methode dar. Das Gefäßsystem hat die Eigenschaft, sich nach einem Kältereiz reflektorisch weit zu öffnen (reaktive Hyperämie). Dieser Effekt ist auch beim Wiedererwärmen von kalten Händen im Winter bekannt. Die reflektorisch weit gestellten Gefäße führen hierbei zu einer Blutfülle der Finger, die auf die sensiblen Nervenendigungen sogar schmerzauslösend wirken kann.

Ein Wechselbad ist zur Erzeugung einer vermehrten Durchblutung sehr günstig, in der Nachbehandlung z. B. von Sprunggelenkverletzungen in fol-

gender Weise durchführbar: Der Fuß verweilt drei Minuten in einem Gefäß
mit warmem (38 bis 40 Grad C) Wasser, anschließend für drei Sekunden in
leitungskaltem Wasser. Dieser Vorgang ist drei- bis viermal zu wiederholen
und mit kalt abzuschließen.

Auch die *Kneippschen Anwendungen* beruhen auf der thermophysikali-
schen Eigenschaft des Wassers und auf dem variierbaren mechanischen
Reiz. Kneippsche Güsse sind ebenfalls im häuslichen Rahmen durchführbar. Hierzu kann ein Wasserschlauch von etwa 2 cm Durchmesser und gut
2 m Länge benutzt werden. Klemmt man das Schlauchende zwischen Daumen und Zeigefinger zusammen und hält die Schlauchmündung senkrecht
nach oben, so ist dann die richtige Druckstärke erreicht, wenn das Wasser
etwa eine handbreit aufsteigt. Auf diese Weise kann erreicht werden, daß
ein dünner Wasserfilm den zu behandelnden Körperteil umhüllen und die
schon bekannte reaktive Hyperämie herbeiführen kann. Die Güsse müssen
nicht unbedingt kalt sein, sie können auch temperiert oder wechselwarm
angewandt werden. Beim *Knieguß* z. B. beginnt man herzfern, aufsteigend
von der Fußspitze in Richtung Kniegelenk, verweilt dort kreisförmig etwa 5
Sekunden und gleitet dann wieder zur Fußsohle zurück. Ein solcher Vorgang dauert etwa 15 Sekunden, wobei die Schlauchmündung 5 bis 10 cm
vom Körper entfernt sein soll. Das gleiche Verfahren erfolgt ebenfalls am
anderen Bein und selbstverständlich auch an der Rückseite. In gleicher
Weise können auch Oberschenkelgüsse, Armgüsse und schließlich Voll-
güsse durchgeführt werden.

Thermotherapie (Wärmetherapie)

Dem Wesen nach ist die *Saunaanwendung* ein Heißluftbad mit kurzen
Dampfstößen um 80 bis 100 Grad C. Ihre Bedeutung liegt in der Erhöhung
der Körperkerntemperatur und der Durchblutungssteigerung sowie in der
nachfolgenden Gefäßreaktion auf einen Kältereiz. Beides bewirkt in gewissem Sinn einen Stoffwechsel- und Kreislaufreiz. Hierdurch wird eine
schnelle Entmüdung, eine gesteigerte Regenerationsfähigkeit und eine vegetative Umstimmung geschaffen. Darüber hinaus führt der Kreislaufreiz
zu einer gesteigerten Abwehrkraft im Sinn der Abhärtung. Die Vorstellung
eines Herz- und Kreislauftrainings durch Saunagänge ist unberechtigt.
Eine dauerhafte Gewichtsabnahme tritt nicht ein, da das eintretende Was-
serdefizit später wieder ausgeglichen wird.

Herz- und Kreislaufschwächen bzw. -erkrankungen können sich bei Saunaanwendungen gefährlich auswirken. Bei bakteriellen Infekten ist die
Saunaanwendung ebenso gefährlich, da unter der Temperatursteigerung
das Wachstum der Bakterien ebenfalls gesteigert wird, nicht jedoch bei
Virusinfektionen.

Während eines *Konditionstrainings* darf die Sauna mindestens zweimal in
der Woche besucht werden, wobei zwei Saunagänge von wenigstens 15 Mi-

nuten durchzuführen sind, bei einem *Spezialtraining* (Wettkampfvorberei-
tung) höchstens zweimal in der Woche mit zweimal 5 bis 10 Minuten Dauer
und ausreichend langer Abkühlung, um Nachschwitzen zu vermeiden; in
der *Wettkampfphase* soll die Sauna nur für ein kurzes Aufwärmen genutzt
werden.

Im Gegensatz zur Sauna handelt es sich beim *Dampfbad* um eine stark
feuchtigkeitsübersättigte Heißluft, in der Schwitzen durch mangelnde Verdunstung verhindert wird, was zu einer starken Erhöhung der Körperkerntemperatur und damit auch zur Entschlackung und gesteigerten Regenerationsfähigkeit führt.

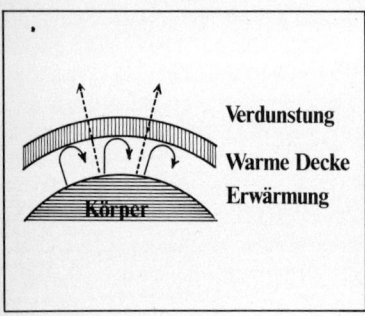

Abb. 142: Ruhepackung

Abb. 143: Feuchte Wärme
A   Verhinderte Wärmeabgabe und Ver-
     dunstung durch isolierende Außen-
     decke (1)
B   Abschluß des feucht-warmen Raums
     durch trockenes Tuch (2)
C   Erwärmung einer feuchten Zone un-
     ter dem feucht-warmen Wickel (3)
     durch Körperwärme

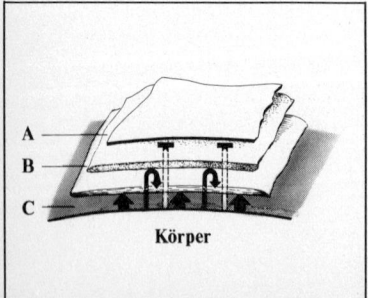

Packungen oder Wickel stellen physikalische Maßnahmen dar, die wieder ohne Umstände im häuslichen
Rahmen durchgeführt werden können.

Ruhepackung: Ein aufgewärmtes
Leinentuch oder eine warme Wolldecke wird um den Körper bzw. die
verletzte Extremität gelegt. Unter
der Decke bildet sich ein trockenes
Luftpolster, da der Schweiß durch
das Tuch aufgesogen wird. Die Ruhepackung dient einer allgemeinen
Überwärmung (Abb. 142).

Feuchte Wärme: Auf die Haut über
der verletzten Partie wird ein feucht-
warmes Tuch oder eine in ein feucht-
warmes Tuch eingeschlagene Wärmflasche gelegt, darüber ein trockenes
Leinentuch und abschließend eine
Wolldecke. Unter dem Leinentuch
bildet sich eine feucht-warme Kam-
mer, die noch verstärkt werden
kann, wenn anstelle des Leinentuchs
eine Plastikfolie gelegt wird. Durch
die abschließende Wolldecke ist eine
Abkühlung oder Verdunstung nach
außen nicht möglich. Die feuchte
Wärme ist eine gute Anwendung bei
allen Prellungen und Zerrungen und

kann bei der Beseitigung von Blutergüssen wertvolle Hilfe sein. Die An-
wendungsdauer beträgt bis zu zwei
Stunden.
*Feucht-kalte Wickel (Prießnitz-
Wickel):* Naß-kalter Wickel über
dem Anwendungsbereich führt zu
einem erheblichen Wärmeentzug
durch Verdunstung, die durch Alko-
holzusätze des Wickels gesteigert
werden kann. Die Anwendung empfiehlt sich bei allen frischen Verletzungen, bei Fieber in Form von Wa-
denwickeln, bei Mandelentzündun-
gen (Anginen) in Form von Halswik-
keln (Abb. 144).

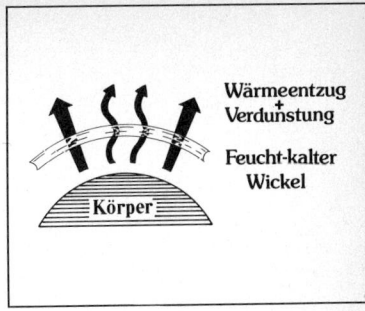

Abb. 144: Feucht-kalter Wickel

Bei der *Eisbehandlung* handelt es sich um eine Kältebehandlung, bei der
ebenfalls eine reaktive Hyperämie therapeutisch ausgenutzt werden kann.
Gerade bei älteren Sportverletzungen, hauptsächlich bei Insertionstendopathien (Sehnenverletzungen), empfiehlt sich täglich mehrfach folgendes
Vorgehen: Man nehme einen Joghurtbecher, fülle ihn mit Wasser, lege darüber eine Pappscheibe oder einen Bierdeckel, durchstoße diesen mit einem
Bleistift und stelle alles zusammen in ein Gefrierfach. Ist das Wasser gefro-
ren, läßt sich der Becher mit einem Strahl warmen Wassers entfernen, so
daß man einen «Eisroller» um den eingefrorenen Bleistift erhält. Mit diesem wird der Verletzungsbereich etwa 10 Minuten überstrichen, woraufhin
es im Anschluß zu der erwünschten reaktiven Wärmewirkung kommt.
Während der Eisanwendung tritt eine zunehmende Schmerzlinderung ein,
die therapeutisch zu Bewegungsübungen bei bewegungseingeschränkten
Gelenken ausgenutzt werden kann. Gelenkmobilisierungen unter Eis sind
jedoch nur nach ärztlicher Verordnung und durch einen Physiotherapeuten
durchzuführen, niemals durch einen Laien.

Elektrotherapie
Unter dem Begriff Elektrotherapie rangieren alle physikalischen Behandlungsmethoden, bei denen die Elektrizität mittelbar und unmittelbar genutzt wird. Es wird zwischen Anwendungen mit Gleichstrom, Niederfre-
quenzstrom, Mittelfrequenzstrom und Hochfrequenzstrom unterschieden,
wobei wesentlich ist, daß mit zunehmender Frequenz die Wärmewirkung
zunimmt und die elektrische Wirkung der Ionenverschiebung abnimmt.
Gleichströme (galvanische Ströme) finden vor allem beim Stangerbad und
bei der Iontophorese (Ioneneinführung in den Körper) Anwendung. Im
Stangerbad können elektrische Gleichströme in unterschiedlicher Rich-

tung innerhalb eines Wannenbades gelenkt werden. Je nach Stromrichtung
entstehen so reizverstärkende oder reizmindernde Wirkungen, die vor
allem bei Erkrankungen mit Nervenentzündungen nutzbar gemacht werden. Die Iontophorese stellt ein Verfahren dar, bei dem ein Salbenpräparat
über einem Verletzungsbereich aufgetragen wird und in einem elektrischen
Gleichstrom dissoziiert, wobei wirksame Ionen an den Ort der Verletzung
wandern. Diese Anwendung wird vor allem bei Gewebsentzündungen
genutzt.

Niederfrequente Impulsströme sind Stromformen mit einer Schwingung
von 100 Hertz (Schwingungen pro Sekunde). Derartige Ströme können
hinsichtlich der Impulsform und der Impulsdauer stark variiert werden
(Bernardsche Ströme). Die Wirkung solcher Reizströme ist abschwellend,
schmerzlindernd, hyperämisierend und je nach Auswahl der Impulsform
für die Muskulatur tonisierend oder detonisierend (entspannend).

Der *Interferenzstrom* entsteht als Zwischenstrom mit einer Frequenz von
100 Hertz im Kreuzungspunkt zwischen zwei höher frequenten (mittelfrequenten) Wechselströmen. In Verbindung mit über Saugelektroden ausge-
lösten und wechselnden Vakuumeffekten entsteht eine Anwendungsart,
die als Saugwellenmassage (Nemectrodyn) bezeichnet wird und Anwendung insbesondere bei Verletzungen der Muskulatur findet.

Auch die *Magnetfeldtherapie* ist eine Niederfrequenz, bei der Magnet-
felder zwischen 1 und 100 Hertz stufenlos reguliert werden. Die Magnet-
feldlinien beeinflussen die Natrium- und Calcium-Ionen der Zellen und
verändern das elektrische Potential der Zellgrenzflächen mit einem erhöhten Ionenaustausch und verbesserter Sauerstoffverarbeitung. Die Magnetfeldtherapie wird insbesondere bei schlecht heilenden Knochenbrüchen, spontanem Knochenzerfall und verzögerter Wundheilung eingesetzt.

Mittelfrequente Wechselströme arbeiten mit einer Frequenz zwischen 4000
und 6000 Hertz. Auch diese Ströme lassen sich modulieren, wobei unterschiedliche Wirkungen erzielt werden können, wie z. B. allgemeine Mus-
kelaktivierung durch Tonussteigerung, aber auch Detonisierung der Muskulatur, Lockerung des Bindegewebes sowie Schmerzlinderung und Ent-
stauung. Mit den mittelfrequenten Wechselströmen läßt sich überdies ein
Elektro-Muskeltraining durchführen.

Bei den *Hochfrequenzströmen* handelt es sich um Anwendungen von elek-
tromagnetischen Wellen, die in einem Wellenspektrum zwischen den Lang-
wellen der Radiotechnik und den kurzwelligen Röntgen- und Gamma-
strahlen liegen. Die medizinische Anwendung von Wellen richtet sich
einmal nach der entstehenden Wärmewirkung und nach der Eindringtiefe
der Wellen. So entwickeln die Kurz- und die Dezimeterwelle nur eine geringe Wärmewirkung, die Mikrowelle dagegen eine hohe Wärmewirkung
und eine größere Eindringtiefe als die Kurzwelle.

Bei älteren Verletzungen und chronischen Entzündungen kann eine hohe

Wärmewirkung für 15–20 Minuten angewandt werden, bei relativ frischen Verletzungen nur eine spürbare Wärme von 2 bis 5 Minuten. Elektromagnetische Wellen dürfen nicht bei eingebrachten Metallen (Osteosynthese) und über Hohlorganen (Schleimhautverbrennungen durch Strahlenreflektionen) angewandt werden.

Lichttherapie

Die Licht- oder Heliotherapie benutzt Infrarotstrahlen, Ultraviolettstrahlen und mittlerweile auch Laserstrahlen für therapeutische Zwecke.

Bei der *Infrarotbestrahlung* wird die Wärmewirkung des Lichts für alle Vorgänge genutzt, bei denen eine oberflächliche Wärmewirkung erwünscht ist, wie z. B. bei infektiösen Hautveränderungen (Furunkel bei Ruderern oder Radfahrern) oder Organentzündungen.

Bei der *Ultraviolettbestrahlung* sind folgende Wirkungen bekannt:
– Umwandlung des Provitamin D in das Vitamin D (Rachitisbehandlung),
– Abtötung von Bakterien (Bakterizidie),
– Aktivierung von Fermentsystemen (hiermit wird die Anwendung in der Sportmedizin als aktivierende Wirkung begründet),
– Erzeugung des Farbstoffs Melanin (Bräunung),
– Freisetzung von gefäßwirksamen Substanzen (Hautrötung),
– Kollagenveränderungen (Hautverlederung),
– Schädigung der Zellkernsäuren (Krebsgefahr) insbesondere in Bereichen, in denen der Schutzfarbstoff Melanin nicht ausreichend vorhanden ist, wie z. B. an den Lippen.

So angenehm die Sonnenlicht- oder auch gezielte UV-Bestrahlung sein kann, so sehr dürfen die *Nebenwirkungen* nicht verharmlost werden:
– Sonnenbrand, Gletscherbrand, Sonnenstich (vgl. S. 144),
– Hautschädigung bei bestimmten Hauterkrankungen, bei Einnahme von blutzuckersenkenden Mitteln, Antibiotika und weiblichen Hormonen (Antibabypille) sowie bei Abführmitteln,
– Krebsgefahr,
– frühzeitige Alterung der Haut,
– psychische Veränderungen wie Stresszustände, Gereiztheit, Übelkeit, Kopfschmerzen.

Günstig wirkt sich die UV-Bestrahlung bei der Schuppenflechte (Psoriasis) und einigen anderen Hauterkrankungen (Ekzemen) aus.

Anwendung der UV-Bestrahlung: Die therapeutische Ganzkörperbestrahlung sollte schonend und langsam beginnen, wobei ein Schwellenintervall von zwei Minuten zu berücksichtigen ist: Erster Tag: 2 Minuten; zweiter Tag: 2 bis 3 Minuten; dritter Tag: Pause; vierter Tag: 3 bis 4 Minuten. Nach fünf Tagen darf um 2 bis 4 Minuten weiter gesteigert werden. Nach mehrtägiger Pause ist wieder mit geringer Dauer zu beginnen. Die Augen sind gegen die Strahlungen abzudecken.

Die *Laserstrahlbehandlung* findet zunehmend auch in der Sportmedizin ihren Einzug. Die Laserstrahlen entstehen durch verstärkte Lichtenergie mit typischen physikalischen Eigenschaften wie z. B. gleicher Wellenlänge, hoher Helligkeit sowie Richtungsgebundenheit mit geringem Streuungswinkel. Der Laserstrahl ist gekennzeichnet durch eine hohe elektromagnetische Strahlung, wobei starke Strahler sogar im operativen Bereich eingesetzt werden können. Weiche und mittlere Strahler sollen zu einer Biostimulation der Zellen führen, was bedeutet, daß das Energieniveau einer Zelle durch den Laser angehoben wird. Nicht nur bei Hauterkrankungen, sondern auch bei chronischen Erkrankungen der Wirbelsäule, Gelenkerkrankungen und auch bei Sportverletzungen wird das Lasertherapiegerät mit Erfolg eingesetzt. Die Wirksamkeit ist wissenschaftlich noch nicht eindeutig nachgewiesen.

Ultraschallbehandlung

Während das normale Hören im Schallbereich zwischen 16 und 24000 Hertz liegt, liegen die Schwingungen bei den medizinischen und technischen Anwendungen (Materialprüfungen) zwischen 800 und 1000 Kilohertz (kHz). Bei der physikalischen Therapie wird der Wärmeeffekt ausgenutzt, der durch Energieverlust an Grenzschichten zweier Gewebsarten entsteht. So eignet sich die Ultraschallbehandlung auch besonders in Übergangsbereichen unterschiedlicher Gewebe wie Knochen/Sehnen, Knochen/Muskel und Sehnen/Sehnenscheiden. An Sportverletzungen seien in diesem Zusammenhang die Insertionstendopathien (Sehnenansatzverletzungen) genannt, weiterhin Sehnenscheiden- und Sehnengleitgewebsentzündungen und die Schienbeinperiostitis (Knochenhautentzündung). Als Begründung der Wirkungsweise dieser Therapieform wird u. a. eine mechanische Mikromassage angenommen. Die Ultraschalltherapie läßt sich in der Behandlung von Sportverletzungen sehr gut mit einigen Formen der Elektrotherapie in *Simultan-Verfahren* kombinieren, wobei niederfrequente und mittelfrequente Ströme angewendet werden.

Vorbeugung von Sportverletzungen

Kennt man die Ursachen von Sportunfallverletzungen und die möglichen Überlastungen durch sportliche Aktivitäten, insbesondere im Zusammenhang mit Entwicklungsstörungen und nicht ausgeheilten Verletzungen, so lassen sich viele Risiken vermeiden, die den Sport gesundheitsschädigend erscheinen lassen: Schädigungsminderndes Verhalten des Sportlers selbst, verantwortbarer Trainingsumfang, aufmerksame Beobachtung des Sportlers durch Lehrer, Übungsleiter und Trainer. Rechtzeitige ärztliche Behandlung und regelmäßige sportärztliche Gesundheitsüberprüfung sind Faktoren, die helfen, ernsthafte Verletzungen zu vermeiden und chronische Spätschäden zu verhüten. Der Betreuer des Sportlers muß in seinem Handeln zum Anwalt des Athleten in Sachen Gesunderhaltung werden. Nur ein umfangreiches Wissen aller Gebiete der Sportwissenschaft und Trainingslehre lassen ihn dieser Aufgabe gerecht werden. Die folgenden Kapitel sollen einen Eindruck der Vielfältigkeit der vorbeugenden Maßnahmen vermitteln und Anregungen geben, das Wissen auf dem einen oder anderen Gebiet des Sports zu vertiefen.

Psychische Beeinflussung

Einen wesentlichen Platz in der Minderung des Verletzungsrisikos des Sportlers nimmt die Erziehung und die psychische Beeinflussung ein. Es sei erinnert an das Vermitteln von sportlichem Verhalten unter Vermeidung von Regelwidrigkeiten, unter Fairness und Achtung des sportlichen Gegners, in einem Maß jedoch, daß Siegeswillen und sportliche Härte nicht gebrochen werden.

Es sei hingewiesen auf die Lenkung des Ehrgeizes. Es gibt durchaus leistungsfördernden Ehrgeiz, jedoch auch einen Ehrgeiz bei Sportlern, der das vorhandene Leistungsvermögen überschätzen läßt und zu Verletzungen führen kann. Das betrifft nicht nur Kinder und Jugendliche, sondern auch ältere Sportler, deren eigentliche leistungsstarke Sportkarriere vorüber ist. Schädlich kann sich auch der elterliche Ehrgeiz auswirken, der die Kinder zu sportlichen Leistungen antreibt, zu denen der kindliche Organismus noch nicht bereit ist und dann überfordert wird. Hier wird nicht nur die Beeinflussung und Prägung des Sportlers selbst notwendig, sondern gelegentlich ist auch ein Gespräch mit den Eltern angebracht.

Andererseits können Verletzungen auch zu psychischen Veränderungen des Sportlers führen. Eine Verletzung kann zu einer Entschuldigung für sportliche Niederlagen (Alibifunktion) werden und das Training bzw. den Wettkampf negativ beeinflussen.

Schließlich ist in Verletzungen auch eine Ursache für psychotische Zustände mit der Suche emotionaler Zuwendung zu sehen. Dem Trainer und Lehrer sollte es in solchen Fällen gelingen, durch sachliche Erklärung der Art der Verletzung und durch Aufbau eines die Heilung fördernden Trainings seinem Schüler zu einer realen Einschätzung zu verhelfen. Andererseits ist das Fördern der Verheimlichung von Verletzungszeichen wie Spontan- und Belastungsschmerz oder erkennbaren Körperveränderungen unverantwortlich und kein Zeichen der Erziehung zu sportlicher Härte.

Sporteignung

Zunächst sollte in jedem Fall sichergestellt sein, daß der Sporttreibende im landläufigen Sinn gesund ist. Für den Vereinssport wichtiger als für den Schulsport ist die Entscheidung, ob sich aus der gewählten Sportart gesundheitliche Risiken für den Sportler unter Beachtung seines Körperbaus, seines Entwicklungszustands und seines Alters ergeben. Diese Entscheidung trifft nicht nur der Arzt allein in einer notwendigen Vorsorgeuntersuchung bei Kindern und Gesundheitsüberprüfung bei älteren Sportlern, sondern bereits der Trainer kann wichtige Weichen stellen. Vier Fragen sollten in diesem Zusammenhang immer wieder überlegt werden:

- Paßt der Körperbau (Konstitution) des Sportlers zu der eingeschlagenen Disziplin?
- Paßt das Alter des Sportlers zu den Anforderungen des gezielten Trainings?
- Ist die Wirbelsäule des Sportlers für die eingeschlagene Sportdisziplin belastungsfähig und nicht gefährdet?
- Sind die Gelenke des Sportlers im allgemeinen oder sind spezielle Gelenke für die gewählte Sportart tauglich und nicht verletzungsgefährdet?

Eine sportärztliche Eignungsuntersuchung des jugendlichen Sportlers und auch spätere im Leistungsalter erfolgende regelmäßige Kontrolluntersuchungen können diese Fragen im wesentlichen beantworten. Sie können Aufschluß über Entwicklungsstörungen, Fehlstellungen der Wirbelsäule und der Extremitäten, über Bindegewebsschwächen oder über Bewegungseinschränkungen geben, die sich als verletzungsfördernd erweisen können. Auch dem Lehrer und Trainer sollen bei exakter Beobachtung seines Schülers derartige Störungen auffallen, wobei Achsenfehlstellungen z. B. der Kniegelenke und der Füße sowie Rundrücken und Hohlrückenbildung noch deutlich erkennbar sind, seitliche skoliotische Verbiegungen erst beim Bücken des Sportlers in Form eines Rippenbuckels oder eines Lendenwulstes sichtbar werden (vgl. S. 182 ff). Es ist notwendig zu wissen, daß derartige Fehlstellungen und Wirbelsäulenverkrümmungen bis zum Wachstumsende und auch darüber hinaus zunehmen können und unter hohen Belastungen schädigungsverursachend wirken können.

Trainingszustand

Von wesentlicher Bedeutung hinsichtlich einer Verletzungsminderung ist die optimale Vorbereitung eines Sportlers nicht nur für den Wettkampf, sondern auch für bestimmte Trainingsformen. Es dürfte jedem Trainer und Lehrer einleuchten, daß der Sportler mit den optimal ausgebildeten motorischen Beanspruchungen wie Koordination, Gelenkigkeit, Kraft, Schnelligkeit und Ausdauer nicht nur im Wettkampf überlegen ist, sondern auch aufgrund eines geringeren persönlichen Ungeschicks weniger Verletzungen erleiden wird. Es gehört zu den besonderen Talenten eines Trainers, sportartspezifische Trainingsmethoden praktisch auch in den Dienst der Verletzungsvorbeugung zu stellen, z. B. das Training von Fluchtreaktionen (Judorolle). Bedeutung sollte auch die bewußte Schulung sportlicher Grundfähigkeiten erlangen.

Die *Lauftechnik* betreffend ist dem Sportler bewußt zu machen, daß die Außenseite der Ferse in der Stützphase beim Aufsetzen den Boden berührt und die Innenseite des Vorfußes, vor allem die Großzehe in der Abstoßphase den Boden verläßt, so daß die Belastung des Fußes von hinten außen nach vorn innen verläuft. Die Schuhe des richtig laufenden Sportlers zeigen daher einen vermehrten Abrieb auf der Außenseite des Absatzes und auf der Innenseite der Schuhsohle (vgl. auch S. 155).

Auch die *Aufsprungtechnik* nach Sprüngen bei Ballspielen wie Volleyball, Handball und Basketball bedarf einer besonderen Schulung, um das Verletzungsrisiko des oberen Sprunggelenks herabzusetzen. Die üblicherweise eingenommene Stellung des Fußes in leichter Streckung und Innendrehung fördert vor allem beim Auftreffen auf Hindernisse das Umknicken des Fußes nach außen. Eine bewußte Schulung der Aufsprungphase in leicht gebeugter Fußstellung bei gleichzeitiger Außenrotation führt zu einer stabileren Gelenkführung des oberen Sprunggelenks in der Landephase.

Zur Vermeidung von Fingerverletzungen bei Ballspielen ist das gezielte Training vor allem der *Fangtechnik* hilfreich.

Rückenverletzungen und Überlastungsschäden sind zu vermeiden oder zumindest einzugrenzen bei richtiger *Hebetechnik* (vgl. S. 188) mit gestrecktem Rücken. Bei Sportarten in Sitztechnik (Kanusport, Rudern, Reiten, Segeln) wirkt sich das sog. *aufrechte Sitzen* unter Vermeidung von Wirbelsäulenverbiegungen im Sinn eines Rund- oder Hohlrückens verletzungsmindernd aus. Auch im Surfsport hat die richtige Haltung des Rückens nicht nur Einfluß auf die sportliche Leistungsfähigkeit, sondern wirkt auch verletzungsvorbeugend.

Kindertraining

In der Frage des Kindertrainings ist gegenüber dem Training von Erwachsenen folgendes zu berücksichtigen:
– Geringere Leistungsfähigkeit des Kindes aufgrund der geringeren Größe und des kleineren Gewichts.
– Der Energieumsatz des Kindes für die Leistung konkurriert mit dem Energieumsatz für das Wachstum.

- Mangelnde Bewegungserfahrung (Koordination) des Kinds verbraucht mehr Energie.
- Wachstumsphasen des Knochens und Knorpels lassen nur eine begrenzte Belastbarkeit zu.

Das natürliche Spielverhalten des Kindes läßt bereits im Lauf des Wachstums einen Wechsel hinsichtlich der Ausprägung der Laufintensität, der Kraftleistungen und der Koordinationsleistung erkennen. Hierbei vollzieht das Kind ohne Anleitung eine Trainingsanpassung seinen Entwicklungsschritten entsprechend. Sinn und Kultur des sportlichen Trainings ist es somit, die dem Alter entsprechende und nicht schädigende Belastungsstufe zu finden. Die Belastungen müssen der Belastbarkeit des biologischen Alters (Gewebsalter des Kindes) entsprechen, das nicht immer mit dem numerischen Alter (Jahreszahl) übereinstimmt. Das biologische Alter kann dem numerischen nachhinken (= Retardierung) oder dem numerischen vorauseilen (= Akzeleration).

Das Training der Kinder sollte folgende Merkmale berücksichtigen:

Kleinkindesalter (2.–6. Lebensjahr):
Schulung der einfachen motorischen Fähigkeiten wie Gehen, Laufen und Festigung der einfachen koordinativen Fähigkeiten wie z. B. Fangen und gezieltes Werfen. Rumpfstreckübungen zur Vervollständigung der Beckenaufrichtung.

Kindesalter, erster Gestaltwandel (5.–9. Lebensjahr):
In diesem Alter ist das Extremitätenwachstum proportional größer als das Rumpfwachstum, es besteht hierbei eine deutliche Diskrepanz zwischen Muskel-, Knorpel- und Knochenwachstum. Der wachsende Knochen und Knorpel ist gegenüber Kraft- und Gewichtsbelastungen außerordentlich empfindlich. Da sich die Organe des Herz-, Kreislauf- und Atemsystems vergrößern, und damit die maximale Sauerstoffaufnahme steigt, sind Ausdauerleistungen steigerungsfähig. Dieses Alter zeigt günstige Trainingsbedingungen für Gelenk- und Wirbelsäulenbeweglichkeit (Flexibilität, Koordination). Ausdauertrainingsbeanspruchungen werden gut toleriert.

Vorpuberale Phase (Mädchen 9.–10. Lebensjahr,
Jungen 10.–11. Lebensjahr):
Gegenüber der Breitenzunahme ist das Längenwachstum verlangsamt. Eine Zunahme der Kraftleistungen ist möglich. Auch die Herzgröße zeigt in diesem Alter eine Zunahme, so daß gute Voraussetzungen für eine Ausdauerleistung gegeben sind. Die Gefahr des Erreichens der kritischen Herzgröße (Sportlerherz) ist gering, da der jugendliche Organismus noch einen Selbstschutz gegenüber Überlastungen in Form der rechtzeitigen Ermüdung besitzt. Unter hohen Belastungen ist dagegen das Auftreten von Rhythmusstörungen des Herzens durchaus möglich. In dieser Altersstufe

ist weiterhin die Koordination zu trainieren, jedoch auch die Schnelligkeit und die Kraft. Es besteht keine Gefahr in einem Krafttraining, das das eigene Körpergewicht bewältigt, wie z. B. mit Klimmzügen, Liegestützen. Bei einwandfreier Technik ist eine Belastung mit Fremdgewichten möglich, wie dies z. B. in Form der Reiterspiele von Kindern selbst durchgeführt wird. Ausdauerleistungen sind in spielerischer Form gut trainierbar.

Eine *Trainingsüberforderung* liegt vor,
– wenn eine Stunde nach der Belastung kein Appetit vorhanden ist;
– wenn während der Belastung eine Unterhaltung nicht möglich ist;
– wenn nach kurzer Erholungspause eine gleiche Leistung nicht nochmals durchzuführen ist;
– wenn bei einem normalgewichtigen Kind eine Gewichtsabnahme festzustellen ist.

Nach fieberhaften Infekten ist in dieser Altersstufe eine Trainingspause von zwei bis vier Wochen, die durch den Arzt festzulegen ist, einzuhalten.

Erste puberale Phase, zweiter Gestaltwandel
(Mädchen: 11.–12. Lebensjahr, Jungen: 12.–15. Lebensjahr):
In dieser Altersstufe findet hormonal bedingt neben den deutlichen äußerlichen Körperveränderungen ein erhebliches Muskelwachstum statt, so daß ernährungsmäßig an eine vermehrte Eiweißzufuhr zu denken ist. Die Diskrepanz zwischen Muskelkraft und Knorpel- sowie Knochenreifung tritt wieder in den Vordergrund, so daß bei vermehrtem Krafttraining die Wachstumsfugen geschädigt werden können. Koordinations-, Schnelligkeits- und Ausdauertraining sind vorrangig durchzuführen. Vorsicht ist geboten bei Sportarten mit hohen Longitudinalbeschleunigungen bzw. Bremswirkungen wie beim Trampolin- und Wasserspringen, aber auch bei Kraftsportarten, die den Rücken beanspruchen, wie das Rudern.

Zweite Pubertätsphase
(Mädchen 12.–14. Lebensjahr, Jungen 15.–16. Lebensjahr):
In diesem Alter findet die endgültige Ausprägung der Schulter- und Bekkenbreite sowie eine weiterhin starke Muskelentwicklung statt. Es kommt zu einer Konsolidierung der Wachstumsverhältnisse und Belastbarkeit des Knochens und Knorpels, so daß gesteigerte Kraftbelastungen wieder möglich sind.

Vorbereitung und Regeneration

Aufwärmen

Es ist mittlerweile eine verbreitete Erfahrung, daß eine plötzliche Muskelaktion den Muskel verletzen kann, wenn dieser durch Aufwärmarbeit nicht vorbereitet ist, d. h., wenn sich seine Organfunktion noch in Ruhezustand befindet. Eine Temperaturerhöhung der Muskulatur um ein Grad führt zu einer Steigerung der Stoffwechselprozesse um 13 %. Die Geschwindigkeit der Nervenimpulse und die Reaktionsfähigkeit der Muskelspindeln sowie schließlich die Viskosität und Dehnfähigkeit der Muskulatur wird bei einer Temperatursteigerung von 2 Grad C um 25 % gesteigert. Gleichzeitig hat die Aufwärmarbeit auch günstige Dehneffekte auf die bindegewebigen Strukturen wie Bänder und Sehnen, was die Gefahr von Zerrungen und Rißverletzungen herabsetzt. Die Muskeldurchblutung ist durch aktive Arbeit auf das 24fache steigerbar. Daß durch das Aufwärmen nicht nur die Verletzungsgefahr herabgesetzt wird, sondern auch die Leistungsfähigkeit und Motivation gesteigert wird, bedarf keiner besonderen Erwähnung.

Es wird zwischen allgemeinem und sportartspezifischem Aufwärmen sowie zwischen aktivem und passivem Aufwärmen unterschieden. Das *passive Aufwärmen* durch Sauna, Bestrahlungen, heiße Bäder und auch Massagen bringt der Muskulatur und dem Bindegewebe eine Mehrdurchblutung um das 6- bis 8fache, der leistungssteigernde Effekt ist jedoch deutlich geringer gegenüber dem *aktiven Aufwärmen*, da insbesondere auch die Aktivierung der neuromuskulären Vorgänge fehlt.

Ein passives Aufwärmen mit übererwärmenden Salben oder Flüssigkeiten (Nikotinsäurebenzylester) bewirkt eine Öffnung der Hautgefäße und damit eine Mehrdurchblutung der Haut, jedoch nicht unbedingt eine Mehrdurchblutung der Muskulatur. Bei kühler Außentemperatur es darüber hinaus durch die Blutfülle der Haut zu einer gesteigerten Wärmeabgabe in die Umgebung, die normalerweise als Kälteschutz einsetzende Verengung der Hautgefäße kann nicht eintreten. Das «Wärmegefühl» dieser Medikamente ist auf den Sport bezogen also ein Selbstbetrug.

Für das Aufwärmen seien einige Tips gegeben, wobei jeder Sportler mit der Zeit sein eigenes Aufwärmprogramm entwickeln muß. Es sind sportartspezifisch unterschiedliche Programme zur Aktivierung der Energiebereitstellung notwendig. Das Aufwärmprogramm sollte 15 bis 20 Minuten nicht übersteigen, und bei der Beendigung sollte leichter Schweiß auf der Oberlippe und der Stirn stehen, mehr nicht, da sonst durch das Aufwärmen zu viel Energie, Wasser und Elektrolyte verlorengehen. Nach Beendigung des Aufwärmens muß der Sportler weiter in Bewegung bleiben, um eine Wiederabkühlung zu vermeiden.

Zwei Drittel der Aufwärmzeit kann man in Wettkampfkleidung durchführen. Unter dem Trainingsanzug sind beim Aufwärmen Temperaturen von 40 Grad C gemessen worden. Zieht der Sportler nun bei einer Außentemperatur von z. B. 18 Grad C den Trainingsanzug aus, so bedeutet das einen Temperatursturz von ca. 20 Grad C für die Körperoberfläche. Dies würde zu einer reflektorischen Gefäßverengung und Minderdurchblutung der Haut und Muskulatur führen; der Effekt des Aufwärmens wäre verloren.

Der Untrainierte ermüdet durch langes Aufwärmen stärker als der Trainierte, Müdigkeit ist verletzungsgefährdend. Durch eine Abnahme der Elastizitätseigenschaften des Gewebes im Alter muß der ältere Sportler ein längeres Aufwärmprogramm durchführen als der jugendliche.

Die Aufwärmarbeit in den Morgenstunden muß länger sein als zu den üblichen Tageszeiten, da der Biorhythmus eine schnelle Steigerung der Stoffwechselaktivitäten noch verhindert.

Dehnungsgymnastik

Jede Form der Muskelaktivität, ob Ausdauerleistung oder Kraftleistung, verspannt und verkürzt die Muskulatur und somit auch die Beweglichkeit des Gelenks. Ein Krafttraining ist in der Lage, das Bewegungsausmaß eines Gelenks für mindestens 48 Stunden um 5 bis 13 % zu verringern. Auf den Zusammenhang von Verletzungen der Muskulatur, Sehnen- und Sehnenansätze mit eingeschränkter Beweglichkeit und Muskelverkürzung muß hingewiesen werden. Muskeln mit überwiegender Haltefunktion wie z. B. die Muskulatur an der Innenseite der Oberschenkel (M. gracilis, Adduktoren), auch die großen Hüftbeugemuskeln, der große Brustmuskel und die Rückenstreckmuskulatur sind besonders betroffen.

Eine gezielte Dehnungsgymnastik kann über Muskel- und Sehnendehnung eine Gelenkigkeitssteigerung bis zu 10 % herbeiführen, die bis zu 90 Minuten andauern kann. Die herkömmlichen «ballistischen Zerrungen» (ruckartige Schleuderbewegungen) und anhaltenden statischen Dehnungen führen kaum zu einer wesentlichen Elastizitätssteigerung, im Gegenteil kann sich der Muskel anschließend sogar verspannen. Ursache ist ein über die Muskelspindel ausgelöster Kontraktionsreflex der Muskelfaser.

In den letzten Jahren hat sich zunehmend das in Amerika und Schweden entwickelte Stretching als Muskelanspannung, -entspannung und -dehnung wirkungsvoller gezeigt. Die Methode baut auf dem Effekt der postkontraktorischen Hemmung auf, was bedeutet, daß nach einer kräftigen statischen (isometrischen) Kontraktion der Muskelfaser eine Hemmung für neue Kontraktionen eintritt und der Muskel kurz entspannt bleibt. Dieser Entspannungszustand kann effektiv für eine Dehnung ausgenutzt werden.

(1) Maximale isometrische Kontraktion von 10 Sekunden,

(2) nach 2 bis 5 Sekunden (Einsetzen der Eigenhemmung) Durchführung der Dehnung bis zu 20 Sekunden,

(3) Einhalten einer Pause bis zur nächsten isometrischen Muskelanspannung von etwa 6 Sekunden.

(4) Vor dem Stretching Durchführung von 5 bis 10 Minuten Aufwärmarbeit.

Das Stretching ersetzt keine aktive Aufwärmarbeit, obwohl auch die isometrische Muskelkontraktion zu einer Muskelerwärmung führt.

Auch nach dem Sport zeigt sich ein «Nachstretching» vor Durchführung

der «Abkühlung» (Cool-down) als sehr wirksam. Folgende Gesichtspunkte sind im übrigen zu berücksichtigen:
– Nach Stretching der Arbeitsmuskulatur anschließendes Stretching der Antagonisten.
– Beginn des Stretchings mit der ‹schlechteren› Seite.
– Niemals in der Extremlage federn!

Erholung (Regeneration)

So wie Aufwärmen und Dehnungsgymnastik in der Vorbereitungsphase der sportlichen Betätigung die Verletzungsgefahr herabsetzen, trifft dies auch für die Regenerationsphase oder die ‹Abkühlung› (Cool-down) zu. Man versteht hierunter alle Maßnahmen, die geeignet sind, die Anhäufung von Milchsäure und anderen Stoffwechselprodukten nach Kurzzeitbelastungen der Muskulatur zu beseitigen und die bei Langzeitbelastungen verbrauchten Energiereserven (Abfall des Leber- und Muskelglykogens) zu ersetzen, weiter zerstörte Eiweißstrukturen (Fermente) zu resynthetisieren und schließlich Wasser- sowie Elektrolytverluste auszugleichen. Längerdauernde Defizite dieser Art oder der Verbleib der Stoffwechselprodukte führen einerseits zu Müdigkeit und andererseits auf die Dauer gesehen zu einem Leistungsabfall und damit auch zur Verletzungsgefahr. Die Wiederherstellungszeit ist je nach Belastungsart (dynamische Belastung, statische Belastung) und Belastungsdauer unterschiedlich und kann zwischen Stunden bis Tagen bei großem Eiweißverlust (Katabolismus) dauern. Schließlich bestimmen auch Umweltfaktoren wie Stress, Schlafmangel, berufliche Überforderung, Lebensgewohnheiten (Alkohol, Rauchen), Leistungsstimulation mit Dopingmitteln und Zeitverschiebungen (Flüge) in unterschiedlicher Weise den Wiederherstellungsprozeß. Dem Trainer kommt hier in der Erziehung zu geeigneten Methoden der Regeneration und in der Beeinflussung der Lebensweise seines Schülers eine wichtige Aufgabe zu.

Zu den *aktiven Regenerationsmethoden* gehört das Auslaufen oder Ausgehen. Untersuchungen haben ergeben, daß z. B. der Laktatspiegel in der Muskulatur schneller durch das Auslaufen als durch ein passives Erholungsverhalten (Ruhe, Warmbäder) gesenkt wird. Dieses Auslaufen erfolgt unter aeroben Bedingungen, also im Gegensatz zum Aufwärmen nicht mit Spurts, sondern mit längeren, langsamen Läufen. Weiter ist die Lockerungsgymnastik, das Ausschütteln der Muskulatur von Wichtigkeit. Hingewiesen werden soll an dieser Stelle auf den Antagonisten-Mechanismus, der bewirkt, daß verspannte Muskulatur durch Anspannung der antagonistisch arbeitenden Muskulatur zur Entspannung gebracht werden kann.

Zu den *passiven Regenerationsmechanismen* gehören alle Arten der physiotherapeutischen und balneologischen Behandlung wie Massagen, Bestrahlungen, Bäder und Saunaanwendungen. So sollte der regelmäßig unter Leistungssportbedingungen Trainierende zweimal in der Woche massiert werden, wobei auch diese Zahl wieder in Relation zur Sportart, zur Konstitution des Sportlers und zu den sozialen Gegebenheiten zu sehen ist.

Zu den psychischen und psychologischen Methoden der Wiederherstellung gehören die Verfahren des autogenen Trainings, der Tiefmuskelentspannung und des psychotonischen Trainings, die im Rahmen einer Gruppentherapie oder -fortbildung zu erlernen sind. Derartige Verfahren zu kennen ist für den Trainer von großem Nutzen. Ebenfalls der geregelte Schlafrhythmus und die ausreichende Schlafdauer gehören zu diesem Komplex.

Ein wichtiger Bestandteil der Regeneration ist die Ernährung, der nicht nur die Rolle des Energieersatzes sowie der Flüssigkeits- und Elektrolytsubstitution nach dem Sport, sondern auch während des Sports, z. B. in den Halbzeiten, zukommt.

(Ausführlich zu Aufwärmen, Dehnungsgymnastik und Regeneration siehe K. P. KNEBEL 1986.)

Ernährung

Voraussetzung für das Sporttreiben ist eine arbeitsfähige Muskulatur, d. h., es muß nicht nur Muskulatur in ausreichendem Maß vorhanden sein, sondern sie muß auch durch die Ernährung in die Lage versetzt werden, die unterschiedlichen motorischen Beanspruchungen zu leisten. Diese Aufgabe erfüllt auch eine richtige Ernährung.

Eiweiß-Stoffwechsel

Zu den Grundnahrungsmitteln gehören Eiweiße, die im Rahmen des Baustoffwechsels für den Aufbau von Muskeleiweiß sorgen. Außerdem bilden sie Strukturmaterial für Enzyme, Fermente (Katalysatoren des Stoffwechsels), Hormone und Abwehrstoffe gegen Infekte (Antikörper). Selbst ein nicht arbeitender oder sporttreibender Mensch benötigt täglich eine Eiweißzufuhr von rund 1 g/kg Körpergewicht. Der Sportler, insbesondere das wachsende, sporttreibende Kind benötigt mehr, nämlich sportartspezifisch zwischen 1,5 und 3,0 g/kg Körpergewicht. Der Gehalt von Eiweiß in der Nahrung ist aus einschlägigen Tabellen zu entnehmen, einige Beispiele sollen später gezeigt werden.

Kohlenhydrat-Stoffwechsel

Ein zweiter wesentlicher Bestandteil der Ernährung sind die Kohlenhydrate oder Zucker, die nicht nur als offene Zucker vorliegen, sondern als Stärke in vielen Nahrungsmitteln bereitstehen (Brot, Reis, Nudeln). Die Kohlenhydrate dienen in erster Linie dem Betriebsstoffwechsel, d. h., die Muskulatur entwickelt aus ihnen durch Verbrennung Energie, wobei Wasser (Schweiß) und Kohlendioxyd (Ausatemluft) freigesetzt werden. Nicht alle durch die Nahrung gewonnene Energie kann in Bewegung umgesetzt werden, sie geht teilweise als wünschenswerte, teilweise als unangenehm empfundene Wärme ‹verloren›. Die Menge der täglich aufgenommenen Kohlenhydrate richtet sich einerseits nach der erforderlichen Energie für die betriebene Sportart und andererseits nach den Beanspruchungen durch Training oder Wettkampf. Die notwendige Menge an Kohlenhydraten ist schwer errechenbar, die wichtigste Kontrolle ist der tägliche Gang auf die Waage. Gewichtsabnahme kann bedeuten: Es wird bei gleichbleibender Nahrung zuviel trainiert oder bei zuviel Training zuwenig gegessen. Gewichtszunahmen bedeuten dagegen zuviel Nahrung bei nachlassender Trainingsleistung. Bei zu hohem Angebot werden Kohlenhydrate in Fette umgewandelt und abgelagert. Man unterscheidet Kohlenhydrate, die erst nach einem längeren Spaltungsprozeß in das Blut (Blutzucker) und von dort in die Depots (Leber- und Muskelglykogen) gelangen, und solche, die ohne Spaltungsprozeß diesen Weg schneller gehen können. Derartige Kohlenhydrate sind z. B. in Schmelzflocken enthalten. Auf den Sport bezogen bedeutet das, daß vor einem Wettkampf oder dem Training und nach der letzten Mahlzeit eine Spanne von mindestens zwei Stunden liegen sollte, in der die Verdauungsarbeit abgeschlossen werden muß. Diese würde der arbeitenden Muskulatur Blut entziehen und damit eine Leistung mindern. Andererseits ist es erforderlich, während der sportlichen Betätigung Kohlenhydrate als Energiespender (Pausenmahlzeit, Rennverpflegung) wieder zu ersetzen. Dazu eignen sich besonders die bereits erwähnten Schmelzflocken oder aber käuflich erhältliche Wettkampfkost. Das trifft vor allem für Langzeit-Ausdauersportarten zu wie Skilanglauf, Marathon oder aber auch Spielsportarten mit Halbzeitpausen.

Fett-Stoffwechsel
Auch die Fette stellen eine Energiequelle dar, da sie wie die Kohlenhydrate verbrannt werden können, darüber hinaus enthalten sie wichtige Bausteine, die unser Körper nicht herstellen kann, die essentiellen Fettsäuren, die für bestimmte Stoffwechselfunktionen notwendig sind. Als Energielieferant sind Fette träge und kommen mehr für Ausdauerleistungen als für anaerobe Leistungen in Frage, dafür liefern sie jedoch mehr Energie, bezogen auf die Grammzahl, als Kohlenhydrate. Der tägliche Bedarf liegt um 120 g bei Sportarten mit hohem Energieverbrauch, davon 30–50 g Streichfett. Bei Sportarten mit geringem Energieverbrauch sollten 70 g/Tag nicht unterschritten werden. Fette verharren längere Zeit im Magen, daher ist ihre Einnahme nur drei bis vier Stunden vor dem Sporttreiben zu empfehlen. Hierbei sind die mehrfach ungesättigten Fettsäuren (Pflanzenfette, Sojaöl, Fisch) gesünder als gesättigte Fettsäuren, die in tierischen Fetten (Wurst, Käse, Butter) bevorzugt anzutreffen sind.

Mineralhaushalt

Für die Aufrechterhaltung der motorischen Funktionen der Muskulatur ist ein konstanter Mineralspiegel oder Elektrolythaushalt notwendig, der mit einem ausgeglichenen Wasserhaushalt verbunden ist. Die bei sportlicher Belastung produzierte Wärme geht in Form unterschiedlicher Mengen Schweiß verloren, wobei in einem Liter Schweiß 2 bis 3 g Salz (gehäufter Teelöffel) enthalten sind. Aber auch Kalium, Magnesium, Calcium und Eisen gehen verloren. Diese Verluste mindern unter anderem die Viskosität der Muskulatur, die für eine ungestörte Muskelfunktion und damit auch für eine ungestörte Koordinationsfähigkeit notwendig ist. Zur Vermeidung einer Verletzung muß also darauf geachtet werden, daß diese Verluste auch bei und nach Belastung ausgeglichen werden.

Erst in den letzten Jahren ist die vorrangige Bedeutung des Mineralstoffs *Magnesium* für den Sport bekannt geworden. Magnesiumhaltige Enzyme steuern folgende wichtige, biochemische Vorgänge im Körper:
- Energiebereitstellung durch den aeroben und anaeroben Stoffwechsel,
- Eiweißauf- und -abbau (Anabolismus, Katabolismus),
- Muskelkontraktion (auch des Herzmuskels),
- Nervenleitung,
- Durchlässigkeit der Zellmembrane für Energieträger und Enzyme.

Magnesiummangel kann im Körper zu erheblichen Störungen führen:
- Neuro-muskuläre Übererregbarkeit mit Krampfanfällen (Wadenkrämpfe!),
- frühe Ermüdbarkeit,
- Herzfunktionsstörungen.

Magnesiumverluste treten bei forciertem Krafttraining durch gesteigerten Eiweißaufbau, bei erhöhter Energieumsetzung, bei vermehrter Ausscheidung durch Schwitzen, bei übermäßiger, calciumreicher Kost, z. B. Milchprodukte, und bei starkem Alkoholgenuß auf. Untersuchungen konnten bei Leistungssportlern in einer hohen Prozentzahl Magnesiumverluste nachweisen, andererseits war eine direkte Leistungssteigerung nach Magnesiumgaben festzustellen.

Für die Substitution von Magnesium ist eine rechtzeitige Zufuhr bis etwa 24 Stunden vor sportlicher Belastung notwendig und kann in Form von Nahrung wie z. B. frischem Gemüse (Erbsen, Sojabohnen, Roggen- und Weizenmehl sowie Pistazien), Obst und fettarmem Fleisch aufgenommen werden.

Bei sportlicher Betätigung länger als eine Stunde kann Magnesium in Form von Mineral-Heilwasser ersetzt werden, wenn dieses 150 mg Magnesium pro Liter enthält. Der Tagesbedarf eines Nichtsportlers beträgt bei Normalgewicht rund 200 mg.

Von besonderer Wichtigkeit für den Schutz und die Synthese des Kollagens hat sich das Spurenelement *Mangan* erwiesen, bei dessen Mangel eine Verletzungsgefahr für das Bindegewebe gegeben ist. Es ist ebenfalls in bestimmten Heil-Mineralwässern vorhanden. Eine Substitution durch Medikamente sollte ausschließlich nach ärztlicher Beratung erfolgen.

Das Spurenelement *Zink* hat vielseitige Funktionen als Bestandteil von Stoffen, die chemische Reaktionen im Körper möglich machen (Enzyme). Es ist beteiligt am Abbau der Milchsäure im Muskel, an der Freisetzung des Kohlendioxyds in der Lunge, am Abbau des Alkohols in der Leber, an der Verdauung der Eiweiße im Darm und an der Herstellung des Insulins in der Bauchspeicheldrüse. Das Zink ist in unserer heutigen Nahrung am reichlichsten im Fleisch vorhanden.

Wegen ihrer Wichtigkeit dürfen das *Chrom* (Zuckerstoffwechsel), das *Kobalt* (Blutbildung), das *Kupfer* (Atmung) und das *Selen* (Vorbeugung gegen Gefäßverkalkung, Rheumatismus und Krebs) nicht unerwähnt bleiben. Auch diese Spurenelemente finden sich in ausreichender Form in einer ausgewogenen täglichen Ernährung.

Das Spurenelement *Eisen* ist wesentlicher Bestandteil des Hämoglobins und des Myoglobins und damit an der Aufgabe des Sauerstofftransports und der Sauerstoffbindung beteiligt. Eisenverluste können nach lang anhaltenden sportlichen Leistungen eintreten, sie sind besonders bei Frauen während der Menstruation bekannt. Einer medikamentösen Zufuhr bedarf es in seltenen Fällen, die beste Art der Vorbeugung ist eine gut zusammengestellte Nahrung, wobei Vollkornprodukte, Leber, Petersilie, Sojaprodukte und Molkenkäse als besonders eisenhaltig gelten.

Von besonderer Bedeutung für die Aktivität der Muskelfaser sind *Calcium* und *Kalium*, wobei es bei Mangelzuständen ebenfalls zu einer Störung der neuro-muskulären Erregungsabläufe kommen kann. Eine medikamentöse Substitution darf nur nach ärztlicher Anweisung erfolgen. Calcium ist in Milchprodukten ausreichend vorhanden. Kalium findet sich in Bananen, Dörrobst und Sojaprodukten.

Wasserhaushalt

Auch wenn viele Sportler behaupten, daß sie z. B. in einer Halbzeit oder nach einer 10 000 m Laufstrecke keinen Durst verspüren, sollte die Erziehung doch dahin gehen, regelmäßig zu trinken, wie es der erfahrene Langläufer oder der Radrennfahrer an den Verpflegungsstationen tut. Ein vollständiger Ersatz des verlorenen Wassers und der Mineralien ist während der Belastung schwer möglich, und in der Regel sollte bei großen Belastungen ein Liter Flüssigkeit pro Stunde getrunken werden, der verbleibende Verlust ist nach der Belastung aus dem Gewichtsdefizit zu schätzen und zu ersetzen. In der Flüssigkeit, die ersetzend zugeführt wird, sollten die verlorengegangenen Mineralien enthalten sein. Hier gibt es käuflich erhältliche Fertigprodukte wie Mineraldrink®, Mineral plus 6®, Liquisorb® und ähnliche. Ein probates Hausmittel ist folgender Mineraltrunk: 1 Eßlöffel Obstessig und 1 Eßlöffel Honig auf 1 Glas Mineralwasser täglich. Eine derartige Mischung führt insbesondere das verlorene Kalium wieder zu. Ansonsten gilt: Mahlzeiten stärker salzen, nicht unkontrolliert Salztabletten oder «versalzene Brühe» zu sich nehmen.

Eine weitere ‹Sünde› ist das gerade so von Kindern geliebte eiskalte Erfrischungsgetränk. Die Pausen- oder Zwischennahrung muß angewärmt sein! Zufuhr von kalter Flüssigkeit signalisiert dem Temperaturregelzentrum, daß der Körperkern unterkühlt ist, wobei nicht unterschieden werden kann, wie groß die Unterkühlung ist. In der Folge werden der Peripherie, also der Muskulatur, Blutmengen zur Erwärmung des Körperkerns entzogen, und damit steigt die Gefahr der Verletzung in Form einer Muskelzerrung oder eines Muskelfaserrisses, und die Leistung sinkt.

Flüssigkeitsverluste führen nicht nur zu Salz- und Mineralverlusten, sie können auch schwer beeinträchtigende, ja gefährliche Folgen für das Allgemeinbefinden mit bedrohlichen Schockformen mit sich bringen. Es wird auf die Kapitel «Schock und schockähnliche Zustände» verwiesen (vgl. S. 32 ff).

Vitamine

Die Vitamine stellen Katalysatoren des Stoffwechsels dar, ohne die es nicht nur zu Mangelerkrankungen, sondern bei geringem Mangel zu Leistungseinbußen und damit auch zu Verletzungen kommen kann. Bei hoher körperlicher Belastung steigt insbesondere der Verbrauch an Vitamin A, den B-Vitaminen sowie Vitamin C und Vitamin E. Diese Vitamine werden bei einer naturnahen und vollwertigen Kost ausreichend zur Verfügung gestellt und bedürfen nur nach Höchstleistungen und nach Infektionskrankheiten einer Substitution. Dem Vitamin C wird eine leistungssteigernde Komponente zugesprochen, es spielt eine bedeutende Rolle in der Infektabwehr, ist aber auch bei der Synthese der Knorpelgrundsubstanz von wesentlicher Bedeutung, ebenso wie bei der Resorption von Eisen.

Die tägliche Ernährung des Sportlers

In vielen Ernährungslehrbüchern findet sich die anschauliche Formel einer normalen Mischkost: 60 % Kohlenhydrate, 30 % Fett und 10 % Eiweiß. Dieses für eine abwechslungsreiche Kost täglich zu errechnen, ist eine schwierige Aufgabe. Für die Praxis bewährt sich die rechnerische Ausrichtung der täglichen Nahrung auf den Eiweißbedarf. Entsprechend ihren Kraftanforderungen bedürfen Sportarten unterschiedlicher Eiweißmengen (Tab. 13, Seite 242). Der Eiweißgehalt der Nahrung ist unterschiedlich, die folgende Tab. 14, Seite 242 gibt Hinweise.

Kann mit natürlichen Nahrungsmitteln keine ausreichende Eiweißbilanz erreicht werden, so darf auf Eiweißzusatznahrungen zurückgegriffen werden. Üblicherweise reichen jedoch eiweißreiche Zulagen in Form von Magerquark, Joghurt oder Sauermilch aus.

Sportarten	g EW/kg KG (kg Körpergewicht)
Ausdauersport	1,4 – 1,6 g/kg KG
Spielsport / Mittelstreckenlauf	1,6 – 1,8 g/kg KG
Kraftbetonter Sport	1,8 – 2,4 g/kg KG
(Turnen, Sprint, technische Disziplinen)	
Schwerathletik / Rudern	2,4 – 3 g/kg KG

Tab. 13: Eiweißbedarf bei unterschiedlichen Sportarten

Bezogen auf 100 g Nahrungsgewicht enthält:			
Kuhmilch	3,4 g EW	Quark	17 g
	(also 1 l = 34 g!)	Hühnerei	14 g
Rindfleisch	20 g	Roggenbrot	6,5 g
Schinken	24 g	Knäckebrot	11,4 g
Käse zwischen 25 und 35	g	Bohnen	26 g

Tab. 14: Eiweißgehalt der Nahrung

Für die Kohlenhydrate und Fette sollte folgender Hinweis gelten: Wenig Fett, viel Kohlenhydrate, wobei Vollkornprodukte wegen des hohen Vitamin B-Gehalts und Eisengehalts besonders günstig sind. Hinsichtlich der Menge gilt das konstante, am Morgen gemessene Gewicht bei gleicher Trainingsleistung als Maßstab. Als Normalgewichtsmaß muß nicht unbedingt die allgemeine Formel (Größe in cm minus 100 minus 10 % = Körpergewicht) richtig sein. Geringe Hautfaltendicke, körperliches Wohlbefinden und gutes Leistungsvermögen sind ausschlaggebend.

Normalerweise sind nach einer Stunde intensiver sportlicher Betätigung die Glykogen-Depots der Leber und der Muskulatur erschöpft, so daß Zwischenmahlzeiten eingenommen werden sollten. Hierzu eignen sich in besonders guter Weise Schmelzflocken. Die oft geübte Praxis der Einnahme von Traubenzuckerwürfeln ist nicht optimal, da Traubenzucker in hohem Maß Wasser bindet, das der Muskulatur entzogen wird.

Mindestens zwei Stunden vor sportlicher Aktivität sollte keine feste Nahrung mehr zu sich genommen werden, zuvor nur leicht verdauliche Nahrung, insbesondere ohne Fette; das Trinken von Milch ist ungünstig, da Milch im Magen gerinnt und schwer verdaulich wird.

Der Körper benötigt etwa zwei Tage nach hoher körperlicher Belastung, um seine Glykogen-Depots wieder aufzufüllen. Um im Leistungssport möglichst große Glykogen-Depots zu schaffen, hat sich die *Salti-Diät* bewährt. Hierbei wird etwa sieben Tage vor dem Wettkampf ein ausgedehntes und intensives Training durchgeführt, so daß die Glykogen-Depots fast vollständig geleert werden. In den darauffolgenden Tagen besteht die Nahrung nur aus Fetten und Eiweißen bei weiterem hohem Trainingsaufwand. Drei Tage vor dem Wettkampf wird die Trainingsbelastung abrupt reduziert und eine Aufladung der Glykogen-Depots mit kohlenhydratreicher Nahrung und reichlich Flüssigkeit durchgeführt. Auf diese Weise lassen sich Glykogen-Depots verdoppeln bis verdreifachen. Ein ähnliches diätetisches Verhalten, um Salz- und Mineral-Depots zu schaffen, ist nicht möglich.

Der Einsatz von Spezialdiäten oder auch Spezialprodukten kann jedoch niemals eine vollwertige Ernährung ersetzen. Hierbei soll auch der *Ballaststoffgehalt* der Nahrung, daß heißt der Gehalt an nicht von menschlichen Enzymen verdaulichen Fasern, nicht vernachlässigt werden. Ballaststoffe wie z. B. auch die Speisekleie haben vielseitige Vorteile: Sie binden überschüssige Salzsäure im Magen und schützen vor Magengeschwüren. Weiterhin besteht ein Schutz des Zucker- und Fettstoffwechsels, die Bildung von Gallensteinen wird verhindert, der natürliche Stuhlgang wird reguliert.

Schutzausrüstung

Schutzausrüstung

Zur Vorbeugung von sportartspezifischen Verletzungen und zur Vermeidung von Sportschäden durch Mikrotraumen wurden zahlreiche Schutz-Hilfsmittel entwickelt. Zu ihrer Effektivität gehört nicht nur eine sinnvolle, körpergerechte Verarbeitung, sondern vor allem das regelmäßige Tragen. Es ist müßig, die Vielzahl der Schutzvorrichtungen für Kopf, Gesicht, Zähne, Ohren, Gelenke, Unterleib und Schienbeine aufzuzählen. Der Trainer und Lehrer darf nicht ruhen, auf die strikte Befolgung seiner entsprechenden Hinweise zu dringen. Dies gilt besonders für Kinder und Jugendliche.

Einen geeigneten Schutz vor Gelenkverletzungen stellen die *funktionellen Verbände* mit straffem Verbandmaterial (z. B. Tape-Pflaster) dar. Derartige Verbände sollen nicht nur Gelenke stabilisieren, sondern auch bestimmte Bewegungen wie z. B. durchschlagende Überstreckungen von Fingergelenken und Ellbogengelenken verhindern. Diesem Zweck werden auch bestimmte Formen von Fertigbandagen gerecht, wie z. B. Kniegelenksbandagen mit Außenbandverstärkungen und Vorrichtungen, um einen krankhaften Kniescheibengleitweg auszuschließen (z. B. Genu-Train-Bandage® nach Prof. Hess, Stabilo-Kniebandagen-Bort®). Auch für andere Gelenke gibt es zahlreiche stabilisierende Fertigbandagen, so z. B. für Hand- und Ellbogengelenke. Zur Vermeidung von Sportschäden empfehlen sich auch spezielle Bandagen wie z. B. für den Tennisellbogen die Epicondylitis-Bandage, die versucht, die Zugrichtung der Unterarmstreckmuskeln zu verändern, oder aber die Patellar-Sehnenbandage nach Hildebrandt, die mit einer Veränderung der Zugrichtung der Kniescheibensehne die Belastungsverhältnisse für die Kniescheibenspitze und den Kniescheibenknorpel zu ändern versucht.

Sportgerät

In diesem Zusammenhang wird beispielhaft auf die Auswahl des Skigeräts und der richtigen Bindung sowie des Skischuhs im Wintersport oder auf die richtige Auswahl eines Schlägers bei Rückschlagspielen hingewiesen. Auch die Pflege des Geräts gehört zu den Aufgaben der Unfallverhütung.

Schuhwerk

Mit das wichtigste Ausrüstungsobjekt beim Sport sind die Schuhe, die entsprechend der Sportart unterschiedliche Baumerkmale aufweisen. Ein Sportschuh hat vielen Aufgaben gleichermaßen gerecht zu werden:
– Schutz vor direkten Verletzungen durch mechanische Einwirkungen wie Stoß, Schlag, Schnitt und Quetschung;
– entsprechend der sportartspezifischen Anforderung ausreichende Gelenkstabilität des oberen und unteren Sprunggelenks, die z. B. im Skischuh in ausgeprägtester Form vorhanden ist und bei Ballsportarten wie Basketball oder Volleyball in über-knöchelhohen Sportschuhen eventuell mit Zusatzeinrichtungen wie Plastikschienen angestrebt werden sollte;
– Begünstigung des normalen Bewegungsablaufs. Feste Fersenfassung, stabile Innenseite des Schuhs bis zum Mittelfuß und feste Fersensohle, eventuell mit Verstärkung der Innenseite der Sohle, sollten die Merkmale eines guten Laufschuhs für Mittel- und Langstrecken sowie jedes Hallenschuhs sein;
– optimale Übertragung der Bewegungs- oder auch Bremsenergie des Körpers je nach Erfordernis auf den Boden durch eine entsprechende Gestaltung der Schuhsohle;
– angepaßte Fußbettung durch Einarbeitung eines Längs- und Querpolsters oder in Form von Maßeinlagen zur Vermeidung von Ermüdungserscheinungen und Aufrechterhaltung einer ausreichenden Durchblutung;
– Garantie einer ausreichenden Bewegungsfreiheit für den Vorfuß, Vermeidung von Druckstellen durch zu enge Paßform;
– Haltbarkeit, die durch gezielte Pflege verlängert werden kann.

Kleidung

Nicht modisches Empfinden, sondern Zweckdienlichkeit sollten bei der Beschaffung der Sportkleidung Richtlinie sein, wobei folgende Eigenschaf-

Faserart	Elektro-statik	Wasser-bindung	Riß- und Zugfestig-keit	Wasch-temperatur	Haut-reizung
Baumwolle	–	++	+	90 – 100°	–
Leinen	–	(+)	++	90°	–
Wolle	–	+++	(+)	30°	+
Seide	–	(+)	+	40°	–
Nylon	+	((+))	+++	30°	++
Polyester	++	((+))	+++	30°	+
Dunova®	–	++	++	30°	–

Tab. 15: Eigenschaften der Sportkleidung

ten für die Stoffe zu fordern sind: leicht, reißfest, schmiegsam, nicht klebend und durch die Textilfaser weder hautreizend noch elektrostatisch. Da Pilze eine Temperatur von 30 Grad C überdauern, ist eine Waschtemperatur von wenigstens 40 Grad C empfehlenswert.
Wichtigste Aufgabe der Kleidung ist die Regulierung des Wärmehaushalts des Körpers. Einerseits ist es notwendig, die Körperoberfläche vor Kälte, Feuchtigkeit und Wind zu schützen, andererseits den durch Wärmebildung abgegebenen Schweiß aufzusaugen, zu verteilen und ein weiteres Schwitzen zur Vermeidung eines Hitzestaus zu garantieren. Baumwollgewebe hat ein gutes Schweißaufnahmevermögen, verliert jedoch bei völliger Nässe durch Schwitzen 99% seiner wärmeisolierenden Eigenschaft, die bei synthetischen Stoffen erhalten bleibt.
Mittlerweile sind sportgerechte Textilien entwickelt worden, die einerseits schweißaufsaugend und -verteilend wirken, andererseits über bestimmte synthetische Faseranordnungen den Schweiß an der luftbeströmten Außenseite verdunsten lassen, ohne die wärmeisolierende Wirkung zu verlieren (z. B. Dunova®). Dieses Gewebe eignet sich besonders für Sportunterbekleidung, während sich für Sportoberbekleidung Gore-Tex® durch die Eigenschaften wasserabweisend, windabweisend und atmungsaktiv besonders auszeichnet.
Einer besonderen sorgfältigen Beachtung bedarf die Beseitigung des Körperschweißes im Schrittbereich und in der Achselumgebung, um Wundsein (Wolf), aber auch Pilzinfektionen zu vermeiden.
Bei kalter Außentemperatur wie z. B. im Wintersport ist mehrteilige Sportbekleidung ratsam, mit schweißaufsaugender und -verteilender Wirkung einer Unterbekleidung sowie einer isolierenden und nach außen schützenden Oberbekleidung, wobei durch Wahl der Größe der Oberbekleidung eine ausreichende Wärmeisolierschicht an aufgewärmter Luft vorhanden sein muß. Von besonderer Wichtigkeit im Wintersport ist der Wärmeschutz

der Nierenregion, des Gesichts sowie der Hände und Füße. Kalte Füße und Hände haben einen koordinationsmindernden Effekt, der im Skisport verletzungsfördernd ist.

Auf das Tragen von Wärmeschutzkleidung z. B. beim Surfsport oder auch beim Jollensegeln wird aus gleichen Gründen in der entsprechenden Literatur immer wieder hingewiesen. Die Wärmeabgabe durch Leitung, Strahlung und Schweißverdunstung im Luftstrom ist auch im Wasser dermaßen groß, daß auf den Surfanzug nur bei wärmstem Wetter verzichtet werden sollte.

Als Strumpfmaterial eignen sich Wolle und Baumwolle besser als Synthetikmaterial. Strümpfe sollten eine hervorragende Paßform ohne jegliche Faltenbildung haben. Das regelmäßige Waschen der Strümpfe erhält die thermoregulierenden Eigenschaften und verhindert eine Pilzinfektion der Füße. Zum Wärmeschutz der Achillessehne eignen sich wadenhohe Strümpfe besser als Knöchelsocken.

Verhalten nach Erkrankungen

Es ist eine Erfahrung der sportärztlichen Praxis, daß nach durchgemachten Erkrankungen Belastungen zu früh wieder aufgenommen werden, was zu teilweise fatalen Folgen führen kann.

Ein Beispiel soll dies vertiefen: Nach einer Erkrankung wie einer eitrigen Mandelentzündung kann im Bereich der Mandeln ein Infektionsherd (Focus) versteckt bleiben. Wird unter Steigerung des Blutkreislaufs dieser Focus aktiviert, so kann Infektionsmaterial (Toxine) in den übrigen Körper gelangen, so z. B. in den Herzmuskel oder in die Niere, und dort zu einer Herzmuskelentzündung oder einer Nierengewebsentzündung führen. Es konnte nachgewiesen werden, daß bei ungeklärten Todesfällen im Sport auch bei trainierten Sportlern eine derartige ältere *Herzmuskelveränderung* unmittelbare Ursache des Todes war. Ein anderer derartiger Focus kann z. B. in den Zähnen liegen, weswegen eine regelmäßige zahnärztliche Kontrolle und intensive Zahnpflege gerade für den Sportler sehr wichtig sind.

Ein sicheres Zeichen für den Sportler selbst, ob sich eine entzündliche Erkrankung anbahnt oder abbaut, ist die tägliche morgendliche *Pulskontrolle*, wobei eine Pulsbeschleunigung in Verbindung mit einer Erkrankung auftritt.

Als Richtlinie sei genannt, daß ein Kind nach einer eitrigen Infektion zwei bis vier Wochen lang keinen Sport treiben sollte. In Zweifelsfällen sollte ärztlicher Rat eingeholt werden.

Anhang

Literaturhinweise

AHNEFELD, F. W. et al.: Lebensrettende Sofortmaßnahmen. Ludwigshafen 1976.
ANNEFELD, M.: Die Bedeutung des Chondrocyten für die Erhaltung der Integrität des Gelenkknorpels. In: Aktuelle Rheumatologie 9/84.
BÄKER, BERNARD A.: Die verrückte Bandscheibe. Wirbelsäulenbeschwerden und ihre Behandlung. München 1983.
BARZ, B.: Grundlegendes über Pathogenese und Therapie der Arthrose. In: Orthopädische Praxis 5/82.
BECKER, W./KRAHL, H.: Die Tendopathien, Stuttgart 1978.
BONNEKOH, A./CONNERT, W. D.: Behandlung von Insertionstendopathien nach Sportschäden und Sportverletzungen. In: Biologische Medizin 5/87.
BRACKER, W./WIRTH, C. J.: Ist der «Skidaumen» ein Bagatelltrauma? In: Orthopädische Praxis 7/83.
BRÜCKNER, H.: Frakturen und Luxationen, Berlin (DDR) 1974.
BRÜGGER, A.: Die Erkrankungen des Bewegungsapparates und seines Nervensystems. Stuttgart/New York 1977.
BUSSE, I.: Wirbelsäulenveränderungen bei Kunstturnerinnen. Diplomarbeit an der Deutschen Sporthochschule Köln, 1979.
COTTA, H.: Der Mensch ist so gesund wie seine Gelenke. München/Zürich 1983.
COTTA, H./KRAHL, H.: Degenerative Veränderungen der Wirbelsäule und sportliche Belastung. In: Sportarzt und Sportmedizin 4/77.
COTTA, H./STEINBRÜCK, K.: Sportverletzungen – Epidemiologie. In: Deutsche Zeitschrift für Sportmedizin 6/83.
DEIGENTESCH N./ZINK, W./BARNET, P.: Die Belastungen des Lumbosakralsegments beim Gewichtheben. Kongreßband des Sportärztekongresses Köln, 1982.
DRK: Aktuelle Leitfäden, Unterrichtsunterlagen.
ESMARCH, F. v.: Handbuch der Kriegschirurgischen Technik – Verbandslehre. Kiel/Leipzig 1893.
FRANKE, K.: Traumatologie des Sports. Berlin (DDR) 1977.

248   Literatur

FRANKE, K.: Die Chondropathie des Sportlers. In: Cotta, H. u. a.: Belastungstoleranz des Bewegungsapparates. Stuttgart/New York 1980.
FRIEDEBOLD, G.: Die Schulter (Buchreihe Praktische Orthopädie). Bruchsal 1983.
GILLMANN, K.: Physikalische Therapie. Stuttgart 1975.
GROH, H./GROH, P.: Sportverletzungen und Sportschäden, München 1975 (Luitpold-Werk).
GROHER, W./NOACK, W.: Sportliche Belastungsfähigkeit des Haltungs- und Bewegungsapparates. Stuttgart 1982.
GÜNTHER, R./JANTSCH, H.: Physikalische Medizin. Berlin/Heidelberg/New York 1982.
HESS, H.: Sportverletzungen. München 1975 (Luitpold-Werk).
HINRICHS, H.-U.: Vorbeugung, Erste Hilfe und Wiederherstellung durch krankengymnastische und physikalische Maßnahmen. Fernstudienbrief für die Deutsche Trainerakademie Köln, 1981.
HINRICHS, H.-U.: Skoliotische Wirbelsäulenveränderungen im Kanusport. In: Deutsche Zeitschrift für Sportmedizin 12/84.
HINRICHS, H.-U.: Unfallverletzungen und Erste Hilfe. In: HAGEDORN, G./NIEDLICH, D./SCHMIDT, G.: Basketball-Handbuch. Reinbek b. Hamburg 1985.
HOCHMUTH, D.: Die Betreuung des Sportlers durch den Masseur. Amberg 1978.
HOHMANN, D.: Das Knie – Praktische Orthopädie. Bruchsal 1981.
HOLLMANN, W. et al.: Gefahren im Breitensport, insbesondere für den älteren Menschen aus internistischer Sicht. In: Deutsche Zeitschrift für Sportmedizin 5/82.
HOLLMANN, W./HETTINGER, TH.: Sportmedizin. Arbeits- und Trainingsgrundlagen. Stuttgart/New York 1980.
HOWALD, H.: Belastungstoleranz des Muskels im Sport. In: Cotta, H. u. a.: Belastungstoleranz des Bewegungsapparates. Stuttgart/New York 1980.
HÜLLEMANN, K.-D.: Leistungsmedizin Sportmedizin. Stuttgart 1976.
JUNG, G./SCHÄFER-NOLTE, W.: Todesfälle im Zusammenhang mit Sport. In: Sportmedizin 1/82.
JUNK, A./HESS, H.: Sportunfälle im Saarland von 1968–1976, Promotion 1979.
KELLER, E.: Kaputt durch Sport? Gütersloh 1981.
KEMÉNY, P.: Sportunfälle an allgemeinbildenden Schulen. Schriftenreihe des BAGUV, München 1983.
KIEFFER, F.: Spurenelemente und ihre Steuerfunktion. In: Deutsche Zeitschrift für Sportmedizin 4/1986. Deutscher Ärzte-Verlag.
KLÜMPER, A.: Vorbeugende Maßnahmen zur Verhütung von Schäden am Bewegungsapparat. In: Probleme sportärztlicher Betreuung und sportmedizinischer Maßnahmen. Landessportbund NRW 1977.
KLÜMPER, A.: Gymnastikanweisungen in Briefreihe: Tips für den Athleten. Universität Freiburg.
KNEBEL K. P.: Funktionsgymnastik. Reinbek b. Hamburg 1988[5].
KONOPKA, P.: Wie ernährt sich der Sportler heute richtig? Königsbrunn 1976.
KREJCI, V./KOCH, P.: Muskelverletzungen und Tendopathien der Sportler, Stuttgart 1976.
KRIETEMEYER, H.-J.: Ärztliche Erstmaßnahmen am Unfallort im Katastropheneinsatz. Heidelberg 1971.
KRÜGER, A./OBERDIEK, H.: Kleiner Ratgeber für Leichtathletikverletzungen. Berlin/Frankfurt/München 1975.
KUHN, W.: Funktionelle Anatomie des menschlichen Bewegungsapparates. Schorndorf 1981.

KUPRIAN, W.: Sportphysiotherapie. Stuttgart/New York 1980.

LINDNER, J.: Die Pathologie der Sehnenansätze und -ursprünge sowie der Sehnentunnel. In: Orthopädische Praxis 12/82.

LUDEMANN, E.: Untersuchungen über Beschwerden im Bereich der Lendenwirbelsäule bei Badmintonspielern der nationalen und europäischen Spitzenklasse. Diplomarbeit an der Deutschen Sporthochschule Köln, 1984.

MAREÉS, H. DE: Sportphysiologie. Köln 1981 (Tropon Werke).

MARKWORTH, P.: Sportmedizin 1. Reinbek b. Hamburg 1986[3].

MATSCHKE, R. G.: Überleben auf See. In: Deutsches Ärzteblatt 28/76.

MEDVED, R.: Verletzungen beim Sportunterricht in der Schule. In: Sportarzt und Sportmedizin 7/81.

MENGE, M./MEFFERT, M.: Sportartspezifische Verletzungsmuster im Fußball. In: Leistung und Gesundheit, Kongreßband des Deutschen Sportärztekongresses Köln, 1982. Köln 1983.

MENGE, M./RINDE, K.: Verletzungen im Surfsport. In: Leistung und Gesundheit. Kongreßband des Deutschen Sportärztekongresses Köln, 1982. Köln 1983.

MONTAG, H. J./ASMUSSEN, P. D.: Funktionelle Verbände am Bewegungsapparat. Hamburg 1982.

NEUMANN, A.-D.: Manuelle Medizin. Berlin/Heidelberg/New York/Tokyo 1983.

PITZEN, P./RÖSSLER, K.: Kurzgefaßtes Lehrbuch der orthopädischen Krankheiten. München/Berlin 1979.

PEINELT, V.: Empfehlungen für die Nährstoffzufuhr. In: Aktuelle Ernährung 10/85.

PFÖRRINGER, W.: Sporttraumatologie. Erlangen 1981.

PFÖRRINGER, W./ROSENMEYER, B.: Sportartspezifische Ellenbogenverletzungen. In: Orthopädische Praxis 12/83.

PROKOP, L.: Einführung in die Sportmedizin. Stuttgart/New York 1976.

RENSTRÖM, P./PETERSON, L.: Verletzungen im Sport. Köln 1981.

ROESLER, H.: Biomechanische Abschätzung der Belastung von Achillessehnen bei Sprüngen. In: Cotta, H. u. a.: Belastungstoleranz des Bewegungsapparates. Stuttgart/New York 1980.

ROMPE, G./BIEHL, G.: Trainingsbegleitende Maßnahmen als Vorbeugung auf Verletzungen und Wiederherstellung nach harten Trainingsbelastungen. In: Beiheft zu Leistungssport, Heft 3 Nov. 75.

SCHARLL, M.: Orthopädische Krankengymnastik. Stuttgart 1978.

SCHMIDT, H.: Orthopädie im Sport. Leipzig 1972.

SPERLING, O.-K.: Indikationen zur medizinischen Massage und deren Anwendung. Vortrag auf dem 27. Kongreß für ärztliche Fortbildung, «Physikalische Therapie». Berlin.

STEINBRÜCK, K.: Sportartspezifische Verletzungen des Ellenbogengelenkes bei Kindern und Erwachsenen. In: Orthopädische Praxis 12/83.

STEINBRÜCK, K./COTTA, H.: Epidemiologie von Sportverletzungen. In: Deutsche Zeitschrift für Sportmedizin 6/83.

STEINBRÜCK, K./KRAHL, H.: Sportschäden und Sportverletzungen an der Wirbelsäule. In: Deutsches Ärzteblatt 19/1978.

STEINBRÜCK, K./MARTINI, A. K.: Sportverletzungen der Finger. In: Deutsche Zeitschrift für Sportmedizin 4/80.

STOWASSER, H./WETTIG, R.: Wunden und Hauterkrankungen und ihre Behandlung mit Metalline. Neuwied 1984 (Lohmann).

THEISS, F.: Typische Verletzungen bei Stabhochspringern unter besonderer Berücksichtigung der Lendenwirbelsäule. In: Deutsche Z'schrift für Sportmedizin 6/80.

THELEN, E. / MICHEL, D.: Spezifische Verletzungen im Hockey. In: Deutsche Zeitschrift für Sportmedizin 11/81.

VOGLER, P.: Physiotherapie. Stuttgart 1975.

WAGNER, M. / SCHABUS, R.: Funktionelle Anatomie des Kniegelenkes. Berlin/Heidelberg/New York 1982.

WENNING, J. V.: Sportunfälle aus der Sicht der chirurgischen Ambulanz. In: Deutsche Zeitschrift für Sportmedizin 7/81.

WILLIAMS, J. G. P.: Farbatlas der Sportverletzungen. Hannover 1983.

WÜTSCH, C. / ULRICH, S. P.: Wirbelsäule und Hochleistungsturnen. In: Sportarzt und Sportmedizin 10/74.

Verzeichnis der Verbände

Glossar

Abduktoren Muskeln, die das Bein abspreizen

Achillodynie verschiedene Krankheitsbilder im Bereich der Achillessehne

Adduktoren Muskeln, die das Bein anziehen

aerob in Anwesenheit von Sauerstoff

Agonist arbeitender Muskel; gegenwirkender Muskel = Antagonist

Anabolika Substanzen, die eine aufbauende und leistungssteigernde Wirkung haben

anaerob ohne Sauerstoff

Angina endzündlich, infektiöse Erkrankung der Gaumen- und Rachenmandeln

Antagonist einem arbeitenden Muskel (Agonist) entgegengesetzt arbeitender Muskel

Arthrose Aufbraucherscheinungen, Verschleiß eines Gelenks

Arthroskopie Gelenkspiegelung

Atrophie Schrumpfung

Bakterien Infektionen hervorrufende Kleinstlebewesen

Balneologie Bäderheilkunde

Bazillen Untergruppe der Bakterien

bradytroph stoffwechselträge

Chiropraktik Behandlungsmethode zur Lösung von Gelenkblockierungen
Commotio Erschütterung
Cool-down Entmüden, Maßnahmen zur Regeneration nach sportlicher Tätigkeit
Contre-Coup-Effekt Abpralleffekt
Cyanose bläuliche Verfärbung bei Mangeldurchblutung

Deformität Verformung
Degeneration Aufbrauchvorgänge
Desinfektion keimfrei machen
Diagnose Krankheitsbezeichnung
Distorsion Gelenkverstauchung

Elektrolyte chemische Verbindungen wie Säuren, Basen oder Salze
endogen innen entstehend
Entzündung spezifische Gewebsreaktion als Folge einer Schädigung
exogen außen entstehend
Extremitäten Arme und Beine

Faszie sehnenartige Muskelhülle
Flexoren beugende Muskeln
Folliculitis eitrige Entzündung eines Haarbalgs und seiner Talgdrüse
Fraktur Bruch

Ganglion Überbein, auch Nervenknoten
Glukose Zucker
Glykogen Speicherform des Zuckers in Muskulatur und Leber, tierische Stärke
Glykolyse biologische Spaltung der Glukose zur Energiegewinnung

Hämatom Bluterguß
Hämoglobin roter Blutfarbstoff in den roten Blutkörperchen
Hormone vom Körper gebildeter Stoff, der wesentlich an Regulationen von Körperfunktionen beteiligt ist
Hyperämie Mehrdurchblutung
Hypertonus vermehrter Druck
Hypertrophie Vergrößerung einzelner Zellen, Zellverbände und Gewebsanteile
Hypermobilität Überbeweglichkeit von Gelenken
Hypomobilität eingeschränkte Beweglichkeit von Gelenken

Hypotonie herabsetzende Spannung

Immobilisation Ruhigstellung eines Gelenks, z. B. im Gipsverband
Infektion durch Krankheitserreger hervorgerufene Gewebsentzündung
Infrarot langwelliger Lichtanteil mit Wärmewirkung
Instabilität Gelenklockerung bei mangelnder Band- und Muskelführung
ischiocrurale Muskulatur Muskelgruppe an der Rückseite des Oberschenkels, die das Kniegelenk beugen
isokinetisches Muskeltraining Trainingsform, bei der der Kraftaufwand der Muskulatur bei jeder Winkelstellung eines Gelenks bei variablen Widerständen gleichbleibt
isometrisches Muskeltraining Kraftentwicklung des Muskels ohne erkennbare Verkürzung
isotonisches Muskeltraining Kraftentwicklung des Muskels bei gleichbleibender Spannung mit erkennbarer Verkürzung

joint play freies Gelenkspiel

Kapillare haarfeine Aufteilungen des Gefäßsystems
Karbunkel mehrere nicht voneinander abgegrenzte Furunkel
Karzinom bösartige Geschwulst, Krebs
Katalysatoren chemische Substanzen, die chemische Reaktionen beschleunigen können
Kollagen Gerüsteiweiß, das Strukturen mit mechanischen Funktionen bildet
Kontraktur Funktions- und Bewegungseinschränkung von Gelenken
Kontusion Prellung
Kyphose Krümmung der Wirbelsäule nach hinten

Lordose Krümmung der Wirbelsäule nach vorn
Luxation Verrenkung

Makrotrauma ausgedehnte Unfallverletzung
Meniscus halbmondförmige Kniegelenkzwischenscheibe aus Faserknorpel
Mikrotrauma kleinste Unfallverletzung

Milchsäure Endprodukt bei der Glykolyse

Mitochondrien kleinste Zellorgane, die der Energiegewinnung dienen

Muskelspindel Sinnesorgan innerhalb des Muskels, Meßfühler der jeweiligen Muskelspannung

Myogelose druckschmerzhafte Muskelhärte

Nekrose Gewebszerfall

Periost Knochenhaut

Phlegmone flächige, eitrige Entzündung des Gewebes

Pronation Anheben des Fußaußenrandes und des Handaußenrandes, entgegengesetzte Bewegung zur Supination

reaktive Hyperämie Mehrdurchblutung nach einem fördernden Reiz, z. B. Kälte

Regeneration Erholung

Rehabilitation Wiederherstellung der Gesundheit

Reposition Einrenkung

retrograde Amnesie Erinnerungslücke

Ruptur Riß

Schock akute Störung des Blutflusses und der Blutverteilung

Skoliose Wirbelsäulenverkrümmung

Spondylolisthese Wirbelgleiten

Supination siehe Pronation

Syndrom typisches Krankheitsbild

Synovialflüssigkeit Gelenkflüssigkeit, die von der Gelenkschleimhaut gebildet wird

Synthese Zusammensetzung im Sinne eines Aufbaus

Trauma Unfallverletzung

Ultraviolett kurzwelliger Teil des Lichts

Viren Kleinstlebewesen, die nur innerhalb von Zellen leben können, eigenständig nicht lebensfähig sind

Vitamine lebensnotwendige organische Verbindungen mit katalytischer Funktion

Sachregister

Über den Verfasser

Hans-Uwe Hinrichs, Jahrgang 1940, ist Arzt für Orthopädie und seit 1985 Chefarzt an einer Rehabilitations-Klinik in Bad Oeynhausen. Nach dem Medizinstudium in Kiel und Bonn und der Facharztausbildung in Köln arbeitete er neun Jahre im Hochschulärztlichen Dienst der Deutschen Sporthochschule Köln und war häufig bei Sportveranstaltungen im Einsatz. Von 1981 bis 1985 Lehrauftrag an der Deutschen Trainerakademie in Köln für die Fächer Sportverletzungen und Physiotherapie. Ständiger Mitarbeiter bei der Zeitschrift «surf». Zahlreiche Buch- und Zeitschriftenbeiträge zu orthopädischen und sporttraumatologischen Themen.

C 2330/2